한글 대학 · 중용

말과 글은 사람의 얼입니다. 한 사람에게서는 그 사람의 영혼을 표상하고, 한 민족에게서는 그 민족의 정신을 대변합니다. 대한민국 사람은 한글이라는 위대한 언어를 통해 문화생활을 영위합니다. 한글을 모태로 사유와 행위를 펼칩니다.

그런데 아주 오래 전부터 한반도 문화의 중심이었던 유교는 한문으로 기록된 저술을 기본 텍스트로 하고 있습니다. 그 가운데 핵심이, 『대학』, 『논어』, 『맹자』, 『중용』의 사서입니다. 그것은 글을 아는 사람들의 전유물이었고, 통치자가 서민을 다스리는 이념으로 작용했으며, 왕정 사회의 시대정신을 반영한 사고 양식이었습니다.

지금은 민주주의 시대입니다. 왕정사회와는 다른 시대정신과 사회 패러다임이 작동합니다. 모든 사람이 자기 삶의 주인이자 사회의 주체로 참여합니다. 그리고 한글이 문명을 가꾸는 주요 수단으로 자리했습니다. 이는 왕정이라는 한 시대가 가고, 민주주의라는 또 한 시대가 세계의 중심에 자리 잡았음을 의미합니다.

새로운 시대는 그에 맞는 새로운 문화를 창출합니다. 〈한글 사서〉는 이런 시대정신을 고민하며 사상의 소통을 고려한, 교육이자 철학을 생성하는 작업입니다. 그렇다고 〈한문 사서〉의 의미가 희석되는 것은 결코 아닙니다. 한문은 원전으로서 엄청난 가치를 지니고 있고, 전문가들의 끊임없는 연구를 필요로 합니다.

이때 여기, 대한민국 대다수 국민들은 한문이 아니라 한글로 삶을 엮어갑니다. 낡은 사유가 아니라 현실에 합당한 한글로 구가되는 문화 읽기를 갈망합니다.

다시, 〈한글 사서〉를 발간하는 이유를 간단하게 정돈해 봅니다.

'한글세대는 한글로 문화를 향유한다. 한문 고전은 한글 현실로 전환되어야 한다. 그것은 단순히 문자의 옮김이 아니라, 시대정신과 사회 정황을 고려한 삶의 전이여야 한다. 때문에 문장의 번역을 넘어, 문화의 번안이 되어야 한다!'

한글을 사랑하고 고전을 좋아하는 모든 사람들과 함께, 사서에 나타난 사유와 실천을 공유하면 좋겠습니다. 이 세상 모든 존재의 어울림이 우리 인생에서 하나의 축복임을 믿습니다.

신창호 올림

中和
權道
功用
達道
聖人

명명덕
친민
지어지선
격물
치지
성의
정심
수신
제가
치국
편천차

중화
권도
공용
달도
성인
신독
달덕
대본
비은

한글 대학·중용

신창호

시대를 초월한 삶의 교과서
그 처음과 끝을 한글로 만나다

明明德
親民
止於至善
格物
致知
誠意
正心
修身
齊家
治國
平天下

판미동

慎獨
達德
大本
費隱

『대학』과 『중용』은 유학의 알파이자 오메가다. 그것은 사물의 표리관계처럼 유학의 내면적 차원과 외면적 차원을 담보한다. 『대학』이 『대학』, 『논어』, 『맹자』, 『논어』의 사서 가운데 학문의 기본 뼈대와 전체 형식을 잡아 주는 얼개와 같은 저작이라면 『중용』은 그 속을 알차게 채우는 속살과도 같다. 그러기에 주자는 『예기』의 한 편에 불과하던 「대학」과 「중용」을 『논어』나 『맹자』와 동격으로 부각시켜 사서로 자리매김하였다.

글을 읽는 순서도 『대학』을 앞에 두고, 『논어』, 『맹자』를 가운데 두며 『중용』으로 마무리한다. 『대학』을 먼저 읽은 이유는 인생을 어떻게 살고 학문과 정치를 어떻게 해야 하는지 그 규모를 정해야 하기 때문이다. 다음으로 『논어』를 읽어 삶의 근본을 세우고, 그 다음으로 『맹자』를 읽어 인생에서 그 공부가 어떻게 응용되었는지 살핀다. 『논어』와 『맹자』에 나타나는 대화는 대부분이 그런 사례들을 담고 있다. 이런 작업을 거친 후, 『중용』을 마지막에 읽는 이유는 옛사람들의 미묘한 지혜를 구하여 잘 살아가기 위함이다. 이는 『대학』이 공부의 기본 입문서이고 『중용』이 공부의 종결이라는 의미이기도 하다.

『대학』은 말 그대로 '어른들이 해야 하는 공부'다. 그것은 사회 지도급 인사를 지향하는 공부다. 계급계층 관계가 뚜렷했던 왕정 사회에서 '사' 계급 이상의 지도자가 누렸던 학문이다. 사회지도자를 지향했던 유학자들은 『대학』의 공부 과정을 통해 리더십을 함양했다. 그것은 일종의 삶의 목적으로 작용하였다. 현대적 의미로 해석한다면, 『대학』 공부는 사회지도층을 배출하기 위한 성인들의 공부법을 담고 있다. 『중용』은 이러한 『대학』의 양식에서 삶의 근본이 무엇인지 본질을 캐묻는 내면의 작업이다. 때문에 매우 진지하다. 중용에서 '중(中)'은 시간이 바뀌고 사물 사이의 차이와 변동에 따라 최고의 '알맞음'을 찾는 것이기에, 평범한 일상 가운데 변통성 있는 타당의 극치를 드러낸다. 다른 표현으로 하면 최고의 삶을 열어나가려는 우주의 몸부림이다. 이런 중에 '언제 어디에나 쓰이고 영원불변'한 의미의 '용(庸)'이라는 말이 덧붙여졌다. '중용'에서 '중'은 세상의 올바른 길이고, '용'은 세상의 올바른 이치다. 때문에 중용은 올바르지 않는 길에 저항하고 올바르지 않는 이치에 거부하는 양상을 통해 적극성을 띤다.

『대학』과 『중용』을 한글로 꾸미면서, 하나로 묶는 이유가 여기에 있다. 어떤 측면에서 보면, 두 저술 사이에는 상당히 다른 특징이 드러나기도 한다. 하지만 두 저술의 다른 특징은 서로 짝이 되어 맞붙을 때, 유학의 내·외면이 찰떡궁합처럼 달라붙을 수 있다.

이 책을 접하는 독자들은 『한글 대학』을 읽고, 이어서 『한글 중용』을 읽어도 무방하다. 하지만, 보다 농익은 맛을 보려면 아무래도 선학들이 제시한 것처럼『한글 대학』을 읽고, 그 다음으로『한글 논어』, 『한글 맹자』, 그리고 마지막을『한글 중용』으로 마무리하는 것이 좋겠다.

　아무쪼록『한글 대학』과『한글 중용』을 통해 고전이라는 문화를 누리되, 민주 시민의식을 풍부하게 할 수 있는 교양과 지혜가 샘솟기를 기대한다.

『한글 대학』 차례

『대학』은 '위대한' 저술이다. 왜냐하면 최고지도자가 지녀야 할 삶의 원리를 담고 있기 때문이다. 그래서 영어권에서도 큰 배움, 즉 '그레이트 러닝(Great Learning)'으로 번역하여 이해하고 있다. 배움 가운데서도 '크다'는 것은 무엇을 의미할까? 『대학』의 가치를 인식하기 위해서는 먼저 '소학-대학'이라는 유교의 학문 단계를 살피고, 다음으로 『대학』을 왜, 어떻게 읽어야 하는지 성찰해야 한다. 그래야만 지도자란 무엇이고, 지도자가 되어서 무엇을 어떻게 해야 하는지, 그 책무성과 위대함을 터득할 수 있다.

『대학장구』는 주자가 장구로 편집하면서 붙인 「서」를 필두로, 하나의 「경」과 열 개의 「전」으로 구성되어 있다. 「전」은 3부에서 독해한 『고본대학』을 논리적으로 검토한 후 자신의 철학과 사상을 투영하여 재구성한 것이다. 열 개의 「전」에서는 「경」에서 언급한 삼강령 팔조목에 대해 구체적인 사례를 들어 자세하게 해석하고 있다. 주자가 『대학장구』를 지은 이후, 지금까지 다양한 학문적 논란이 있었다. 그럼에도 불구하고 주자의 『대학장구』는 동아시아 경학사에서 가장 권위 있는 『대학』 주석서로 평가받는다.

3부 『고본대학』 한글 독해

『고본대학』은 주자가 장구로 편집하기 이전의 옛 판본이다. 『대학』은 한나라 때 편집된 문헌인 『예기』의 제42편에 실려 있던 경전이다. 이는 당나라 때 한유가 「원도」를 지술하기 이전까지는 큰 빛을 보지 못하였다. 한유는 「원도」를 통해 요·순 이래 공·맹에 이르는 유학의 도통을 천명하고 「대학」의 팔조목을 인용하였다. 이때부터 「대학」의 가치가 본격적으로 부각되기 시작하였는데, 당시의 「대학」이 『고본대학』이다. 『고본대학』은 「경」이나 「전」 등 장구의 구분 없이 하나의 글로 되어 있다. 이것이 송나라 때 주자에 의해 『대학장구』로 거듭나면서 주자학의 기본 이론으로 자리매김하였다.

'사서'로 명명되는 『대학』, 『논어』, 『맹자』, 『중용』은 유교의 특성과 요지를 심층적으로 담고 있는 기본 경전이다. 그러기에 독서의 순서도 질서정연하게 제시된다. 『대학』을 통해 공부의 규모를 정하고, 『논어』에서 그 공부의 근본을 세우며, 『맹자』에서 공부가 펼쳐지고 넘나드는 차원을 볼 수 있고, 『중용』에서 옛 사람의 숨겨져 있으면서도 묘한 공부의 절정을 맛보게 하였다.

『중용』은 모두 33장으로 구성되어 있다. 특히 주자의 『중용장구』에는 서문이 붙어 있는데, 주자의 사상과 학문에 대한 견해가 함축적으로 표현되어 있어 전통적으로 많은 학자들이 애송하였다. 주자는 『중용』의 본문을 내용상 여섯 개의 큰 단락으로 나누었다. 여기에서는 『중용장구』의 서문을 맨 앞에 제시하고, 본문은 주자의 구분에 의거하여 단락을 배치하여 독해한다.

中和道用
權功達聖人

명명덕
친민
지어지선
격물
치지
성의
정심
수신
제가
치국
평천하

중화
권도
공용
달도
성인
신독
달덕
대본
비은

한글 대학

明明德
親民
止於至善
格物
致知
誠意
正心
修身
齊家
治國
平天下

愼獨
達德
大本
費隱

『한글 대학』 일러두기

1. 이 책은 「대학장구대전(大學章句大全)」『사서집주대전(四書集註大全)』(胡廣 外, 孔子文化大全編輯部, 山東友誼書社, 1989)과 『예기정의(禮記正義)』(十三經注疏)(十三經注疏整理委員會, 北京: 北京大出版社, 2000)를 저본(底本)으로 사용하였다.

2. 이 책은 전체 3부로 구성되어 있다. 1부에서는 유학에서 대학의 위상을 파악할 수 있도록 '전통 사회에서 대학의 의미와 역할'을 제시하였고, 2부에서는 『대학장구』를 한글로 풀이한 『장구』 한글 독해를, 3부에서는 『고본대학』을 한글로 풀이한 『고본대학』 한글 독해를 실었다. 그리고 부록에서는 『대학장구』와 『고본대학』의 원문을 정돈해 놓았다.

3. 2부 『대학장구』 한글 독해에는 원문을 한글로 풀이하고, 그에 대한 해설을 붙였다. 3부의 『고본대학』 한글 독해는 2부의 내용을 다시 『고본대학』의 순서에 맞추어 재정돈하고 별도의 해설은 붙이지 않았다. 『한글 대학』이므로 한문이나 외국어 사용은 최소화하였고, 의미에 혼란을 줄 수 있거나 내용 전달상 필요하다고 생각되는 부분에 한문이나 외국어를 괄호( )에 병기하여 독자의 이해를 도왔다.

4. 저서명은 겹꺾쇠(『 』), 편명 및 장, 논문은 홑꺾쇠(「 」)로 표기하였고, 필요에 따라 인용문은 큰따옴표(" "), 강조 표시는 작은따옴표(' ')로 표시하였다.

지도자는 어떤 길을 선택해야 하는가?

내가 『대학』을 처음 접한 것은 1970년대 중후반 무렵인 듯하다. 중학교 시절, 창고로 쓰던 시골집 뒷방에서 아버지가 일본 유학 때 공부하다가 가져온 낡은 책 더미 속에서 『대학』을 본 것이다. 전깃불도 들어오지 않았던 산골 촌구석에서, 우스운 소리 같지만, 난 그때 들추어 본 『대학』이라는 책을 보고 대학(University)에 가야겠다고 생각했다. 그 『대학』이 옛날 대학에서 배우는 내용을 담고 있으리라는 생각은 전혀 못 했지만, 어린 마음에도 막연하게나마 묵향 가득한 낡은 책의 신비로움에 이끌렸던 건 사실이다. 그런 책으로 공부를 하셨고 당시 그 지역 최고의 교육자라는 자부심으로 살아가시던 아버지의 근엄한 모습은 나를 더욱 주눅 들게 만드는 동시에 일종의 외경(畏敬)으로 다가왔다.

그런 어린 날을 보내다가 고등학교 진학과 더불어 도시로 나오게 되었다. 나무로 불을 지피며 여물죽을 끓여 소에게나 먹이던 나에게 도시의 휘황찬란한 전깃불과 연탄불은 엄청난 충격이었고, 신기한 프로메테

우스웠다. 그것은 전깃불 없던 시골의 밤하늘을 보며 누나와 형과 함께 별을 헤다 잠들던 어린 시절, 새로운 문명 앞에 나를 완전히 빠져들게 만들었다.

그리고 3년 후, 다시 서울로 대학을 진학하면서 충격은 더욱 심해졌다. 서울역에 내리자마자 입구에 가방을 두고 화장실을 다녀오는 사이, 나는 그 촌스러운 비닐 가방을 도둑맞았다. 그 충격은 나이 오십에 이른 지금도 잊을 수 없다. 서울은 과연 눈 뜨고도 코를 베일 수 있겠구나! 지하도는 개미굴이었고, 나는 그 속에서 두 시간을 헤맸다. 그것이 방공호인지 지하철인지 아직도 헷갈린다. 그런 지하도는 나에게 무시무시한 공포의 대상으로 남아 있다.

서울이라는 신세계는 정말 요지경이었다. 그나마 대학 캠퍼스는 나에게 위안이었다. 나무가 있고 풀이 있어, 중학교 꼬맹이 시절 내가 살았던 시골의 모습을 연상하게끔 만들었다. 말로 설명하기 힘든 포근함이 있었다. 거기에서 다시 『대학』을 만났다. 동양사상을 다루는 교양 과목 시간이었다. 시골 뒷방에서 보았던 것과 동일한 책. 나는 그것으로 인해 더욱 포근한 내 나름의 보금자리를 찾아갈 수 있었다. 나의 『대학』 공부는 그렇게 본격적으로 시작되었다.

『대학』은 유학에서 기본이 되는 경전이다. 성리학을 집대성한 주자가 『대학』, 『논어』, 『맹자』, 『중용』의 사서(四書) 가운데 『대학』을 가장 먼저 읽어야 할 경전으로 자리매김하면서, 『대학』의 가치는 더욱 중시되었다. 조선 시대를 풍미했던 유학은 우리 역사에서 다시 언급할 필요가 없을 정도로 중요한 사상이다. 조선의 왕들은 『대학』이 제시하는 지도자 철학을 기초로 통치의 방법을 고려하였고, 사대부들도 『대학』을 리더십 함양을 위한 내용이 체계적으로 담겨 있는 저술로 존중하면서 교육과 정치의 이론적 기반으로 원용하였다. 이런 점에서 『대학』은 유학을 신봉하던 전통 사회에서 지도자의 정치철학이자 학문의 알파요 오메가의 역할을 담당하였다. 그것이 오늘날 우리가 『대학』을 다시 들추어 보는 주요한 이유 중의 하나다.

주자는 『대학』을 "대인(大人)들의 학문"이라고 명명했다. 대인은 '어른'이다. 소인(小人)이 '어린이' 혹은 '어리석은 사람'으로서 '소학'을 배웠다면, '대인'은 '어른' 혹은 '현명한 사람'으로서 '대학'을 배운다. 때문에 '대학'은 보통 수준의 학문인 '소학'과는 근원적으로 다르다. 지도성을 지닌 인간을 양성하려는 리더(leader)들을 위한 학문이다. 다시 말하면 『대학』은 최고지도지의 학문적 이념과 실천 양식을 담고 있다. 때문에 대학은 '큰 사람', '어른' 혹은 '지도자'들의 배움이 어떠해야 하는지를 일러 준다. 요컨대, 『대학』은 통치자와 피통치자 사이의 질서 의식이나 사농공상(士農工商)의 계급·계층의 역할이 뚜렷했던 사회에서 대인 혹은 군자(君子)에 해당하는 통치자나 관료급인 사(士) 계급, 이른바 양반 귀족이 고민했던 학문이다.

조선시대와 같은 왕정 사회에서 최고의 인간, 이른바 성인(聖人) 혹은 본받아야 할 최고지도자로 추앙받는 존재는 왕이다. 대학은 성인이 배우는 철학이라는 차원에서 '성학(聖學)'이고 최고지도자의 통치철학을 담고 있다는 차원에서 '제왕학(帝王學)'이다. 그 아래 단계의 관료 지도자들인 군자가 실천해야 하는 학문으로 이해하면, 지도자학으로도 확대 해석된다. 그러기에 군자를 지향하던 유학자들은 유교의 지도성(leadership)을 그들의 학문 과정에서 삶의 주요 목표로 삼았다.

이러한 대학의 배움 체계를 현대적 의미로 해석한다면, 사회 지도층 인사들을 위한 배움, 리더십 담론에 해당한다. 요컨대, 『대학』은 어른들이 배우고 깨달아야 하는 학문이다. 그것은 오늘날 최고 고등교육기관인 대학에 해당하는 태학(太學)에서 예비 지도자들을 수련하던 체계적이고 포괄적인 내용을 담고 있다.

유학자들은 이런 대학의 속성을 '성학'으로 묘사했다. 인간으로서 최고의 이상적 모델인 성인을 꿈꾸는 성학! 성학은 '성인이 되는 것을 배우는 학문'인 동시에 '성왕(聖王)이 되는 것을 배우는 학문'이다. 현실적으로는 왕이 배우는, 또는 배워야 할 학문이라는 의미로 자주 쓰인다. 그 속에는 최고지도자가 배우고 실천해야 할 학문의 이념과 지향, 목적과 목표, 과정과 내용이 들어 있다.

최고지도자는 주체적 인간이다. 자기학습을 통해 끊임없이 자신을 성숙하게 만들어 가는 존재다. 나는 한글세대의 지도자들도 반드시 그런 자세를 지녀야 한다고 생각한다. 그것이 『한글 대학』을 펴내는 간절한 이유다.

『대학』은 분명히 과거 왕정시대의 학문론이자 정치학, 교육철학이다. 그러기에 현대 민주주의 사회와 정확하게 들어맞지는 않는다. 그럼에도 불구하고, 지도자가 지녀야 할 보편적인 리더십의 측면에서 보면 지켜나가야 할 만한 핵심가치가 충분히 존재한다. 이 글과 함께 그것을 심사숙고하고 음미하여 자신을 의미심장한 세계로 인도할 수 있다면 더 이상의 바람이 없겠다.

『대학』이 지시하는 대로
'자기충실'과 '타자 배려'!
정의를 통해 구현되는
일상의 세계를 염원하며.

남양주 수당재에서
왕숙천과 철마산을 바라보며
수당 신창호

1부 『대학』의 가치 그리고 그것을 읽는 자세와 방법

『대학』은 '위대한' 저술이다. 왜냐하면 최고지도자가 지녀야 할 삶의 원리를 담고 있기 때문이다. 그래서 영어권에서도 큰 배움, 즉 '그레이트 러닝(Great Learning)'으로 번역하고 있다. 배움 가운데서도 '크다'는 것은 무엇을 의미할까? 『대학』의 가치를 인식하기 위해서는 먼저 '소학 – 대학'이라는 유교의 학문 단계를 살피고, 다음으로 『대학』을 왜, 어떻게 읽어야 하는지 성찰해야 한다. 그래야만 지도자란 무엇이고, 지도자가 되어서 무엇을 어떻게 해야 하는지, 그 책무성과 위대함을 터득할 수 있다.

『대학』은 배움의 기초인 『소학』을 바탕으로 한다

우리의 전통 학문인 유교는 은근슬쩍 단계를 뛰어넘고 가려는 삶의 자세를 혐오한다. '티끌 모아 태산'이라는 말처럼 차근차근 기초를 마련하고 그에 터하여 정직하게 살기를 희구하는 학문이기 때문이다. 그것은 불교적인 '단박 깨달음', 이른바 '돈오(頓悟)'와는 차원이 다르다. 유학의 점진적 단계를 단순화하면, 『소학』에서 『대학』으로 이어지며 지속되는 공부다.

'소학'에는 여러 가지 뜻이 있다. 그 중에서 가장 많이 언급되는 것이 다음의 두 가지다. 하나는 '8~15세 정도의 어린 아이가 입학하여 다니는 학교'이고, 다른 하나는 '어린 아이, 혹은 어리석은 사람이 배워야 하는 삶의 내용'이다. 학교로 말한다면 현재의 초등이나 중등학교 수준에 해당할 것이다. 여기서는 『대학』이라는 저작에 대비하여 어린 아이나 어리석은 사람이 공부하는 내용을 담은 책에 초점을 두고 간략하게 안내한다.

『대학』보다 낮은 단계라고 해서 『소학』의 내용이 결코 쉬운 것만은 아니다. 어쩌면 『대학』보다 훨씬 어려울 수도 있다. 『대학』은 배움의 원리나 근본적인 이치를 강조하는 반면, 『소학』은 철저히 일상의 구체적인 사안에 대한 실천 행위를 강조한다. 『소학』과 『대학』의 관계는 간단하게 말하면 실천에서 이론으로, 형이하학적 삶에서 형이상학적 원리의 파악으로 비유할 수 있다. 이런 유기체적 배움을 구현하는 과정에서 무엇 하나라도 쉽겠는가?

『소학』은 전편을 통하여 주로 효도와 경건함에 대해 언급하고 있다. 간략하게 설명하면 효도란 가정에서의 부모-자식 사이, 사회에서는 어른-어린이 사이의 윤리 질서 체계이고, 경건함은 내면적으로 깨닫고 모든 존재에 대한 존중을 핵심으로 여기는 삶의 실천 행위다. 다시 말하면, 개인 윤리와 사회 윤리, 가정과 사회에서 요구되는 바람직한 인간상을 기르는 방법이다. 이와 더불어 『소학』은 몸을 닦고 사람을 다스리는 인격자-군자-를 육성하기 위한 계몽과 교훈을 주요 내용으로 담고 있다. 몸을 닦는다는 의미는 흔히 수기(修己), 수신(修身), 수양(修養), 수련(修鍊), 단련(鍛鍊)과 동일하게 이해되기도 한다.

동양에서 '몸'이라는 말 자체는 인간의 모든 조건을 포괄한다. 마음이나 정신도, 생물학적인 뇌도, 육체도 모두 몸의 유기체 속에서 역동성을 지닐 뿐이다. 이런 점에서 몸과 마음은 분리된 것이 아니라 하나로 통일되어 있다. 여기에 서양의 육체[body]와 정신[mind]이라는 이분법적 사고는 개입할 수 없다. 동양은 철저하게 하나로 일관된 융합적 사유를 지니고 있다. '몸'은 이미 인간이 유기체라는 전제 조건을 상징하는 하나의 우주이며 세계다. 이런 몸을 닦는 자기 수양은 다양한 방법으로 일상생활 속에서 이루어지며, 몸짓, 낯빛, 행동거지 하나하나에서 실천된다. 밥 먹을 때 한 번의 수저질이나 말버릇 하나까지 조심하고 주의하는 것도 수양이다. 그 방법은 개인에 따라 다를 수 있다. 수양은 현실을 벗어난 고상한 차원에서 진행되는 것이 아니라 구체적인 생활에서 구현된다. 때문에 우리가 일상에서 공기로 숨 쉬고 있다는 사실을 무심코 지나치듯이, 수양은 우리 삶에서 간과하기 쉽다. 이런 특성 때문에 수양의 실천이 어렵다. 이런 자기 수양인 수기가 전제된 후, 다른 사람을 다스리는 치인(治人)으로 나아간다. 치인은 다른 사람 위에서 군림하는 것이 아니라 타자를 이해하고 배려하며 관계망을 맺는 작업이다.

중요한 점은 『소학』의 핵심이 일상생활에서 실천할 수 있는 구체적인 행위 지침을 제시하고 있다는 것이다. 그러기에 주자는 『소학』 「서제」에서 다음과 같이 그 중요성을 지적한다.

"먼지 나지 않게 마당에 물 뿌리고, 뜰을 깨끗하게 쓸며, 사람이 부르면 곧바로 응낙하고 대답하며, 집안을 들락거릴 때는 공손하게 인사를 해야 한다. 부모를 사랑하며 어른을 공경하고 스승을 존대하며 벗과 친하게 지내야 한다. 이 모두가 자기 수양을 통해 가문을 영광스럽게 하고 나라를 잘 살게 하며 세상을 공평하게 만드는 근본이 된다. 어릴 적 공부하여 들이는 습관은 반드시 삶의 지혜가 되어 자신의 마음 씀씀이에 따라 사회에서 실현되기를 바란 것이다. 잘못된 습관 때문에 삶의 소통이 막히고 감당하지 못할 사태로 근심하는 일이 없기를 바라는 것이다."

사실 어린이들의 행동은 어른에 비해 단순하다. 배고프면 울고, 맛난 것을 보면 먹고 싶어 한다. 세속에 찌든 어른들처럼 자기 이익을 위해 심각하게 사고하지 않는다. 그래서 아이들에게 '순진하다'거나 '천진난만하다'는 수식어를 붙인다. 이런 아이들이 할 수 있는 일은 복잡하고 추상적인 일상의 형이상학이 아니다. 단순하고 구체적인 '일상의 형이하학'이다. 먹고 놀고 잠자는 것, 아이들은 그 이상이나 이하의 일은 귀찮아한다. 이들이 할 수 있는 최대의 일이란 무엇일까? 그들이 인간으로서 문화를 배워가는 첫 단계가 무엇이었을까? 그것이 이른바 "쇄소응대진퇴(灑掃應對進退)"라는 말의 '쇄소(灑掃)'로 약칭되는 일상의 생활 윤리에 관한 배움이었다.

쇄소는 뜰에 물 뿌리고 깨끗하게 쓰는 작업, 간단하게 말하면 청소하는 행위다. 응대는 일종의 자극-반응의 관계로 응낙하고 대답하는 사람과 사람 사이의 관계망이다. 진퇴는 나아가고 물러나는 일로 자기가 무엇을 해야 하는지 본분을 확인하는 작업이다. 이는 모두 삶에서 가장 기본이 되는 개인적·사회적 윤리 행위다. 아침에 일어나 집안 마당에 먼지가 일지 않도록 물을 뿌리는 행위는 자기 수련인 동시에 가정에서 주어지는 역할과 기능에 따라 맡은 일을 실현하는 가족 공동체 내의 사회성을 내포하고 있다. 쓰는 행위와 응낙하고 대답하는 행위도 마찬가지다. 특히 응낙하고 대답하는 행위는 '부름-응답'이라는 의사소통 행위를 통해 서로를 확인하고 이해하는 거룩한 인간의 자기 발견이다. 그런데 쇄소응대의 행위 지침을 잘 보라. 그 실천은 지식의 습득이나 억지로 시켜서 하는 일이라기보다 일상의 삶이요 당연한 의무로서, 삶의 유희에 더 가깝다.

나는 산골에서 어린 시절을 보내면서 쇄소응대진퇴를 일상에서 깊이 체험하였다. 아침에 일어나면 나의 하루는 쇄소응대로부터 시작한다. 누가 따로 시키지 않았지만, 동이 트기 전 어스름한 새벽에 마당을 쓰는 일은 무조건 나의 몫이었다. 아버지는 아버지대로 어머니는 어머니대로 형과 누나는 나름대로의 일이 있었다. 그것은 누가 억지로 시키는 '작업이나 노동'이 아니었다. 그저 당연히 내가 하는 일이었다. 그러다 보니 일이라는 것이 좋든 싫든 내 몸에 달라붙어 있는 일상의 놀이에 불과했다.

옛날에는 기껏해야 옹기 같은 독에 담아둔 물이나 우물물이나 냇가에 가서 떠온 물을 바가지나 두 손을 써서 뿌렸다. 오늘날처럼 잘 만들어진 물뿌리개가 따로 없었다. 그렇기에 손으로 물장난하듯 먼지를 가라앉힐 수 있을 정도로 뿌려 주는 것에 불과했다. 마당을 쓰는 행위에서도 싸리비 하나 들고서 마당을 왔다 갔다 했기에 큰 장난감을 들고 노니는 행위와 다름없었다. 이런 아이들에게 먼저 지식을 주입했을까? 그건 아니다. 그저 일상의 대화와 행위를 통해 습관화를 시도했을 것이다. 이런 상황에서 지식 공부는 나중의 일이다. 설사 공부가 먼저라고 하더라도 반드시 이행의 확인이 뒤따랐을 것이다.

이 지점에서 내가 주의해서 보는 것은 습관화다. 왜 아이들에게 쇄소로부터 출발하여 사랑과 공경, 존대 등에 대한 습관화를 강조했을까? 습관은 행위의 지속을 보장한다. 인간의 모든 행동은 사실 자기도 모르게 형성된 습관에 의해 행해진다. 그리고 습관은 어릴 때부터 하나씩 쌓여 형성된다. 우리는 어릴 때 잘못 형성된 습관이 일생에 폐를 끼치는 경우를 흔히 목격한다. 따라서 올바른 예절과 그것의 습관화는 인간됨을 결정하는 요소로 작용한다. 여기에는 다분히 어릴 때의 좋은 습관이 어른이 되어서도 훌륭한 인간을 만들 것이라는 생각이 깔려 있다. 물론 어른이 되어서도 습관화의 과정은 계속된다. 그것이 약간 어려운 말로 '수양'이나 '수기'다. 그렇다면 습관을 위한 구체적 행위 규범은 어떤 단계로 익혔을까? 그것은 『소학』「입교」에서 자세히 지시된다.

"여섯 살이 되면 숫자와 동서남북의 방위를 가르친다. 일곱 살이 되면 남자와 여자가 같은 자리를 아니하며 같은 그릇에 먹지 않는다. 여덟 살이 되면 문을 드나드는 것, 자리에 나아가는 것, 마시고 먹을 적에 반드시 어른보다 나중에 하여서 양보하는 법을 가르쳐라. 아홉 살이 되면 날짜 헤아리기를 가르쳐라. 열 살이 되면 스승을 찾아가서 밖에 거처하고 자면서 글과 헤아리는 법을 배우며, 옷은 명주로 지은 좋은 적삼과 바지를 입지 아니하며, 어린이의 수준에 맞는 예절을 가르친다. 아침 저녁으로 어른을 섬기는 예의를 배우되 자주 익혀서 몸에 배게 한다."

이처럼 소학은 아이들이 일상적으로 실천해야 할 덕목들, 구체적인 일을 우선적으로 제시하고 있다. 이런 점에서 소학은 '일[事]'에 관한 규범'으로 볼 수 있다. 물론 아이들은 이 규범들을 배우고 익혀 인간의 삶에서 무엇이 근본인지를 알고 그것을 배양하는 데 몰입해야 한다. 이때 근본의 배양은 단순히 규범에 관한 지식만을 배운다기보다는 실천을 통한 규범의 습관화를 말한다. 몸에 배게 하는 작업이 다름 아닌 유교의 '배움'이다. 어린들의 좋은 습관! 바로 삶의 슬기가 몸에 '뱀', 그 배움'에 심혈을 기울인 것이 우리 전통인 소학이었다.

『대학』은 학문의 알파와 오메가

『대학』은 『소학』과 달리 15세 이상의 어른들이 입학하는 학교와 그들이 배우는 교육 내용이라는 의미를 포괄하고 있다. 15세는 요즘으로 따지면, 중학교 2, 3학년 정도의 청소년에 해당되는 나이다. 하지만 옛날에는 어린이와 어른으로 나누어 볼 때, 어른의 초입 단계로 볼 수 있었다. 공자가 스스로 '15세에 학문에 뜻을 두었다.'는 점으로 미루어 보면, 15세는 자기 생애에 대해 독립적인 자세를 가지고 자율적 판단을 하고 책임을 느끼는 시기로 인식된 듯하다. 대학을 교육기관, 즉 학교로 본다면 요즘의 고등교육기관에 해당한다. 그래서 대학을 대인의 학문, 어른들의 학문이라고도 한다. 2부와 3부에서 자세하게 풀이하겠지만, 『대학』「경문」에는 어른이 무엇을 해야 하는지, 학문의 대강을 다음과 같이 제시한다.

"어른들의 배움의 길은 자신의 착한 마음을 밝히고, 백성을 새롭게 하며, 지극히 착한 곳에 머무르는 데 있다. 머무를 곳을 안 뒤에 안정을 찾을 수 있으니, 안정을 찾은 뒤에야 고요할 수 있고, 고요한 뒤에 편안할 수 있으며, 편안한 뒤에 생각할 수 있고, 생각한 뒤에 얻을 수 있다. 물건에는 근본과 말단이 있고, 일에는 마침과 시작이 있으니, 먼저하고 나중에 할 것을 알면 올바른 길에 가까울 것이다.

옛날에 착한 마음을 세상에 밝히고자 하는 사람은 먼저 그 나라를 다스리고, 나라를 다스리고자 하는 사람은 먼저 그 집안을 가지런히 하고, 집안을 가지런히 하고자 하는 사람은 먼저 그 몸을 닦고, 몸을 닦고자 하는 사람은 먼저 그 마음을 바루고, 마음을 바루고자 하는 사람은 먼저 그 뜻을 성실히 하고, 뜻을 성실히 하고자 하는 사람은 먼저 그 지식을 지극히 하였으니, 지식을 지극히 함은 사물의 이치를 캐묻고 연구하는 데 있다.

사물의 이치가 이른 뒤에 앎이 지극해지고, 앎이 지극해진 뒤에 뜻이 성실해지고, 뜻이 성실해진 뒤에 마음이 바루어지고, 마음이 바루어진 뒤에 몸이 닦아지고, 몸이 닦아진 뒤에 집안이 가지런해지고, 집안이 가지런한 뒤에 나라가 다스려지고, 나라가 다스려진 뒤에 세상이 고르게 된다. 최고지도자인 임금으로부터 일반 백성에 이르기까지 모두 수신을 근본으로 삼는다."

이것이 우리가 잘 알고 있는 『대학』의 삼강령 팔조목이다. 명명덕(明明德)-친민(新民)-지어지선(止於至善), 그리고 격물(格物)-치지(致知)-성의(誠意)-정심(正心)-수신(修身)-제가(齊家)-치국(治國)-평천하(平天下)라는 어른이 취해야 할 학문의 원리원칙과 단계, 방법에 관한 유교적 정의다.

그러면 이때 학문의 핵심은 무엇인가? 한 마디로 말하면 수신, 몸을 닦는 일이다. 즉 '몸 공부'에 다름 아니다. 모든 것은 몸 공부로부터 시작한다. 출발은 개인의 몸으로부터다. 이후에 타인에게로 확충해 나간다. 그것이 학문의 이치다. 그런데 어른의 학문은 일상의 단순한 일삼음이 아니다. 격물에서 평천하까지의 전개는 형이상학적 이치의 궁구를 내세운다. 이는 소학에서 강조했던 구체적인 일상의 일삼음으로부터 한 단계 승화한 이치의 탐색, 이른바 삶의 철학적 전개다. 달리 말하면, 대인의 배움-어른들이 하는 공부-은 자기 수양인 수신을 바탕으로 타인을 이해하고 배려하는 치인(治人)을 추구하되, 먼저 그 이치를 깊이 탐구하는 일이 급선무였다.

다시 말하자면, 큰 배움을 하는 방법에는 '자기의 마음을 밝히는 일'과 '타인인 백성들을 새롭게 하거나, 혹은 그들과 친밀하게 지내는 일'과 '자기 마음을 밝히고 타인과의 관계망을 지속하며 지극히 착한 데 머무르는 작업'에 있다. 어른의 학문, 그 첫 단추는 자신의 마음을 다스리고 정신을 바르게 하는 일이었다. 다시 말하면, 어른들의 배움, 그 우선 과제가 바로 마음의 정돈이다. 이는 맹자가 얘기한 '놓친 마음을 다잡는 일'인 "구방심(求放心)"이다. 즉 긴장의 끈을 놓친 것처럼 개념이 제대로 잡히지 않은 존재에서 벗어나는 일이다. 이는 자기 몸의 생명력 보존을 강조하는 것에 다름 아니다.

아울러 인간은 내 마음의 수양을 통해 남과 더불어 사는 삶이 필요하다. 백성을 새롭게 한다는 것은 단순히 '다스림의 대상으로서' 백성을 바라보고 지배자의 의도대로 한다는 의미라기보다는, 올바른 마음으로 새롭게 무장하여 시대를 더불어 살아가자는 의도가 짙게 배어 있다. 이 것은 어른의 자기 교육이 타인에 대한 다스림, 즉 타인을 대하는 태도에 관한 이치임을 일러 준다. 즉 정치가 단순히 민중에 대한 지배가 아니라 비뚤어진 인간을 바로잡는다라는 더 큰 역할을 일깨워 주는 것이다. 정치는 '바르게 하는 일[正]'에 불과하다. 『설문해자』나 『논어』 등 유교에서 정사(政事)를 언급하는 곳곳에 '정사[政]는 바르게 하는 일[正]'이라고 표현된다.

이로 미루어 볼 때, 정치·정사는 인간의 일상생활을 항상 바르게 이끌어 가려는 의지의 표출이다. 그리하여 『대학』의 궁극 목표는 공동체의 이상향인 지극히 좋은 곳, 바른 곳에서 서로 어울리며 살아가려는 염원을 담고 있다. 이 이상향을 유교에서는 대동(大同)사회라고 한다. 『예기

(禮記)』「예운(禮運)」에서는 대동사회를 다음과 같이 묘사하고 있다.

"큰 도가 행하여지자 천하를 공적으로 생각하여 사사로이 그 자손에게 넘겨 주는 일이 없고 어질고 유능한 인물을 선택하여 서로 전하였다. 당시 사람들은 정성을 다하고 서로 신뢰함을 가르치며 화목을 실천하였다. 그러므로 사람들은 홀로 자기의 어버이만을 친애하지 않았으며, 홀로 자기의 자식만을 사랑하지는 않았다. 늙은이에게 그 일생을 편안히 마칠 수 있게 하고, 장년에게 일을 할 수 있게 하며, 어린이에게 의지하여 성장할 곳이 있게 하고, 과부나 홀아비와 고아나 병자들이 다 보살핌을 받을 수 있게 하며, 남자는 사농공상의 직분이 있고, 여자는 돌아갈 남편의 집이 있었다. 사람들은 재화라는 것이 땅에 헛되이 버려지는 것을 미워하였고 자기에게만 사사로이 감추어 두지는 않았으며, 힘이 사람의 몸에서 나오더라도 그 노력을 반드시 자기 자신의 사리를 위해서만 쓰지는 않았다. 그런 까닭에 간사한 꾀나 절도, 반란이 일어나지 않았다. 그러므로 대문을 닫아 잠그는 일이 없었다. 천하가 이러한 공공의 법도를 모두 같이 하는 세상을 대동의 세상이라고 말한다."

문제는 대동사회가 현실적으로 불가능할 수 있다는 우려다. 그것은 이상향이다. 현실에서 존재하기 어렵다. 그러다 보니 유교는 '대동사회'에 대한 차선책을 고려한다. 그것은 조금 편안한 세상인 '소강(小康)'사회다. 유교는 그것을 설정하는 데 적극적이었다. 이는 유교의 현실적 특색이기도 하다. 『예기』에서 대동사회와 더불어 설명되는 소강사회의 모습은 다음과 같다.

"지금은 천하를 공유하는 큰 법도는 이미 없어지고 천하를 사사로운 집으로 생각하여 각기 자기의 어버이만을 친애하며 각기 자기의 자식만을 사랑한다. 재화와 힘은 자기만을 위해 바친다. 천자와 제후는 세습하는 것을 예로 하며, 성곽을 견고하게 하여 스스로 지킨다. 예의를 기강으로 내세워 그것으로써 임금과 신하의 분수를 바로잡으며 부자 사이를 돈독하게 하고, 형제를 화목하게 하며, 부부 사이를 화합하게 한다. 제도를 설정하여 토지와 마을을 구획하고 용맹함과 지혜 있음을 어질다고 하고, 공은 자기를 위한 일에 이용한다. 그런 까닭에 간사한 꾀와 전쟁이 일어난다. …… 이에 의리를 밝히고, 믿음을 이루며, 허물 있는 것을 드러내 밝히고, 어짊을 법칙으로 하며, 겸양의 도를 가르쳐 백성들에게 떳떳한 법이 있음을 보여 주었다. 이 떳떳한 법칙에 좇지 않는 자가 있으면 권세의 지위에 있는 자일지라도 배척해 내쫓아서 백성들이 그를 백성에게 재해를 미치는 임금이라고 하게 한다. 이런 세상을 소강이라고 말한다."

대동이건 소강이건, 인간은 마음을 바르게 갖는 데서 모든 사물을 제대로 파악할 수 있다. 대학의 길은 마음, 정신의 수양에 기초하여 인간 행위의 더 넓은 확장을 꾀한다. 이런 차원에서 대학-어른의 학문-은 마음[몸]에서 출발하여 다스림에 이르기까지, 자신의 수양으로부터 타자의 이해와 배려에 이르기까지, 세상을 살아가는 구체적인 이치를 세밀하게 일러 주고 있는 정치철학이자 교육철학이다.

『대학』은 심사숙고하여 의미심장하게 읽어야 한다

유학의 학문 과정은 사서삼경, 혹은 사서오경을 중심으로 전개된다.

특히 『대학』은 사서 중에서도 제일 먼저 읽어야 하는 경전이다. 주자에 의하면, 유학은 『대학』→『논어』→『맹자』→『중용』의 순서대로 읽은 후, 삼경이나 오경 공부로 나아간다. 공자의 경우, 학문 과정은 이와 약간 다르다. 15세에 학문(學問)에 뜻을 둔 이후 30대에 이립(而立)에 이르기까지 약 15년 동안 『시경』, 『서경』, 『역경』, 『예기』, 『춘추』 등의 오경을 공부한다. 3년 동안 하나씩 익혀나가 15년이 지나야 오경을 모두 읽게 되는 것이다.

하지만, 주자가 『대학장구(大學章句)』, 『논어집주(論語集註)』, 『맹자집주(孟子集註)』, 『중용장구(中庸章句)』라는 사서를 종합적으로 정리하면서 성리학의 체계가 정돈되고, 그 중에서 『대학장구』는 학문에 입문하는 기본 경전으로 확고하게 자리 잡게 된다. 주자가 「독대학법」을 만들어 『대학』을 읽고 공부하는 방법을 자세하게 다시 설명한 데는 그만한 이유가 있다. 『대학』 공부는 글을 읽고 뜻을 아는 지식 공부의 차원에 머물러서는 안 되기 때문이다. 『대학』은 유학의 경전 중에서도 매우 체계적이고 논리적으로 구성되어 있다. 삼강령 팔조목을 근간으로 그 내용이 일목요연하다. 때문에 『대학』 공부는 그 총체적인 기본 원리와 체제를 숙지하고, 마음이 함양되고 몸에 배어 행실로 드러나는 데까지 이르러야 한다.

주자는 왜 이토록 심각하게 『대학』을 읽어야 한다고 강조했을까? 그는 대학 읽는 방법을 정리한 「독대학법」에서 아홉 가지 이유를 들었다.

• 첫 번째 이유

『논어』와 『맹자』는 어떤 사안에 따라 묻고 답한 내용을 기술한 저작

이어서 내용의 핵심을 파악하기 어렵다. 그러나 『대학』만은 공자가 증자에게 옛 사람들이 학문하던 대체적인 방법을 말해 준 것을 증자가 기술하였고, 증자의 문인들이 다시 그것을 전해 받아 기술하여 요지를 밝혔다. 그리하여 『대학』의 내용은 앞뒤가 논리적으로 잘 이어지고, 전체 체제와 세부 구절들이 통일적으로 갖추어져 있다. 이 책을 깊이 읽고 뜻을 제대로 음미하면 옛 사람들이 학문을 하며 지향하던 바를 알게 된다. 그런 다음에 『논어』와 『맹자』를 읽으면 내용을 쉽게 파악할 수 있다. 그 이후에도 공부할 것이 많겠지만, 그 정도면 유학의 대체는 선다.

자연스럽게 알게 되겠지만 『대학』, 이 한 책을 보는 것은 『논어』나 『맹자』를 보는 것과 같지 않다. 『논어』나 『맹자』에서는 한 가지 사항에 대해 하나의 방법이나 이치를 언급하고 있을 뿐이다. 예를 들면, 맹자가 '인의(仁義)'를 말한 부분에서는 인의의 방법과 이치만을 말하였고, 안연이 '인(仁)'에 대해 묻자 공자가 '극기복례(克己復禮)'로 답한 부분에서는 극기복례의 방법과 이치만을 말하였다. 그런데 『대학』은 통합적으로 말하였으니, 그 내용과 응용을 논의하면 세상을 바로잡는 '평천하'의 경지에 이를 수 있다. 그러나 세상이 바로잡혀 잘 다스려지려면 먼저 나라를 제대로 다스려야 하고, 나라가 다스려지려면 먼저 가문을 가지런하게 만들어야 하고, 가문이 가지런하려면 먼저 몸을 잘 닦아야 하고, 몸이 닦아지려면 먼저 마음을 바루어야 하고, 마음이 바루어지려면 먼저 뜻을 성실히 하여야 하고, 뜻이 성실해지려면 먼저 사물의 도리를 정확하게 알아야 하고, 사물의 도리를 정확하게 알려면 먼저 사물의 실상을 깊이 연구해야 한다.

『대학』은 이런 학문을 하는 대략적인 체계와 세부적인 내용을 담고 있다. 그러므로 먼저 『대학』을 읽고 대략적인 체계를 세우면, 다른 경전에 담겨 있는 여러 가지 설들도 모두 『대학』의 체계 속으로 들어오게 된다. 『대학』을 통달하고 다른 경서를 보아야, 비로소 이것이 격물·치지의 일이며 이것이 성의(誠意)·정심(正心)의 일이며, 이것이 수신의 일이며, 이것이 제가·치국·평천하의 일임을 깨닫게 될 것이다.

이제부터 앞으로 『대학』을 충분히 익숙하게 읽어야 한다. 그리고 『대학』으로 기둥을 세우고 빈칸을 만든 후, 다른 책으로 그 사이사이를 메워 나가야 한다.

『대학』은 학문의 처음과 끝을 통틀어 꿰뚫어 말하였고, 『중용』은 그 본원과 극치가 무엇인지를 가리키고 있다.

어떤 사람이 "여러 경서 중에서 한 책만을 선택하여 보려고 한다면, 어떤 책을 먼저 읽어야 합니까?"라고 묻기에, 다음과 같이 답해 주었다. "먼저 『대학』을 읽어라. 그러면 옛 사람들이 학문을 하던 시작과 끝, 그 단계와 순서를 볼 수 있다. 그런 차원에서 『대학』은 다른 책과 비교할 것이 아니다. 다른 책은 한 때에 말한 것을 기술한 것도 아니며, 한 사람이 기술한 것도 아니다."

• 두 번째 이유

『대학』을 볼 때, 글귀를 따라 하나하나 차근차근 보아야 한다. 먼저 전체를 통틀어 읽고 '전문(10장)'의 가르침을 충분히 익혀야 한다. 그런 다음에 처음부터 자세하게 보는 것이 좋다. 전문에 담긴 대강의 의미를 전혀 모른다면, 앞부분을 보는 것 또한 어렵게 된다.

• 세 번째 이유

내가 일찍이 하나의 학설을 지어 사람들을 가르치려고 했는데, 그 내용은 다음과 같다. "오직 『대학』을 하루에 한 차례씩 읽어라. 그러면 어떤 것이 지도자의 배움인 대인의 학문이고, 어떤 것이 일상생활을 하는 백성의 배움인 소학이며, 어떤 것이 명명덕이고, 어떤 것이 친민이며, 어떤 것이 지어지선(止於至善)인가를 보게 된다." 날마다 이와 같이 읽어, 날이 가고 달이 지나는 사이에 저절로 깨닫게 될 것이다. 이른바 '온고이지신(溫故而知新)'이라 했으니, 모름지기 새로운 것을 알아서 날마다 새로운 것을 볼 수 있어야 한다. 그래야 바야흐로 『대학』 공부를 제대로 하여 무언가를 얻었다 할 수 있다. 그렇다고 이것이 학문의 방법과 이치를 풀이하는 데 새롭게 함이 아니다. 다만 공부하는 주체로서 언제나 자기의 뜻과 생각을 자라게 하여 새롭게 하라는 의미다.

『대학』을 읽을 때는 처음에도 또한 이와 같이 읽고, 나중에도 또한 이와 같이 읽는다. 처음 읽을 때는 나와 관계가 없는 것처럼 느껴지다가 나중에 익숙해지다 보면 『대학』의 여러 내용을 모름지기 그대로 실천해야 한다는 것을 안다. 그리하여 이와 같이 하지 않으려 해도 하지 않을 수 없게 된다.

책을 읽을 때는 많이 읽으려고 해서는 안 된다. 마땅히 『대학』을 가장 먼저 읽되, 단락마다 익숙하게 읽고 자세하게 생각하여, 모름지기 한 단락 한 단락 분명하게 이해한 후에, 비로소 단락을 바꾸어 읽는다. 두 번째 단락을 볼 때는 앞 단락을 생각하여 글 뜻이 연결되도록 엮어서 매끄럽게 통하게 한다.

어떤 사람이 "『대학』에 조금 통하게 되면 바야흐로 『논어』를 읽어도 될까요?"라고 묻기에, 다음과 같이 답해 주었다. "옳지 않다. 『대학』을 조금 통하였으면, 바로 마음을 가다듬고 자세하게 읽는 것이 좋다. 전에 『대학』을 읽을 때는 앞부분은 알았는데 뒷부분은 알지 못했거나 뒷부분은 알았는데 앞부분을 알지 못했을 수 있다. 그런데 이제 『대학』의 대강과 체계를 통괄하여 알았으니, 깊이 있게 보는 것이 참으로 좋다. 이 책을 읽어 공부가 깊어지면 그 쓰임도 넓어질 것이다." 옛날에 윤화정이 정이천을 만나 글공부를 한지 반년이 지난 후에야, 바야흐로 『대학』과 『서명』을 읽을 수 있었다. 그런데 요즘 글공부하는 사람들은 반년 동안에 무턱대고 많은 책을 읽으려고 한다. 내가 사람들에게 『대학』을 읽으라고 하는 것은 어째서인가? 『대학』은 분량이 많지 않으면서도 규모가 두루 갖추어져 있기 때문이다. 책을 읽을 때는 기본이 되는 첫 번째 대목을 100퍼센트 충분히 공부해야 한다. 이렇게 하면 두 번째 대목에서는 80~90퍼센트 가량의 힘을 들여 공부를 해도 알게 되고, 세 번째 대목에서는 60~70퍼센트 정도의 힘을 들여 공부를 해도 깨닫게 된다. 이런 방법으로 얼마 동안 『대학』 읽기를 점차 늘리다 보면 저절로 뜻이 통하여 다른 경전은 많은 공부를 하지 않아도 자연스럽게 그 뜻이 드러나게 된다.

『대학』을 볼 때는 전체적 의미와 지향이 보일 때까지 공부한 후에, 다른 경서를 읽어야 한다. 『대학』을 볼 때도 모름지기 다시 큰 단락을 나누어 작은 단락으로 만들고, 뜻을 충분히 이해해야 하며, 한 글자 한 글자 한 구절 한 구절의 의미도 쉽게 지나치며 넘겨서는 안 된다. 늘 암송하고 묵묵히 생각하며 반복해서 연구해야 한다. 아직 입에 오르지 않았다면 모름지기 입에 오르게 하고, 아직 뜻이 통하지 않았다면 모름지기

통하게 해야 한다. 이미 뜻이 통한 뒤에는 충분히 무르익기를 바라고, 곧바로 생각하지 않은 때에도 이 뜻이 항상 마음과 가슴 사이에 살아 있어 쫓아내어도 가지 않을 정도가 되기를 기다려야 한다. 바야흐로 이한 단락을 마치고, 다시 한 단락을 넘어가 보아야 하니, 이와 같이 공부하여 몇 단락을 넘어간 뒤에는, 마음이 편안하고 이치가 익숙해져서 공부하기에 힘이 덜 드는 것을 깨닫게 될 때, 바로 『대학』을 실천할 수 있는 힘을 얻게 될 것이다.

• 네 번째 이유

『대학』은 몸통과 같은 하나의 체계다. 그러기에 이제부터 그 빈 곳을 메워서 꽉 채워야 한다. 예를 들면, 격물을 말한 것은 자신이 모름지기 격물을 한 뒤에 메워서 꽉 채워야 하고, 성의를 드러내는 것 또한 이렇게 해야 한다. 『대학』을 빈껍데기 같은 형식의 글로 읽는다면 또한 유익함이 없다.

『대학』을 읽는 것이 어찌 그 언어의 문자를 보는 데 있겠는가? 바로 마음에 어떻게 나타나는지를 증명해 보아야 한다. 그것은 우리가 눈으로 보고 즐길 수 있는 것을 좋아하고 고약한 냄새가 나는 것을 싫어하는 것처럼, 내 마음의 심리상태를 직접 시험해 보는 것과 같다. 진정으로 선을 좋아하고 악을 미워함도 이와 같이 하는가? 한가히 거처할 때에 불선(不善)을 행하는 일, 과연 이러함이 나에게도 있는가? 자신이 생각해 볼 때, 착한 행동을 실천하는 데 조금이라도 미치지 못하는 것이 있으면, 용감하게 떨쳐 일어나 선한 행실을 향해 나아가야 한다. 이제 이와 같이 해야 함을 알지 못하면, 책은 책대로 나는 나대로일 것이니,

『대학』을 공부하는 것이 무슨 도움이 되겠는가?

•다섯 번째 이유

나는 일생 동안 『대학』의 글을 보고 통하여, 이전의 현인들이 미처 도달하지 못한 부분을 알게 되었다. 사마온공(司馬溫公)이 『자치통감(資治通鑑)』을 짓고, '평생의 정력을 이 책에 쏟아 부었다.'라고 하였는데, 나도 『대학』에 모든 정력을 쏟았다는 점에서 또한 그러하다. 반드시 『대학』을 통달한 다음에 다른 경서를 읽어야 한다.

•여섯 번째 이유

정이천이 예전에 사람을 가르칠 때 먼저 『대학』을 보게 했다. 그때는 아직 『대학』의 깊은 뜻을 풀이하고 설명하지 못하였다. 그런데 지금은 뜻을 풀이한 주해가 있어 대강의 뜻을 분간하고 깨우칠 수 있으므로, 자세히 보는 것이 중요하다.

•일곱 번째 이유

『대학』을 볼 때는 장(章)을 따라 하나하나 각 장의 뜻을 이해해야 한다. 그리하여 먼저 본문을 가지고 생각하여 알고, 다음에 장구를 가지고 본문을 풀이하고, 또 『대학혹문』을 가지고 장구를 되새겨 보아야 한다. 모름지기 하나하나 기억하여 반복해서 찾고 연구하여 몸에 무젖을 때까지 공부해야 한다. 단락마다 깨우쳤다면, 다시 『대학』 전체를 통합하여 그 체계와 의미를 찾아야 한다.

•여덟 번째 이유

『대학』, 이 한 책에는 정경(正經)이 있고, 장구(章句)가 있고, 혹문(或問)이 있다. 보고 또 보아 많이 읽게 되면, 혹문의 글을 보지 않고 장구만 보아도 된다. 또 오래도록 공부하면 정경만을 보아도 된다. 또 오래도록 공부하면 자연스럽게 『대학』 한 권이 내 가슴 속에 살아 있어 정경 또한 보지 않아도 된다. 그러나 내가 공부한 것에 공부를 더하지 않는다면 또한 지금 도달한 수준을 넘어서지 못할 것이고, 성현이 공부한 것에 공부를 더하지 않는다면 또한 성현의 수준을 벗어나지 못할 것이다.

•아홉 번째 이유

『대학』의 본문을 풀이한 것이 상세하지 않은 것을 『대학혹문』에서 자세하게 말하였다. 처음부터 글귀를 따라 읽고 이해하되, 통하지 않은 부분에 이르거든 『대학혹문』을 보라. 『대학혹문』은 바로 각주의 각주이다.

내가 『대학』을 풀이할 때 다른 학설과 맞지 않는 것이 꽤 많다. 그래서 먼저 배우는 자들이 준비할 수 있도록, 그들을 위하여 의문과 가설을 설정하여 『대학혹문』에 담았는데, 그 이유는 배우는 사람들이 보기 쉽게 하기 위해서다.

어떤 사람들은 이렇게도 말한다. '내가 『대학』을 해석하는 데 간략하게 설명하지 않아 사람들에게 스스로 생각을 하지 못하도록 만들었다.' 그런 비판의 말은 절대 타당하지 않다. 사람들이 학문을 하는 것은 저마다 '즐거하는가, 즐거하지 않는가.'를 따질 뿐이다. 우리가 학문을 가까이 하기를 즐거하지 않는다면 아무리 간략해도 뜻을 풀이하지도 생각을 다할 줄도 모를 것이다. 또한 우리가 학문을 가까이 하기를 즐거한다

면 저절로 그것에 재미를 붙이게 되고, 상세하고 깊이가 있을수록 재미
있게 『대학』을 즐길 수 있을 것이다.

2부 『대학장구』 한글 독해

『대학장구』는 주자가 장구로 편집하면서 붙인 「서」를 필두로, 하나의 「경」과 열 개의 「전」으로 구성되어 있다. 「전」은 3부에서 독해한 『고본대학』을 논리적으로 검토한 후 자신의 철학과 사상을 투영하여 재구성한 것이다. 열 개의 「전」에서는 「경」에서 언급한 삼강령 팔조목에 대해 구체적인 사례를 들어 자세하게 해석하고 있다. 주자가 『대학장구』를 지은 이후, 지금까지 다양한 학문적 논란이 있었다. 그럼에도 불구하고 주자의 『대학장구』는 동아시아 경학사에서 가장 권위 있는 『대학』 주석서로 평가받는다.

서문

서문은 주자가 『대학장구』를 지으면서 붙인 글이다. 따라서 『대학』의
의미와 가치, 장구를 만든 이유 등 주자 자신이 『대학장구』를 편집한
의도가 구체적으로 담겨 있다. 그것은 『대학』에 스며 있는 주자 사상의
핵심을 압축한 명문장으로, 주자학 이해의 열쇠가 된다. 서문은 크게
여섯 단락으로 나누어 볼 수 있다.

하나, 인간의 본성과 학문의 필요성

『대학』은 옛날에 최고의 고등교육기관인 태학에서 사람을 가르치던
개략적인 내용을 담고 있는 책이다. 사람은 태어날 때부터 누구나 '인의
예지'라는 도덕적으로 착한 본성을 부여받았다. 그러나 타고난 기질의
차원에서 볼 때, 모든 사람의 기질이 동일할 수는 없다. 사람마다 차이
가 있다는 말이다. 어떤 사람은 맑고 어떤 사람은 흐리며, 어떤 사람은
순수하고 어떤 사람은 잡된 것이 섞여 있는 등 기질이 각각 다르다. 그
러기에 모든 사람이 자신이 도덕적으로 착한 본성을 지니고 있는지 제
대로 파악하지 못하고, 또 그것을 온전하게 발휘하지도 못하였다. 그럼
에도 불구하고 수많은 사람 중 한 사람이라도 총명하고 지혜가 있어 도
덕적으로 착한 자신의 본성을 제대로 발휘할 수 있는 사람이 나타나면,
세상은 반드시 그를 국가의 지도자로 추대하고 사람들의 스승이 되게

하였다. 그리고 그에게 사람들을 다스리고 가르치게 하여 모든 사람들이 도덕적으로 착한 본성을 회복할 수 있게 하였다. 그런 사람의 실례가 다름 아닌 중국 고대의 전설적 제왕들이다. 예를 들면 인류의 시조이며 땅을 안정되게 하여 인류의 삶을 보호해 준 신(神) 복희, 농기구를 만들어 농사를 짓게 하고 의약을 만들어 병을 고치도록 지도한 신농, 여러 부족을 통합하여 나라를 만들었던 황제, 세상을 태평하게 만든 덕치를 베푼 요임금, 효도의 모범을 보이며 세상을 덕으로 교화하였던 순임금이다. 이들은 자연의 질서에 따라 순리대로 사람들이 살아가는 법도를 세웠고, 사도라는 직책을 만들어 사람을 도덕적으로 교화하였다. 또 전악이라는 관직을 만들어 사람들이 어울릴 수 있도록 교육하였다.

둘, 학문의 장

중국의 고대 국가인 하나라·은나라·주나라 세 왕조는 문명이 융성하고 문화가 발달하면서 나라의 제도와 시스템이 상당 부분 갖추어졌다. 특히, 최고지도자인 임금이 살고 있는 중앙의 궁궐과 도읍은 물론, 각 지방의 주요 지역을 비롯해 시골 마을에 이르기까지, 전국의 방방곡곡에 걸쳐 학교를 설립하였다.

그리고 사람이 태어나서 여덟 살이 되면, 최고위급 지도자인 왕공과 같은 귀족의 자제에서 서민의 자식에 이르기까지 모두 그 나라 사람으로서 알아야 할 기초 지식을 익히는 학교인 소학에 들어가게 하였다. 소학에서 공부했던 주요 내용은 생활을 합리적으로 운용하는 데 필요한 삶의 예술들이었다. 물 뿌리고 쓸어 내는 청소하기, 응낙하고 대답하는 사람 사이의 기본적 응대 방식, 나아가고 물러나며 자신의 위상과 본분이 무엇인지 파악하는 기본 생활 예절을 익혔다. 아울러 정서교육의 일종으로 볼 수 있는 사람과 사람 사이의 차이를 강조하는 예(禮)와 사람 사이의 화합을 강조하는 악(樂), 군사훈련이자 체육 활동으로 이해할 수 있는 활쏘기와 말 몰기, 글하기와 셈하기 등 삶을 보다 세련되게 할 수 있는 지식 활동을 펼쳤다.

열다섯 살이 되면 최고지도자인 천자의 맏아들과 여러 아들, 고위급 지도자로서 지배 세력을 형성했던 귀족인 공경대부와 원사의 후계자들, 그리고 서민의 자제 가운데 뛰어난 능력을 지닌 준수한 사람들을 선발하여 고등교육기관인 태학에 들어가게 했다. 이들은 태학에서 나라의 시니급 인사로 발돋움할 수 있는 기본 소양을 익혔다. 즉 이치를 연구하고 마음을 바르게 하며 몸을 수양하고 사람을 다스리는 도리를 공부했다. 이런 차원에서 학교 교육은 크게 고등 수준의 교육기관인 태학과 초중등 수준의 교육기관인 소학으로 나누어 행해졌고, 그 내용과 과정이 구분되었다.

셋, 학문의 원칙과 방식

태학과 소학의 설치를 통해 볼 때 학교의 규모가 어느 정도인지 가늠할 수 있고, 가르치는 방법의 측면에서도 그 순서와 조목이 자세함을 알 수 있다. 교육의 내용 차원에서 보면, 최고지도자인 임금이 몸소 실천하고 자기 마음에 체득한 것을 근본으로 삼았다. 그리하여 사람들이 일상생활에서 실천하는 윤리도덕 이외에 다른 것을 기대하지 않았다. 때문에 그 당시 사람들은 윤리도덕을 배우지 않은 이가 없었다. 배우는 사람들도 도덕적으로 착한 자기의 본성과 자신의 직분에 따라 마땅히 해야 할 일을 알고 각자가 능력을 모두 발휘하도록 노력하지 않은 이가 없었다. 때문에 옛날, 문명이 발달하고 문화가 융성한 시대의 경우 위로는 사람을 이해하고 배려하는 훌륭한 정치가 행해졌고, 아래로는 서민들의 삶과 풍속이 아름답게 되었다. 이런 점은 후세의 사람들이 아무리 정치를 잘 하려고 하고 아름다운 삶을 만들려고 해도 함부로 따라갈 수 없는 부분이다.

넷, 『대학』의 가치와 전승

중국 고대 국가 가운데 문명이 성대했던 주나라가 약해지고 춘추전국시대로 접어들면서 훌륭한 최고지도자, 즉 성스럽고 열린 마음을 지닌 임금이 나오지 않았다. 그러자 국가적 차원에서는 태학이나 소학과 같은 학교가 제대로 설치되어 운영하지 못하고, 그 결과 사람들을 충실하게 가르치지 못하여 서민들의 삶과 풍속도 피폐하게 되었다. 물론 이때, 공자 같은 성인이 있었지만 임금이나 스승과 같은 최고지도자의 지위를 얻지 못했기 때문에 훌륭한 정치나 모범적인 교육을 시행하지는 못하였다. 이런 상황에서 공자는 교육지도자로서 자신이 할 수 있는 한 옛날의 훌륭한 임금, 즉 최고지도자들이 어떻게 다스렸는지 그 방식을 탐구하여 가르치고 전하면서 후세에 그 의미와 맥락을 일러 주었다. 그 중에서도 길례, 흉례, 빈례, 군례, 가례 등 다섯 가지 예를 기록하고 있는 『예기』 「곡례」와 상견례나 음식, 연회에 대한 예의를 기록한 「소의」, 부녀자의 예법을 기록하고 있는 「내칙」과 스승을 섬기는 학생들의 예법을 기록한 『관자』의 「제자직」과 같은 여러 편의 글은 일상생활에 필요한 예의와 지침을 담은 소학의 응용에 해당한다. 하지만 『대학』의 글과 가르침은 소학을 공부하여 효과를 드러낸 것을 바탕으로, 그보다 높은 경지에 해당하는 대학의 밝은 법도를 나타낸 것이다. 때문에 밖으로는 그 규모가 지극히 크고, 안으로는 그 절목이 매우 자세하게 적혀 있다. 공자의 제자가 3,000여 명이나 된다고 하는데, 그 가운데 공자의 말씀을 듣지 않은 이가 없겠지만, 증자가 전한 것만이 공자가 가르쳐 준 그대로 『대학』을 바르게 해석하고 주석하여 정통성을 확보하였다. 그 후 맹자가 증자의 학문을 계승하였다. 하지만 맹자가 별세한 후 『대학』에 대한 바른 해석과 전승이 끊어졌다. 그러다 보니 『대학』의 글이 『예기』 42편에 남아 있기는 해도, 그 뜻을 바르게 알고 중시하는 사람이 드물었다.

다섯, 학문의 기준

맹자가 별세하고 유학의 도통이 단절된 후, 세상의 물정에 찌든 유학자들은 아름답게 문장을 꾸미고 쓰며, 외우고 읽는 학습을 하였다. 그런 공부를 하는 그들의 노력은 소학을 공부하는 것보다 두 배나 되었으나 사람들에게 훌륭한 정치와 교육을 행하는 측면에서 보면 아무런 쓸모

가 없었다. 한편 이단의 학문으로 허정·무위를 주장하는 노장 사상이
나 출가를 권장하며 현실에서 벗어나려는 불교의 적멸 이론은 그 학문
적 수준이 『대학』보다 형이상학적이었다. 그리고 현실적으로 훌륭한 정
치와 교육을 위한 실제적 내용이 없었다. 그 이외에도 권모술수나 일체
의 공명을 취하기 위한 온갖 학설이 난무하고, 다양한 부류들이 자기주
장을 하며 세상을 어지럽히고 백성을 속였다. 때문에 지도자들이 나아
가야 할 정치 도덕이 가로막히고 그런 와중에 다시 여러 학설이 어지럽
게 섞여 나왔다. 이렇게 되면서 불행하게도 지도자들에게는 자신이 무
엇을 해야 하는지, 큰 도리나 삶의 길에 대한 핵심이 무엇인지, 제대로
듣지 못하게 만들었다. 동시에 일반 사람들에게는 훌륭한 정치를 통한
다양한 복지 혜택이 주어지지 않게 되었다. 그 결과 세상이 어둡고 막히
어 고질적인 병폐가 반복하여 나타났고, 당나라 이후 나라가 분열되고
쪼개지면서 중국 역사상 가장 혼란한 시기인 오대, 즉 후량, 후당, 후진,
후한, 후주의 다섯 나라가 교체한 50여 년의 쇠퇴기를 맞아 도덕적 파
괴와 혼란이 최고조에 이르렀다.

여섯, 『대학』으로 귀결하는 역사의 법칙

자연의 질서는 순환하는 속성을 지니고 있기에 가서 돌아오지 않는
것이 없다. 중국 송나라의 덕이 융성해지자 훌륭한 정치와 아름다운 교
육이 행해졌다. 이에 하남 정씨의 정명도, 정이천 두 선생이 나타나 맹
자의 학문 전통을 계승하게 되었고, 진실로 이 책, 즉 『대학』을 존숭하

고 신뢰하여 그 의미를 드러내, 책의 차례를 정하고 요지를 밝혔다. 그러자 옛날 고등교육기관인 태학에서 가르치는 양식, 성인 공자가 말한 경문, 현인 증자가 풀이한 전문의 뜻이 찬란하게 다시 세상에 밝혀지게 되었다.

나[주희]는 총명하지 않다. 하지만 다행히도 정자를 사숙하여, 정자의 학문 사상을 배워 인식한 것이 있었다. 그러나 다시 생각해 보건대, 정자가 재정리한 『대학』도 흐트러지고 사라진 것들이 있어 상당히 잘못된 부분이 있는 듯하다. 그래서 나 자신이 고루하다는 점도 잊고 책의 내용과 연관되는 구절들을 찾아내어 모았다. 그 사이 책에서 누락되거나 간략하다고 보이는 부분에 대해 개인적으로 의견을 붙여 보충하였다. 이 부분에 대해서는 후세 학자의 비판을 기다리고자 한다. 나 자신이 지극히 분수에 넘치는 짓을 한 죄를 피할 길이 없음을 잘 알고 있다. 하지만 나라에서는 사람을 교육하고 좋은 풍속을 세우려는 의도가 있을 것이고 배우는 사람은 자기 몸을 닦고 사람을 다스리는 방법을 익히려고 할 것인데, 이런 차원에서 볼 때 나의 『대학장구』가 작은 도움이 되지 않을까 한다.

남송의 효종 순희 16년, 서기 1189년 2월 4일
신안 사람인 주희가 서문을 쓰다

『대학장구』「서」는 유교적 인간학과 학문의 본질, 학문의 원칙과 바탕, 기준, 학교의 구분과 교육과정, 선발의 의미, 지도자의 모범, 구성원의 윤리적 실천과 본분의 이행 등을 체계적으로 다루고 있다. 이는 현대 정치나 교육의 차원에서 주요한 시사점을 준다.

첫째, 인간관의 측면에서 착한 인간성을 누구나 지니고 있다는 인간에 대한 보편성과 기질의 차이에 의한 인간의 개체성을 확인시켜 주었다. 그것은 정치에서의 보편성과 개별성, 공동체의 교육과 개인의 교육이 늘 유기적 연관과 변증법적 조화를 이루어야 함을 보여 준다.

둘째, 정치와 교육의 본질적 측면에서 도덕적으로 착한 인간성의 회복을 그 근본에 두었다. 착한 인간성의 회복에 대한 기대는 인간을 긍정적으로 배려하고 신뢰를 부여한다는 의미다. 정치와 교육에서 인간에 대한 믿음은 정치를 신뢰하고 교육의 존재 의미를 배가시킨다.

셋째, 교육과정과 내용을 어린이 교육의 차원에서는 보통 교육을 강조하고 성인 교육 차원에서는 전문 교육(혹은 지도자 교육)을 강조하였다. 이는 현대적 의미에서 모든 국민이 기본적으로 받아야 할 대중 교육의 차원과 능력에 따라 전문직업 교육을 실천하는 차원과도 통한다.

넷째, 학문의 원칙 혹은 바탕의 측면에서 지도자의 모범을 중시하는 동시에 구성원들의 윤리적이고 본분에 충실히 임하는 자세를 중시하였다. 그것은 지도자와 구성원 사이에 솔선수범하고 동반자적인 자세를 견지하게 한다. 특히 본분의 확인을 통해 각자의 자리에서 역할과 기능을 수행할 수 있는 근거를 제시한다.

다섯째, 유교가 이단과 다른 학문의 근본이라는 선언을 통해, 학문의 기준을 제시하였다. 이는 정치와 교육의 기준 설정과 연관된다.

한편, 현대 교육적 관점에서 볼 때, 심각한 한계점도 노정하고 있다.

첫째, 인의예지라는 인간의 보편성, 선한 본성을 어떻게 부여할 수 있는가? 그 근거가 희박하다. 막연하게 인간성은 도덕적으로 착한 본성을 지니고 있다는 이데아적 선언은 구체적 인간을 설명하는 데 무리가 있다. 아울러 현실적 악의 출현에 대한 충분한 논증을 하기 어렵다.

둘째, 정치와 교육의 기준과 근본이 착한 인간성의 회복으로 마무리될 수 있는가에 대한 회의. 도덕적으로 착한 인간성의 회복을 학문적 완성으로 인정할 수 있는지, 인간의 기질 차이 측면에서 볼 때 다른 차원에서의 끊임없는 노력 과정을 설정해야 하는 것은 아닌지 의문이 든다.

셋째, 어린이 교육과 어른 교육으로 연결되는 교육과정의 고리가 불명확하다. 소학에서 대학으로 이어지는 과정이 언급되기는 했으나, 그 아래로부터 위로 지속되는 과정이 구체적이지 않다.

넷째, 지도자의 실천과 터득, 모범을 중시하는 학문 원리 이외에 기술적으로 세밀한 방법적 원리 제시가 미흡하다. 아울러 학문의 기준으로서 유교를 제시하고, 이단에 대해서는 지나칠 정도로 배타적이다. 엄밀히 고찰하면 다른 학문의 장점을 확인하여 잘 이용할 때 학문을 풍부하게 만들 소지도 있으나 학문 기준의 선언은 그것을 차단하고 있다.

경문

「경」은 공자의 말을 증자가 문장으로 기술한 것이다. 증자는 공자의 제자 증삼이다. 증삼은 공자의 수제자 안자 다음으로 추앙받으며, 『논어』의 세 번째 장에 자신의 이름을 올릴 정도로 유명하다. 또한 『논어』에서 열다섯 번 이상이나 등장하는 핵심 인물이다. 여기서는 편의상 내용에 따라 「경」을 일곱 단락으로 나누어 설명한다.

1

한 사회의 어른이 될 사람이 배워야 하는 공부의 원리와 체계는 다음과 같다.

첫째, 자신의 순수하고 착한 심성을 인식하고 그것을 밝히는 데 있다.

둘째, 자기 수양을 바탕으로 타인을 이해하고 배려하며 조화로운 사회관계를 만드는 데 있다.

셋째, 자신의 착한 심성의 수양을 바탕으로 타인과 어울리며, 사람 사이의 조화로운 사회관계를 일상생활에서 지속하는 데 있다.

『대학』 경문의 첫 구절은 잘 알려져 있는 대학의 세 가지 강령[삼강령]이다. 삼강령은 한자로 '명명덕(明明德), 친민(新民), 지어지선(止於至善)'인데, 위에서 첫째, 둘째, 셋째로 풀이한 대목이다. 대학은 '위대한 학문(Great Learning)'이라는 의미를 지닌다. 위대한 사람은 욕망에 빠져 허

우적대는 조무래기가 아니라 그것을 조절하고 인내할 줄 아는 어른이고, 큰 사람이며 지도자다. 따라서 『대학』은 한 사회의 어른이 될 사람들, 이른바 '지도급 인사'들에게 필요한 배움의 체계다. 어른이 되어 간다는 것은 그 사회를 추동해 갈 책임과 의무가 부여되는 과정이다. 그들에게는 책무를 인식하고 그것에 맞는 윤리적 실천이 요구된다.

유교 전통에서는 지도자의 길로 접어들기 위한 기본 원리를 세 가지로 제시하였다. 그 첫 번째가 모든 개인의 심성이 도덕적으로 착하다는 성선설의 인식이다. 단도직입적으로 '나는 누구인가?(Who am I?)'라고 했을 때, 유교적 대답은 간단하다. '나는 착한 사람이다!' 그러므로 착한 행위를 통하여 스스로 성숙할 수 있고, 타자를 배려할 수 있다! 타자를 이해하고 배려하며 훌륭한 관계망을 맺는 작업이 두 번째 원리인 조화로운 사회관계다. 세 번째 원리는 착한 개인 모두가 본분을 다하며 타자와의 조화로운 관계를 통해 건전한 사회를 열어 가는 지속가능한 일상생활이다.

요컨대 어른다운 인간의 삶은 도덕적으로 착한 나와 네가 일상에서 만나 사회 속에서 서로 격려하고 북돋아 주며, 더불어 아름다운 삶을 지속하는 것에 다름 아니다. 개인의 수양을 통해 자신에게 충실하게 사는 삶을 기초로 타자를 이해하고 배려하는 생활을 궁극적인 목표로 한다. 한 마디로 말해 일생을 통하여 자기충실과 타자 배려라는 유교적 핵심 가치를 구현하려는 의지를 담고 있다. 개인적-사회적 차원의 배움을 삶의 철학으로 자리 매기는 작업! 그것이 지도급 인사가 그려야 할 최우선 과제다. 민주주의 사회에서 인간 개인이 모두 주체라면 그 주체들이 진정 인식하고 실천해야 할 배움의 원칙이다.

2

'사람 사이의 조화로운 사회관계를 일상생활에서 지속'하는 일이 아름다운 공동체를 가꾸어 가는 바탕임을 알아야 사회의 모든 구성원들은 자기 삶의 방향을 정할 수 있다.

삶의 방향을 정한 다음에 마음을 차분하게 가라앉힐 수 있다.

마음이 차분하게 가라앉은 다음에 몸가짐을 편안하게 할 수 있다.

몸가짐을 편안하게 할 수 있어야 깊이 생각하여 맡은 일을 정밀하고 합당하게 제대로 처리할 수 있다.

깊이 생각하여 맡은 일을 정밀하고 합당하게 제대로 처리한 다음에 '사람 사이의 조화로운 사회관계를 일상생활에서 지속'하는 삶의 양식을 확연히 터득할 수 있다.

주자의 해설에 의하면, 여기에 제시한 다섯 가지는 수양을 하는 단계나 수양의 항목이 아니다. 이 다섯 가지 단계는 점진적으로 공부의 효과를 얻는 수준이다. '사람 사이의 조화로운 사회관계를 일상생활에서 지속하는 일'을 아는 것은 인생의 지향점이 무엇인지 바르게 인식하는 단계다. 이는 삶에 관한 입지다. 인생의 지향점을 제대로 인식하면 마음이 정해지고 다른 것으로 눈을 돌리지 않게 된다. 하나의 일에 집중하거나 몰입한다고나 할까. 이런 상황은 길을 갈 때 어디로 가야할지 정해지면 불안한 마음이 사라지고 마음이 안정되는 것과 유사하다. 갈 길을 정하지 못하고 이리저리 헤매고 있다고 생각해 보라! 마음은 불안하고 정신은 혼란스럽고 갈피를 잡지 못한다. 혼란의 도가니 속에서 끝없는 추락의 과정을 거치며 삶은 피폐해져 갈 수밖에 없다.

핵심은 인간의 삶이다. '어떤 사람으로 어떤 사회에서 살아갈 것인가?' 이에 관한 심사숙고다. 그 원리원칙에 대한 개인적 내면의 음성과 사회적 합의를 이룬 오케스트라의 화음을, 보고 듣고 느낄 수 있는 오감의 요청이다. 온몸으로 그 삶의 법칙과 철학을 깨닫는다면, 마음의 평화, 몸가짐의 안정, 깊은 사려를 통한 착한 인생의 변주가 이어질 것이다. 리듬과 멜로디와 하모니, 삼박자를 고루 갖춘 삶의 심금을 울릴 수 있으리라.

3

모든 사물에는 근본과 말단, 즉 가장 기본적이고 핵심인 것과 이를 보조하거나 풍부하게 만드는 주변에 해당하는 것이 있다.

모든 일에는 완료되는 영역과 시작되는 영역이 있다 매 단위별로 돌고 도는 가운데 처음과 끝이 있는 것이다.

그러므로 핵심부와 주변부에 해당하는 것이 무엇이고, 시작과 완료의 영역이 언제인지 깨달을 필요가 있다. 이것이 정확하게 판단되면 먼저 실천하고 나중에 실천할 일이 무엇인지 알게 된다. 이때가 되어야 비로소 사람답게 산다는 것, 그 길이 보이기 시작한다.

사물에서 근본과 말단, 일에서 시작과 끝을 이해하는 일은 매우 중요하다. 일반적으로 근본은 핵심부이므로 매우 중요하고 말단은 주변부이므로 그다지 중요하지 않다고 인식하는 경향이 있다. 이런 오해가 세상을 올바로 보지 못하게 하거나 오해를 낳는 계기로 작용한다. 나무에 비유하면 근본은 뿌리, 말단은 가지다. 나무의 뿌리가 튼튼하고 알차야 가지들이 쭉쭉 뻗어 나가고 잎이 무성하고 꽃이 아름답게 필 수 있다. 동시에 가지와 잎이 무성하기 때문에 광합성 작용을 통해 뿌리에 영양분이 공급되면서 나무 자체는 튼실하게 된다. 때문에 뿌리는 중요하고 가지는 중요하지 않다고 말해서는 곤란하다. 뿌리와 가지는 상호보완의 차원이 아니라 떨어질 수 없는 유기체로서 한 몸일 뿐이다. 핵심과 주변으로 구분하여 설명할 수는 있지만, 둘 사이의 관계는 필연적이다.

일을 하는 경우에도 마찬가지다. 모든 일에는 우선순위가 있다. 일의 경중에 따라, 1차적인 것과 2차적인 사안이 존재한다. 1차적인 것은 먼저 실천되어야 하는 것이고 2차적인 것은 1차적인 것을 바탕으로 확장되거나 그것을 더 잘 되게 보완하는 성격이 강하다. 주자는 이러한 일의 우선순위에 대해 다음과 같이 생각하였다.

"내가 순수하고 착한 심성을 인식하고 밝히는 일은 한 가지 일이다. 그런데 이를 바탕으로, 모든 사람이 순수하고 착한 심성을 인식하고 밝히는 일은 만 가지 일이 된다. 때문에 자연스럽게 나 자신 안의 내면적인 일과 타자에 관한 외면적인 일이 있다. 즉 근본에 해당하지만 잘 드러나지 않는 일과 가지에 해당하지만 잘 드러나는 일이 있게 마련이다. 이때 먼저 해야 할 일과 나중에 해야 할 일을 잘 알고 처리해야 한다. 그렇게 하면 사람의 길이 무엇인지 한층 잘 보이게 된다. 먼저 해야 할 일과 나중에 해야 할 일이 무엇인지 개념을 잡지 못하면 앞뒤가 뒤죽박죽 뒤집히게 된다. 이런 상황에서 어찌 삶의 갈피를 잡을 수 있겠는가?"

앞에서 언급하였듯이 인간에게 가장 근본적이고 핵심부를 차지하는 것은 모든 사람이 자신의 착한 마음을 인식하여 밝히는 일이다. 나아가 그것을 바탕으로 타인을 이해하고 배려하며 서로 관심을 갖고 조화로운 관계를 만드는 일이 중요하다. 이런 삶의 전개 과정에서 먼저 실천할 것은 인간이 어떤 삶을 살아야 하는지를 아는 일이고, 나중에 할 것은 그 앎을 바탕으로 삶을 실천하는 일이다.

4

자신의 순수하고 착한 심성을 세상에 밝혀, 세상의 모든 사람이 저마다의 착한 심성을 밝히는 데 이바지하려는 지도급 인사는 다음과 같은 삶의 원리를 터득해야 한다.

첫째, 먼저 자신이 속한 큰 공동체, 즉 나라와 사회에 어떻게 기여할 수 있을지 정치 지도력의 발휘 여부를 심사숙고해야 한다.

둘째, 큰 공동체에서 정치 지도력을 발휘하려면, 그에 앞서 자기가 속한 작은 공동체, 친인척과 연관되는 집안일이나 이웃사촌과 함께하는 마을 공동체에서의 지도적 역할을 고려해야 한다.

셋째, 작은 공동체에서 지도적 역할을 하려면, 그에 앞서 자기 수양을 철저히 해야 한다.

넷째, 자기 수양을 철저히 하려면, 그에 앞서 마음을 바르게 해야 한다. 왜냐하면 마음을 바르게 해야 착한 행동을 하게 되고 마음을 바르게 먹지 않으면 행동이 악하게 드러나기 때문이다.

다섯째, 마음을 바르게 하려면, 그에 앞서 목적의식을 참되게 해야 한다.

여섯째, 목적의식을 참되게 하려면, 그에 앞서 올바른 삶을 위해 어떻게 해야 하는지 지식과 지혜를 모조리 동원하여 최선을 다해야 한다.

일곱째, 이때 지식과 지혜를 모조리 동원하는 작업은 사물의 이치를 하나하나 따지고 캐묻는 데서 시작된다.

『대학』에는 앞에서 언급한 세 가지 강령[삼강령]과 더불어 그것을 구현하기 위한 여덟 개의 조목[팔조목]이 있다. 그것은 흔히 격물(格物), 치지(致知), 성의(誠意), 정심(正心), 수신(修身), 제가(齊家), 치국(治國), 평천하(平天下)로 일컬어지는데 위에서 첫째부터 일곱째에 걸쳐 그 내용이 담겨 있다.

여기에서 주의할 사항은 '순수하고 착한 심성'을 '누가 밝히느냐'의 문제다. 그것은 특별한 사람에게만 해당하는 사안이 결코 아니다. 공동체에 속한 구성원 모두가 각자의 역할과 기능, 이른바 본분에 따라 자신의 착한 심성을 밝히는 일이다. 사람이 착한 심성을 지니고 있다는 것을 인식하는 데는 많은 노력과 시간이 필요하다. 왜냐하면 대부분의 사람은 현실에 안주하면서 자기를 내면적으로 인식하기보다는 외면적으로 드러나는 성공과 출세, 사회적으로 규정된 욕망의 세계에 이끌려 살아가기 쉽기 때문이다. 이런 소시민적 일상은 맹자가 말한 놓친 마음인 '방심'을 유도한다. 따라서 놓치고 해이해져 있는 마음, 긴장의 끈을 놓치고 있는 마음을 다잡는 일을 학문으로 규정하였다.

이런 점에서 자신의 착한 심성을 밝히는 공부는 내면의 깨달음이다. 그 깨달음은 너무나 어렵다. 나의 내면이라는 맞춤형 안경을 찾는 것 자체가 수많은 사회적 프리즘에 가려져 있어, 접근이 불가능한 지역에서 서성일 수도 있다. 때문에 나의 착한 심성을 밝힌다는 것은 진지한 차원의 '자기혁신'이다.

5

올바른 삶을 위한 공부의 체계는 다음과 같다.

첫째 단계, 사물의 이치를 하나하나 따지고 캐물어 터득된 다음에 지식과 지혜를 갖추게 된다.

둘째 단계, 지식과 지혜가 갖추어진 다음에 목적의식이 참되게 된다.

셋째 단계, 목적의식이 참되게 된 다음에 마음이 바르게 된다.

넷째 단계, 마음이 바르게 된 다음에 자기 수양이 철저하게 된다.

다섯째 단계, 자기 수양이 철저하게 된 다음에 작은 공동체에서 지도적 역할을 할 수 있다.

여섯째 단계, 작은 공동체에서 지도적 역할을 한 다음에 큰 공동체에서 정치 지도력을 발휘할 수 있다.

일곱째 단계, 큰 공동체에서 정치 지도력을 발휘하였다면, 온 세상과 인류의 삶을 편안하게 하는 데 기여할 수 있다.

다시 강조하면 팔조목은 격물, 치지, 성의, 정심, 수신, 제가, 치국, 평천하다. 이 조목은 반드시 순서대로 거쳐야 하는 것은 아니지만, 논리적 차원에서 공부의 단계와 차원을 일러 준다. 때문에 유학에서 공부는 두서없이 제멋대로 하는 것이 아니다. 순서에 따라 단계를 높여 가고 규모에 따라 내용을 확장한다. 첫째 단계인 '격물'에서 넷째 단계인 '수신'까지는 자신의 순수하고 착한 심성을 밝히는 '명명덕'의 과정이다. 다섯째 단계인 '제가'에서 일곱째 단계인 '평천하'까지는 타자를 이해하고 배려하며 관심을 쏟는 '친민'의 과정이다.

『중용』에서 구체적으로 거론되지만, 인간은 자연의 우주질서로부터 순수하고 착한 심성을 부여받았다. 그것을 밝히는 첫 단추는 사물의 이치를 하나하나 따지고 캐물어 세상의 모든 사물에 깃들어 있는 이치를 밝히는 것이다. 그러한 이치가 자연스럽다는 것이 구체적으로 파악될 무렵, 그리고 그것이 마음으로 녹아들어 내면화의 단계에 진입할 즈음에, 나의 존재 가치에 대해 조금씩 눈뜨게 되는 것이다. 그것이 바로 나를 발견하는 시발점이다.

중요한 부분은 그 다음이다. 탁월한 인식 능력을 통해 사물을 속성을 파악하여 내면화하였을지라도, 그것이 지식의 확보로 끝나 버리면 공부하는 의미가 사라져 버린다. 유학은 그것을 철저히 경계한다. 반드시 마음을 바르게 하고 목적의식을 참되게 가져야 한다. 이 지점이 소시민으로 전락하느냐, 지도급 인사로 발돋움하느냐의 분계다. 타율적 존재냐, 자율적·주체적 인간이냐를 가름하는 지점이기도 하다. 지도급 인사나 자율적·주체적 인간은 목적의식을 참되게 한 다음, 마음에 남은 잡된 앙금을 떨어 버린다. 그래야만 먼지 속에 있던 보석이 서서히 드러나면서 빛을 발하듯이 순수하고 착한 심성이 밝혀질 수 있다.

그런 자기 수양의 과정을 거쳐, 지도급 인사, 혹은 자율적·주체적 인간은 작은 공동체에서 큰 공동체에 이르기까지, 자신이 실천할 수 있는 재능 기부를 통해 정치 지도력을 발휘하며, 사회의 안정과 번영을 모색한다. 그것이 이른바, '수기치인(修己治人)'이라는 유학의 기본 전제다. 자기충실에 기초한 타자 배려와, 그것의 유기체적 전개를 통한 건강한 사회의 지속을 지향하는 것이다.

6

최고지도자로부터 보통 사람에 이르기까지 우리 모두에게 가장 중요한 것은 '자기 수양'을 바탕으로 삶을 전개해야 한다는 점이다.

'자기 수양' 즉 '수신'의 바탕은 팔조목에서 '격물' '치지' '성의' '정심'이다. 최고지도자건 보통 사람인 서민이건, 사람살이에서 개인의 수양은 필수요소다. 최고지도자라고 자기 수양을 하고 서민이기 때문에 자기 수양이 필요 없는 것이 아니다. 지도자는 지배자이기 때문에 자기 수양을 통해 지배력을 강화하고, 서민은 피지배자이기 때문에 지배자인 지도자가 시키는 대로 가만히 앉아서 자기 수양도 없이 수동적으로 일만 하면 되는 것이 아니다. 왜냐하면, 모든 인간은 자신의 본분에 따라 역할과 기능을 충실히 해야 하기 때문이다.

실존주의적 사유에 의하면, 인간은 '의식적'이고 '자각적'이며 '주체적'인 존재다. 초월하려는 의지를 통해 자신을 생성한다. 자기 수양은 이런 차원에서 살아 꿈틀거리려는 사람의 의지력이다. 유학의 요청은 의미심장하다. 모든 사람은 한결같이 '자기 수양', '수신'을 통해 자기가 속한 공동체에 기여해야 한다. 이런 차원에서 자기 수양은 사람에게 가장 가치 있는 보배다.

7

'자기 수양'이라는 핵심가치에 충실하지 않고 부차적인 일을 제대로 처리하는 사람은 없다. 자기가 속한 작은 공동체에서 풍족하게 해야 할 것을 형편없이 부족하게 하는 사람이, 부족한 것을 풍족하게 만들려고 노력하는 것은 보지 못하였다.

　다시 강조하지만, 유학에서 '자기 수양', 즉 '수신'은 어떤 일을 하건 가장 기본적이고 중요한 작업이다. 1차적인 것이 제대로 갖추어져 있지 않은데, 2차적인 문제에 나아가 그것을 보완하거나 응용하여 일을 정상적으로 처리하기는 쉽지 않다. 아니, 『논어』에서 말하듯이 '바탕이 없는데 무슨 그림을 그릴 수 있겠는가?' 앞에서도 말했듯이 사람에게 자기 수양은 모든 삶의 기초다.

　'자기 수양'과 더불어 『대학』 경문의 마지막 부분에서 눈여겨볼 대목이 있다. '풍족한 삶'의 문제다. 풍족한 삶은 물질적 풍요에만 한정되지 않는다. 그것은 정신적 풍요가 바탕이 될 때 온전하다. 유학자들에게 의하면, 풍족함의 기초 단위는 내가 속한 '작은 공동체'다. 과거 전통 사회를 기준으로 보면 친인척을 중심으로 하는 집안 단위다. 현대적 의미에서는 집안은 물론 이웃과 더불어 사는 마을 공동체나 각 단위별 시민사회, 더 확대된 형태로 이해한다면 각 지방의 자치구 정도로 생각할 수도 있다.

　그런데 작은 공동체에서의 삶이 다양한 양태의 '부족함'으로 드러난다면, 『대학』의 차원에서 그 공동체는 건전한 사회에 속지는 않는다. 이 지점에서 우리는 『대학』을 읽어나갈 때 심각한 물음을 던져야 한다. 그것도 아주 간단하고 단순하게, 내면의 파동을 일으켜야 한다.

　'내가 속한 공동체는 풍족한가?'

　'나는 공동체 번영의 길에 어떤 기여를 하고 있는가?'

　'자기 수양의 지향은 어디인가?'

　『대학』 경문의 요청은 의미심장한 메아리를 남긴다.

전문

「전문」은 앞의 「경문」을 풀이한 것으로 모두 열 개의 장으로 되어 있다. 「경문」에 대해 증자가 풀이한 것을 그의 문인들이 기록한 내용이다. 원래 정이천이 바로잡은 『대학정본』을 참고하여 주자가 다시 정돈하였다. 주자는 "여러 경전에서 이것저것을 인용하여 계통이 없는 것처럼 보이지만 의미상 정밀하게 짜여 있다."라고 평가하였다.

제1장. 자신의 순수하고 착한 심성을 밝힌다

옛글에 다음과 같은 기록이 있다.

『서경』의 「주서」 〈강고〉편에는 무왕이 동생 강숙에게 "착한 심성을 진정으로 밝혔다."라고 당부하였다.

『서경』 「상서」 〈태갑〉편에는 이윤이 태갑에게 "자연으로부터 주어진 착한 심성을 살폈다."라고 충고하였다.

『서경』 「우서」 〈요전〉편에는 "착하고 착한 심성을 밝혔다."라고 요임금을 찬양하였다.

이는 모두 '사람이 스스로 착한 심성을 밝히는 일'을 말한 것이다.

전문 1장은 "자신의 순수하고 착한 심성을 밝힌다."라는 경문의 '명명덕'에 대한 해설이다. 그 대표적인 사례로 '착한 심성'을 가장 잘 발휘했다고 생각되는 고대의 전설적 제왕들을 적시하였다. 그들은 바로 문왕, 탕임금, 요임금 세 사람이다. 문왕은 주나라 창업의 길을 열었고, 탕임금은 은나라를 창건하였으며, 요임금은 중국 고대 사회의 태평성대를 이룩한 상징적 인물이다. 공자를 비롯하여 과거 유학자들에게 이들 모두는 최고의 성인으로 존경받는다. 이들 세 사람의 정치 행적을 통해 사람다운 사람, 아름다운 사회, 사람 사이의 관계는 어떻게 가꾸어 가야 하는지, 지도자의 품격에 대한 모델을 잘 일러 주고 있다.

『대학』 전문에는 『서경』과 『시경』의 구절을 많이 인용하고 있는데, 『서경』은 중국 고대의 우·하·상·주, 4대에 걸쳐, 임금의 훈계나 역사적 기록을 간추려 놓은 경서다. 『서경』은 가장 오래된 동시에 가장 존숭할 책이란 의미에서 『상서』라고도 한다. 『상서』는 『고문상서』, 『금문상서』, 『위고문상서』 등 학문적 논란이 많다. 그럼에도 불구하고 중국 역사에서 매우 귀중한 자료다. 산문으로 쓰인 가장 오래된 책이므로 '산문의 할아버지'이고, 중국의 원초적 사상이 담겨 있다는 점에서는 중국 사상의 뿌리이기도 하다.

「주서」는 주나라의 기록으로, 그 가운데 〈강고〉편은 성왕이 무왕의 동생인 강숙을 은나라의 유민이 살고 있던 위나라에 봉하면서 훌륭한 정치의 길을 일러 준 글이다. 당시 성왕이 어려서 주공이 정치를 대신하고 있었기 때문에, 실제로는 주공이 강숙에게 한 말이라고 한다. 이에 대해 주자를 비롯한 몇몇 성리학자들은 무왕이 동생 강숙에게 내린 훈계라고 수정하였다. 여기에서는 주자의 견해에 따른다. 전체 문장은 다음과 같다. "한없이 빛나는 문왕께서는 착한 심성을 진정으로 밝히시어, 형벌을 신중하게 하시고, 홀아비나 과부, 고아 등 의지할 곳 없는 백성들을 얕보지 않으셨다."

「상서」는 은나라의 기록으로, 그 가운데 〈태갑〉편은 탕임금의 손자인 태갑에 관한 기록이다. 탕임금이 죽은 후 태자가 요절하였고, 그 뒤를 이은 외병도 즉위 2년 만에 죽었다. 이어 태갑이 임금 자리에 올랐으나 임금으로서의 도리를 제대로 수행하지 못하였다. 그러자 탕임금을 보좌하여 은나라를 창건하는 데 혁혁한 공을 세웠던 현명한 재상 이윤이 글을 지어 태갑을 훈계하였다. 전체 문장은 다음과 같다. "선왕께서는 항상 자연으로부터 주어진 착한 심성을 살피시고, 위로는 천신, 아래로는 지기와 아울러 사직과 종묘를 잘 받들고, 엄숙하고 경건하게 섬기셨다."

「우서」〈요전〉편의 기록은 요임금을 찬양한 글로, 요임금이 "착하고 착한 심성을 밝혔다."는 말이다. 『서경』「우서」에는 "요임금의 훌륭한 정치가 온 세상에 펼쳐져서 하늘과 땅 끝까지 미쳤다. 요임금이 착하고 착한 심성을 밝혀, 일가친척 모든 가족을 친애하니, 일가친척 모든 가족이 화목하게 지냈다. 관직을 맡은 신하들도 저마다의 직책에 따라 역할을 수행하고 백성에게 선정을 베푸니, 백성들이 잘 살게 되었다. 세상의 모든 나라 화목하고 협동하니 사람들이 이에 교화되어, 온 세상이 평화롭게 되었다."라고 기록하고 있다.

제2장. 자기 수양을 바탕으로 조화로운 사회관계를 모색한다

옛글에 보면, 탕임금은 늘 자신을 돌아보며 새롭게 하기 위해 청동으로 만든 세숫대야 바닥에 다음과 같은 글귀를 새겨 놓았다고 한다.

"진정으로 지난날의 잘못을 뉘우치고 어느 날 새로워졌거든, 나날이 새롭게 하고 또 나날이 계속하여 새롭게 하라!"

『서경』「주서」〈강고〉편에는 무왕이 동생 강숙에게, "스스로 새롭게 혁신하려고 노력하는 백성을 떨쳐 일어나게 한다."라고 당부하였다.

『시경』「대아」〈문왕〉시에는 주공이 문왕을 찬양하며, "주나라가 오래된 나라지만 그 명은 새롭기만 하네."라고 읊었다.

그러므로 건전한 인격을 지닌 사람다운 사람은, 스스로 착한 심성을 밝히고, 타자를 이해하고 배려하며, 사람 사이에 조화로운 사회관계를 이룬다.

전문 2장은 "자기 수양을 바탕으로 타인을 이해하고 배려하며 조화로운 사회관계를 만든다."라는 경문의 '친민(新民)'에 대한 해설이다. 그 대표적인 사례로, 전문 1장에 등장했던 은나라의 창건자인 탕임금, 주나라를 연 문왕과 무왕을 다시 적시하고, 그들의 정치 지도력 발휘에 대해 존경을 표하고 있다. 우리가 너무나 익숙하게 사용하는 '일신우일신(日新又日新)'이라는 표현이나 1970년대 유신정권 시절의 '유신(維新)'이란 말도 이 장과 연관이 있다.

주자에 의하면, 탕임금의 세숫대야 바닥에 새긴 글은 『대학』에만 등장하는 말이라고 한다. 즉 『서경』이나 『시경』과 같은 다른 경전에 등장하지 않는 글귀다. 세숫대야 바닥에 새긴 글인지, 목욕통에 새긴 글인지도 분명하지 않다. 중요한 것은 자기 수양을 위해 매일 사용하는 용기에 글귀를 새겨 놓고 '자기혁신'을 꾀했다는 점이다. 이후 수많은 유학자들이 자신을 스스로 경계하기 위해, 특정한 글자나 글귀로 '자경문(自警

文)'을 써서 좌우명처럼 벽에 붙여 두고, 수양의 양식으로 삼았다.

주지하다시피 탕임금은 포악무도하다고 알려진 하나라의 걸왕을 치고 은나라를 창건한 지도자였다. 그는 마음을 세척하여 지난날의 과오를 제거하는 것을, 목욕을 하여 몸의 때를 씻어 내는 것과 같다고 생각했다. 그리하여 다음과 같은 글귀를 대야의 바닥에다 새겨 놓고, 스스로 지도자로서의 경각심을 높였다고 한다. "진실로 어느 하루 자신의 낡고 오염된 더러움을 씻고 스스로 새롭게 덕을 밝힐 수 있어야 한다. 그리하여 또 마땅히 새로워진 자기를 바탕으로 쉬지 않고 나날이 새로워지고, 또 나날이 더욱 새로워져야 한다."

주나라 무왕은 무력으로 은나라 주왕을 멸망시켰다. 주왕에게 핍박받았던 은나라 사람들은 새로운 지도자를 맞이하여 과거의 나쁜 생활 습관과 제도들을 청산하고 새로운 시대에 맞게 자기혁신을 하려는 마음을 지니고 있었다. 전문 1장에서 언급하였듯이, 무왕이 은나라 유민들을 다스리기 위해 동생 강숙을 보내면서 다음과 같이 훈계하였다. "지도자는 사람들을 떨쳐 일어나게 하여 그들이 스스로 새롭게 혁신할 수 있도록 교화해야 한다. 그러니 스스로 자기혁신을 하려고 노력하는 사람들을 잘 교화하고 떨쳐 일어나게 하여, 그들이 스스로 새 시대에 맞게 새롭게 되도록 정치를 잘 해라."

엄밀히 말하면, 문왕은 주나라의 '천자' 자리, 즉 최고지도자가 되지는 못했다. 대신 모든 사람들의 존경을 받을 정도로 인품이 출중하였다. 이런 아버지의 덕을 톡톡히 물려받은 존재가 바로 주나라를 연 무왕이다. "주나라가 오래된 나라지만 그 명은 새롭기만 하네."라는 구절은 문왕과 무왕이 주나라를 창건하게 되는 내력과 연관이 있다. 주나라의 시

조는 후직이다. 후직은 요·순·우 삼대에 걸쳐 농사를 잘 짓는 것으로
공을 세운, 이른바 '농업의 신'이다. 농업을 통한 공로를 인정받아 후직
은 '태' 땅의 영주가 되었고, 그의 후손인 공류와 고공단보도 후직의 정
신을 이어받아 농업으로 백성을 잘 다스렸다고 전한다. 문왕은 바로 이
후직의 15대 후손이다. 그러므로 주나라를 창건하기 이전, 후직으로부
터 문왕에 이르기까지, 주나라의 선조들은 아주 오랫동안 사람들에게
훌륭한 정치를 베풀어 왔다. 그 결과 문왕에 이르러 최고지도자로서의
인품이 절정에 이르고, 이에 나라를 새롭게 건국할 수 있도록 천명이 새
롭게 내렸던 것이다. 그 사실을 노래한 시가 바로『시경』「대아」〈문왕〉이
다. 〈문왕〉 시의 앞부분은 아래와 같다.

"문왕이 위에 계셔/아아 하늘이 밝네/주나라가 오래된 나라지만/그
명은 새롭기만 하네/주나라 임금이 나라를 잘 다스리니/천명이 공정하
게 내려지네/문왕께서 오르내리며/황제의 곁에 있네. 문왕의 부지런함
과 애씀/칭송이 끊이지 않네/주나라에 많은 복이 내려/문왕의 자손들
이 누리네/문왕의 자손들은/백세토록 번성하고/주나라의 관리들도/대
대로 현명하네."

제3장. 자기 수양과 타자 배려를 일상생활에서 계속 실천한다

자기 수양과 타자 배려를 일상생활에서 지속적으로 실천하는 모습을
노래한 시로는 다음과 같은 것이 있다.

『시경』「상송」〈현조〉 시에는 은나라의 고종 무정 임금에게 제사를 지

내며, "도성 주변의 사방 천 리/사람들이 머물러 사는 곳"이라고 읊었다.

『시경』「소아」〈면만〉 시에는 별 볼일 없는 보통 사람이 군대 생활의 어려움을 풍자하며, "꾀꼴꾀꼴 우는 저 꾀꼬리/언덕 골짜기 울창한 숲에 앉았네."라고 노래하였다. 이에 대해 공자는 다음과 같이 말하였다. "저 꾀꼬리도 앉을 만한 곳에 앉을 줄 아는데, 하물며 사람이 새만 같지 못하랴!"

『시경』「대아」〈문왕〉 시에는 주공이 문왕을 칭송하며, "깊고 원대한 덕을 지니신 문왕이시여/아아, 항상 착한 심성을 밝히시고 경건한 자세로 머무시네."라고 읊조렸다. 이는 어떤 자리에 있건 그 자리에 합당하게 머물렀다는 말이다. 최고지도자인 임금이 되어서는 열린 마음으로 정치를 하고, 다른 사람의 신하로 있었을 때는 최선을 다해 경건하게 직책을 수행했으며, 자식으로서는 효도를 다하고, 부모가 되어서는 자식에게 내리사랑을 다하며, 다른 사람과 사귈 때는 신뢰를 갖게끔 하였다.

『시경』「위풍」〈기욱〉 시에는 위나라 무공의 인품을 칭송하며, "저 기수의 물가를 보라/대나무들이 우거져 있네/우아한 자태를 뿜어내는 훌륭한 사람/끊어 놓은 듯하고 다듬어 놓은 듯하며/쪼아 놓은 듯하고 갈아 놓은 듯하다/묵직하고 꿋꿋하며 환하고 의젓하네/우아한 자태를 뿜어내는 훌륭한 사람/끝내 잊지 못하리라."라고 읊었다. '끊어 놓은 듯하고 다듬어 놓은 듯하다.'는 표현은 무공이 학문에 힘썼음을 말한 것이다. '쪼아 놓은 듯하고 갈아 놓은 듯하다.'는 표현은 무공이 자기 수양에 충실하였음을 말한 것이다. '묵직하고 꿋꿋하다'는 표현은 인품이 고결하고 위엄이 있다는 말이고, '환하고 의젓하다'는 표현은 모습이나 자태가 고귀하고 품위 있다는 말이다. '우아한 자태를 뿜어내는 훌륭한 사람! 끝내 잊지 못하리라.'는 것은 최고의 인품을 갖추고 자기 수양과 타자 배려를 일상생활에서 실천하고 있는 무공에 대해 사람들이 잊지 못함을 말한다.

『시경』「주송」〈열문〉 시에는 주나라의 이전 지도자들을 제사지내며, "아아, 이전의 임금을 잊지 못하네."라고 읊었다. 건전한 인격을 지닌 훌륭한 지도자들은 이전의 지도자들이 행했던 훌륭한 정치를 슬기롭게 받아들이고 그들이 베풀었던 것을 본받아 실천했다. 동시에 사람들도 이전의 지도자들이 편안하게 해 준 것을 바탕으로 편안하게 잘 살았고, 이전의 지도자들이 이로움을 준 것을 바탕으로 여유롭게 살았다. 때문에 이전의 왕이 돌아가고 없는 지금에도 그 은덕이나 공적을 잊지 않고 그들을 추앙한다.

전문 3장은 "착한 심성의 자기 수양을 바탕으로 타인과 어울리며, 사람 사이의 조화로운 사회관계를 일상생활에서 지속한다."라는 경문의 '지어지선(止於至善)'에 대한 해설이다. 여기에서는 은나라의 고종인 무정 임금과 주나라 문왕, 위나라 무공, 주나라의 지도자들, 어느 이름 없는 사람의 풍자에 이르기까지 다양한 사례를 들어, 인간이 어디에 머물러야 하는지 그 자리에 대한 심각한 고려를 하고 있다.

이 장에서 인용한 자기 수양과 타자 배려를 일상생활에서 지속적으로 실천한 사례는 모두 『시경』의 여러 편에서 발췌하였다. 그것은 『시경』에 담겨 있는 내용이 현실 삶을 잘 반영하고 있고, 이 장에서 강조하여 드러내고 싶은 장면이 바로 생생한 삶의 모습이기 때문이다. 『시경』은 중국에서 가장 오래된 시가를 모아 놓은 경전으로, 남녀 간의 연애와

혼인, 지배계급의 잔혹성에 대한 풍자, 서민들의 애환 등 당시의 복잡한 사회상과 대중들의 사상 감정이 잘 묘사되어 있다.

『시경』「상송」의 〈현조〉는 은나라 고종인 무정 임금의 제사를 지낼 때 읊은 시다. 무정은 상나라 20대 임금으로, 그의 큰 아버지 반경 임금이 수도를 '은'으로 옮기고 국호를 '은'이라 고친 뒤, 상나라를 중흥시켰던 위대한 임금이다. 〈현조〉는 제비를 말하는데, 그에 얽힌 이야기가 재미 있다.

탕임금이 세운 은나라의 시조는 '설'이다. '설'의 어머니 '간적'은 하늘 에서 떨어진 현조의 알을 먹고 '설'을 잉태했다고 한다. 그래서 은나라는 조류를 신성시하며, 시조인 '설'의 탄생과 관련한 난생신화가 전해온다. 〈현조〉의 전모는 다음과 같다.

"하늘이 제비에게 명하니/내려와 상나라 조상을 낳게 하고/커다란 은나라 땅을 다스리게 하였네/옛날 황제가 용맹하신 탕임금께 명하여/ 온 세상을 올바로 다스리게 하였네/널리 제후에게 명하여/모든 나라를 다스리니/상나라의 옛 임금들/받드신 명을 잘 보전하여/후손인 무정 임 금에게까지 이르렀네/후손 무정 임금/용맹하신 탕임금만 못하신 것이 없으니/용의 깃발 펄럭이는 열 채의 수레로/많은 제물 갖다 바치네/도 성 주변의 사방 천 리/사람들이 머물러 사는 곳/여기서부터 온 세상 땅 을 다스렸네/온 세상 제후들이 제사를 도우러/시끌벅적 많이도 몰려오 네/큰 나라 땅은 황하에 걸쳐 있고/은나라가 받은 명은 모두가 마땅하 여/갖가지 복을 받게 되었네."

『시경』「소아」〈면만〉은 민중의 삶, 혹은 국가의 공무를 맡은 한 인간 의 괴로움을 처절하게 보여 주는 시다. 〈면만〉은 아주 작은 새를 형용한 것이라고도 하고, 새 울음, 혹은 지저귀는 소리라고도 한다. 〈면만〉의 시 구절은 어떤 미천한 사람이 자신을 울며 지저귀고 있는 작은 새, 꾀꼬리에 비유하고, 군대 생활의 괴로움을 풍자한 것으로 알려져 있다. 그러니까 조그만 새들도 자기 보금자리를 찾아 잘 살아가고 있는데, 사람인 나는 어디에서 안식처를 찾아야 하는가? 시의 전문을 읽어 보면, 한 남자의 비통한 감정을 짐작할 수 있다.

"꾀꼴꾀꼴 우는 저 꾀꼬리/언덕 골짜기 울창한 숲에 앉았네/갈 길이 머니/나의 수고로움은 어떠할까/마실 것 주고 먹여 주며/가르쳐 주고 깨우쳐 주며/뒤쪽 수레에라도/태워 주었으면. 꾀꼴꾀꼴 우는 저 꾀꼬리/언덕 모퉁이 울창한 숲에 앉았네/어찌 감히 가기를 꺼리랴/두려워 빨리 가지 못할 뿐이지/마실 것 주고 먹여 주며/가르쳐 주고 깨우쳐 주며/뒤쪽 수레에라도/태워 주었으면. 꾀꼴꾀꼴 우는 저 꾀꼬리/언덕 가 울창한 숲에 앉았네/어찌 감히 가기를 꺼리랴/두려워 가지 못하는 거지/마실 것 주고 먹여 주며/가르쳐 주고 깨우쳐 주며/뒤쪽 수레에라도/태워 주었으면."

문왕을 칭송한 시는 문왕이 천명을 받아 주나라를 창건하는 기틀을 마련한 것에 대해 읊은 것이다. 따라서 시의 내용은 문왕이 삶의 모범이요 정치 지도자의 전형이라는 점이 부각된다. 왜 하필이면 문왕 시기에 와서 주나라가 창건되는 기틀이 마련되는가. 그것은 다름 아닌 자기 수양과 타자 배려를 일상에서 지속적으로 실천한 사람, 가장 사람답게 살며 삶의 자리에 머물러 있었던 인물이 문왕이었기 때문이다. 그 노래는 다음과 같이 강렬하게 울려 퍼졌다.

"깊고 원대한 덕을 지니신 문왕이시여/아아, 항상 착한 심성을 밝히시고 경건한 자세로 머무시네/위대한 하늘의 명은/상나라 후손들에게 있었고/상나라 후손들은/그 수를 헤아릴 수 없이 많건만/하늘이 명을 새로 내리시어/주나라에 복종케 하셨네."

『시경』「위풍」〈기욱〉시는 위나라 무공의 인품을 칭송한 것이다. 서간의 『중론』과 『국어』에는 "위나라 무공은 나이가 90세(혹은 95세라고도 함)가 넘었는데도 밤낮으로 게을리 하지 않고 자기 수양을 어떻게 할 것인지 사람들에게 어떻게 배려할 것인지 고민하였다고 한다. 이런 모습을 보고 어떤 위인이 그의 인품을 칭송하여 〈기욱〉을 읊었다."고 하였다. 무공의 모습을 칭송한 〈기욱〉시의 전모는 다음과 같다.

"저 기수의 물가를 보라/대나무들이 우거져 있네/우아한 자태를 뿜어 내는 훌륭한 사람/끊어 놓은 듯하고 다듬어 놓은 듯하며/쪼아 놓은 듯하고 갈아 놓은 듯하다/묵직히고 꿋꿋하며 환하고 의젓하네/우아한 자태를 뿜어내는 훌륭한 사람/끝내 잊지 못하리라. 저 기수의 물가를 보라/대나무들이 푸릇푸릇 하네/우아한 자태를 뿜어내는 훌륭한 사람/귀막이는 아름다운 옥돌이오/관 구슬은 별처럼 반짝이네/묵직하고 꿋꿋하며 환하고 의젓하네/우아한 자태를 뿜어 내는 훌륭한 사람/끝내 잊지 못하리라. 저 기수의 물가를 보라/대나무들이 쌓인 듯 우거졌네/우아한 자태를 뿜어내는 훌륭한 사람/금과도 같고 주석과도 같으며/옥으로 만든 홀과도 같고 옥으로 만든 벽과도 같네/너그럽고 여유있는 모습으로/수레 옆 나무에 기대어/우스갯소리도 잘하지만/도가 지나치지는 않네."

『시경』「주송」〈열문〉은 문왕과 무왕을 핵심으로 하는 주나라의 여러 임금들을 제사 지내면서 읊은 시이다. 제사를 지낼 때는 다양한 정치

지도자들이 참여한다. 이때 이전의 지도자들이 남긴 훌륭한 공적을 칭송하기도 하지만, 여러 지도자들에게 제사를 돕게 하면서 훈계를 하기도 하고 교육을 하기도 한다. "아아, 이전의 임금을 잊지 못하네."는 공덕이 많은 이전 지도자들을 노래하고 마지막에 붙인 후렴구다. 시의 전체 모습은 다음과 같다.

"무공과 문덕이 많은 제후들이여/우리 선조께서 복을 내려 주셔/우리를 사랑함이 끝이 없으니/자손들은 유업을 잘 보전해야 하네/제후들이 나라를 크게 망치지 않으면/임금님은 그를 높여 줄 것이네/선인들의 큰 공 생각하여/우리에게 끼친 뜻 발전시키세/이를 데 없이 훌륭한 사람/온 세상이 본받을 것이며/훌륭한 인품으로 훌륭한 정치를 행하는 분/모든 제후의 법도로 삼을 터/아아, 이전의 임금을 잊지 못하네."

『시경』은 크게 '풍(風)', '아(雅)', '송(頌)' 세 부분으로 분류한다. '풍'은 열다섯 나라에서 불리던 민간가요로, 지방의 '속악'에 해당한다. '아'는 악곡에 맞추어 지은 시가로, '풍'인 '속악'과 구분하여 '정악'이라고 하였다. 주로 중앙 정부에서 잔치를 할 때 부르던 노래는 '소아'라고 하고, 의식에서 부르던 노래는 '대아'라고 한다. '송'은 조상들의 제사 또는 조상의 공덕을 높이는 의식에서 무용을 곁들인 '의례악'으로 알려져 있다.

이 장에서는 「상송」, 「소아」, 「대아」, 「위풍」, 「주송」 등 '풍', '아', '송'을 골고루 발췌하여, 사람이 머물러야 하는 자리를 골고루 제시하였다. 즉 서민에서 최고지도자에 이르기까지, 어떤 자리에 머물러야 하는지, 개인의 수양과 타자를 배려하는 일상의 모습을 노래로 들려 준 대목이다.

제4장. 핵심부인 근본과 주변부인 말단의 관계를 생각한다

공자가 말하였다.

"사람들의 송사를 듣고 처리하는 일은 나도 남과 같이 할 수 있다. 하지만 나는 반드시 그들에게 송사가 일어나지 않도록 할 것이다."

공자의 이 말에 대해 제자인 증자는 다음과 같이 부연 설명을 하였다.

"진정성이 없는 사람, 진실하지 않은 사람은 자신의 거짓된 주장을 끝까지 펴지 못한다. 왜냐하면 지도자의 철저한 자기 수양이 일반 사람들의 심성을 두렵게 하기 때문이다. 이런 상황을 '근본을 안다.'라고 하는 것이다.

선문 4장은 "모든 사물에는 근본과 말단이 있다."라는 경문의 '본말(本末)'에 대한 해설이다. 공자가 송사를 중심으로 말한 것은 그 의미가 간단하다. 진실하지 않은 사람에게 꾸며 내는 거짓이 끝내 통하지 않음을 인식시키려는 의도다. 진실은 언젠가 드러나게 마련이다. 수많은 거짓과 위선이 시간이 지난 후에 역사의 심판을 받는 사례가 상당수 있다.

공자의 이 말은 『논어』 「안연」에 기록되어 있다. 공자는 송사가 발생하여 그것을 잘 듣고 잘 심판하는 것보다 송사 자체가 일어나지 않도록 서로 이해하고 양보하고 설득하고 협력하는 삶을 중요하게 여겼다. 그러니까 보다 근본적이고 핵심적인 최선책은 송사를 없게 하는 것이고, 송사가 발생하였을 때 심판을 잘하는 것은 차선책으로, 말단적 성격을 지닌다.

그런데 송사를 없게 하려면 어떤 조치가 필요할까? 그것은 결국 사람의 문제로 귀결한다. 개인의 수양! 송사를 일어나지 않게 하는 근원은 자기 수양에 있다. 공자는 송사를 듣고 잘 처리하기보다, 목적의식이 분명하게 되고 마음이 바르게 되면 사람들에게 영향력을 미칠 수 있고, 그리하여 모든 사람이 착한 심성을 찾아가면 착한 심성들끼리 서로 충고하고 권면하여 저절로 송사가 없게 될 것으로 판단했다.

이에 대해 증자가 부연 설명을 한 이유는, 송사를 판단하는 지도자나 윗사람이 어느 정도 수양이 되어 있느냐를 근본 문제로 보았기 때문이다. 즉 윗사람이 철저하게 자기 수양을 하면 아랫사람들이 감화를 받고, 진정으로 그 인품을 높이 받들고 존경을 표하면 자연스럽게 송사가 없게 될 것으로 이해하였다. 요컨대 근본은 지도급 인사의 리더십이요 정치 지도력의 발휘다.

제5장. 사물의 이치를 따지고 캐물은 다음에야 지식과 지혜를 갖출 수 있다

「경문」에서 '지식과 지혜를 모조리 동원하는 작업은 사물의 이치를 하나하나 따지고 캐묻는 데서 시작된다.'라고 했다. 이는 나의 지식과 지혜를 갖추려면, 사물에 나아가 이치를 따지고 캐물어야 한다는 말이다. 사람의 마음은 아주 영특하다. 때문에 세상의 사물을 모두 알 수 있는 능력이 있다. 또 세상의 모든 사물은 나름대로의 결, 이치가 있다. 문제는 인간이다. 인간이 사물의 이치를 모두 캐물어 들어가지 않기 때문에 지식과 지혜를 제대로 갖추지 못하는 차원이 있다. 그러므로 『대학』을 처음 가르칠 때에, 반드시 배우는 사람에게 세상 사물에 나아가서 이미 알고 있는 사물의 이치를 바탕으로 하여 더욱 따지고 캐물어 완전한 데 도달하기를 갈망해야 한다. 이렇게 오래도록 노력하여 공부하면 어느 날 갑자기 환하게 꿰어 통하게 되고, 모든 사물의 겉면과 속살, 자세한 것과 성긴 것을 모두 인식할 수 있다. 그러면 내 마음이 철저하게 수양이 되어 훤하게 드러나게 된다. 이것이 사물의 이치를 따지고 캐물어 이치가 구명되는 것이고, 완전한 지식과 지혜를 갖춘 상태가 되는 것이다.

전문 5장은 옛날의 『대학』에는 없는 부분을 주자가 직접 보충한 곳이다. "사물의 이치를 따지고 캐묻는 일"인 "격물"에 대해, 주자가 『대학』 팔조목의 논리와 자신의 학문을 투영하여 쓴 것으로, 흔히 「격물보전(格物補傳)」이라고도 한다. 주자가 「격물보전」을 새롭게 쓴 이유는 어찌 보면 아주 단순한 문제의식에서 출발한다. "격물, 치지, 성의, 정심, 수신, 제가, 치국, 평천하"의 팔조목 가운데 "격물치지"에 대한 전문이 없어졌다고 보았기 때문이다. 주자가 『대학장구』를 편집하는 순서에 의하면, 옛날의 『대학』 내용에서 다른 조목에 대한 해석은 있는데, 유독 "격물치지"에 대한 해설은 빠져 있다.

사물의 이치를 탐구하는 방식을 『대학』에서는 '궁리(窮理)'라고 하지 않고 '격물(格物)'이라고 하였다. "사람들에게 사물에 '직접' 다가가서 '실질적'으로 이치를 탐구하라."는 의미에서 그렇게 하였다. "격물치지"에서 '격물'은 단지 한 사물에 붙어서 그 사물의 이치를 탐구하는 일이고, '치지'는 사물의 이치를 끝까지 탐구한 다음, 나의 지식과 지혜가 완전해진다는 말이다.

이러한 "격물치지"를 해야 하는 이유는 다음과 같다. 겉면은 어떤 사람이건 보고 다 같이 알 수 있다. 하지만 속살은 사람마다 각자 마음으로 터득하는 것이다. 어떤 사람은 겉면만을 보고 공부하여 사물의 이치가 어디에 있는지 제대로 보지 못한다. 또 어떤 사람은 속살을 향하기는 하지만 추상적인 생각을 많이 하여 실제로 존재하는 사물의 이치를 제대로 파악하지 못한다. 이 모두가 한쪽으로 치우친 상황이다. 때문에 사물에 실제로 직접 다가가서 조목조목 살피고 캐물어서 올바르게 알 필요가 있다. 그렇게 되면 사물의 겉면과 속살을 통해 사물의 결을 파악할 수 있고 사물을 제대로 알고 처리할 수 있다. 이것이 주자가 "격물치지"에 대한 장을 새롭게 쓴 의도다.

제6장. 목적의식을 참되게 갖추어야 한다

"목적의식을 참되게 갖추어야 한다."라는 것은 '스스로를 속이는 일이 없어야 한다.'라는 말이다. 나쁜 냄새를 싫어하는 듯하며, 좋은 색을 좋아하는 듯이 하는 것, 이것을 스스로 만족한다고 한다. 그러므로 건전한 인격을 지닌 훌륭한 사람은 반드시 혼자 있을 때 마음을 다잡고 몸가짐을 신중하게 한다.

속세의 욕망에 찌든 소시민들은 할 일 없이 혼자 있을 때 남이 보지 않는 틈을 이용하여 못된 짓을 여기저기서 저지른다. 그러다가 건전한 인격을 지닌 훌륭한 사람을 보면 굽실굽실하며 언제 그랬냐는 듯이 시침을 떼고 나쁜 짓을 감추고 착한 행동을 한 것처럼 보이려고 한다. 하지만 세상 사람들의 눈은 무섭다. 사람들이 자기를 보는 것이 폐와 간을 보듯이 속을 훤하게 들여다보고 있다. 착한 체 한들 무슨 소용이 있겠는가?

이런 상황에 대해 내면에서 진실하게 하면 겉으로 드러나게 된다고 말하는 것이다. 그러므로 건전한 인격을 지닌 훌륭한 사람은 반드시 혼자 있을 때 마음을 다잡고 몸가짐을 신중하게 한다.

증자가 말하였다.

"열 사람의 눈이 당신을 보고 있다. 열 사람이 손가락으로 당신을 가리키고 있다. 모두에게 열려 있는 생활 속에서 우리는 진정으로 세상을 두려워해야 한다."

집안에 재물이 많으면 겉으로 보이는 집을 꾸밀 수 있고 삶에서도 생활이 넉넉하고 화려하게 된다. 마찬가지로 사람의 인격과 인품이 훌륭하여 넘쳐나면 겉으로 드러나는 몸가짐이나 행실이 빛나고 숭고하다. 마음이 열리고 넓어지면 몸도 편안하고 느긋하다. 그러므로 건전한 인격을 지닌 훌륭한 사람은 반드시 목적의식을 참되게 갖춘다.

전문 6장은 "목적의식을 참되게 갖추어야 한다."라는 경문의 '성의(誠意)'에 대한 해설이다. 주자는 이 장을 『대학』에서 가장 중요한 대목으로 보았다. '성의'에서 '의'는 '마음에서 어떻게 하겠다는 뜻'으로 삶의 목표를 고민하고 지향하려는 일종의 '목적의식'이다. 그것은 속에서 겉으로 드러나는, 발동하는 속성을 지니고 있다. 때문에 깊은 속살부터 알찬 성실 그 자체여야 한다.

주자는 "목적의식을 참되게 갖추는 작업"인 "성의"를 자기 수양의 시발점이라고 하였다. 자기 수양을 하려는 사람은 가장 먼저, 선을 행하고 악을 제거할 줄 알아야 한다. 그 첫 번째 조건이 자기의 마음을 속이지 않는 일이다. 자기기만을 하지 말아야 한다. 그래야만 선을 행한 조건이 마련된다. 자기기만은 표리부동의 상태를 말한다. 예를 들면, 한 물체에서 겉은 은인데 속은 철인 경우 자기기만이라고 한다.

자기의 마음은 오직 홀로 자신만이 안다. 소시민의 경우, 욕망을 따라 행동하기 쉽기 때문에 남이 보지 않고 홀로 있을 경우에 악을 행할 가능성이 높다. 보이지 않는 곳에서는 악행을 하다가 남의 눈에 잘 띄는 곳에서는 선행을 하는 체 한다. 그러나 아는 사람은 다 안다. 이미 심성이 착하지 않은 것을 인지하고 있는 상황에서 그런 행동은 아무런 소용이 없다. 때문에 혼자 있을 때 "마음을 다잡고 몸가짐을 신중하게 하라."라는 "신독(愼獨)"을 강조하였다.

그뿐만이 아니다. 마음에 부끄러움이 없으면 마음이 넓어져서 관용을 베풀고 편안함에 머물며, 몸도 언제나 여유가 있고 편안하다. 결국 인간의 삶에서 핵심은 마음 수양의 문제로 귀결된다. 다시, 『대학』「경문」의 처음으로 돌아가 보라. 원래 우리 모두에게는 "순수하고 착한 심성"이 있었다. 그런데 그것이 물욕에 가려 나쁘게 물들었다. 그렇다면, 유학의 구호는 간단하다. "착함을 회복하자!" 그것을 "복기성(復其性)" 혹은 "복기초(復其初)"라고 한다.

그러기에 주자는 "목적의식을 참되게 갖추는 작업"인 "성의"의 관문을 통과하고 나면 공부가 아주 쉽다고 하였다. 말이 목적지를 향해 달리듯이 선을 향해 질주하면 절대로 악에 빠지는 일은 없기 때문이다.

제7장. 마음을 바르게 하고 자기 수양을 철저히 한다

"자기 수양의 핵심은 마음을 바르게 하는 데 있다." 마음에 노여워함을 묻어 두면 마음을 바르게 지닐 수 없다. 마음에 두려워함을 묻어 두면 또한 마음을 바르게 지닐 수 없다. 마음에 기뻐함을 묻어 두면 마음을 바르게 지닐 수 없다. 마음에 근심 걱정을 묻어 두면 또한 마음을 바르게 지닐 수 없다.

마음에 있지 않으면 보아도 보이지 않는다. 들어도 들리지 않는다. 먹어도 그 맛을 알지 못한다. 이것을 두고 "자기 수양이 마음을 바르게 하는 데 있다."라고 말하는 것이다.

전문 7장은 "자기 수양은 마음을 바르게 하는 데 있다."라는 경문의 '정심(正心)과 수신(修身)'에 대한 해설이다. 노여워함, 두려워함, 기뻐함, 근심 걱정. 이른바 분치(忿懥), 공구(恐懼), 호요(好樂), 우환(憂患), 이 네 가지는 모두 마음의 작용이다. 때문에 사람이라면 누구나 내재되어 있다. 특히, 마음에서 우러나올 때 욕심이 발동하고 감정이 넘치게 되면, 지나치게 되어 한쪽으로 치우치기 쉽다. 너무 화를 낸다거나, 너무 두려워한다거나, 너무 기뻐한다거나, 너무 근심 걱정을 많이 하다 보면, 심신이 상하는 지경에 이르기도 한다.

이 지점에서 오해하지 말아야 할 것이 있다. 이 네 가지 마음의 작용 때문에 마음을 바르게 할 수 없다고 하니, 이것을 없애면 되지 않겠는가? 아니다. 그것을 없애라는 말이 아니다. 그것은 인간의 감정이기 때문에 절대 없앨 수 없다! 중요한 것은 이 네 가지 마음 작용에 의해 '마음이 흔들리지 말라.'라는 것이다.

주자에 의하면, 마음이 사물에 매이게 되면 바로 흔들리게 된다. 이때 마음이 사물에 매이는 이유는 세 가지다. 첫째, 아직 나타나지 않은 사물에 대해 성급하게 기대하기 때문이고, 둘째, 사물을 대하는 일이 이미 끝났는데도 여전히 마음에 두고 있기 때문이며, 셋째, 지금 대하고 있는 사물에 관해 지나치게 편중된 의식을 가지기 때문이다. 다시 말하면 미래의 일을 미리 당겨서 고민하거나, 과거의 일을 다시 당겨서 괴로워하며, 현재의 일에 대해 편파적으로 처리하거나 이해할 경우 사물에 매이고 묶여 마음이 흔들리고 고달파진다.

그렇다면 마음에 두어야 할 것은 무엇인가? 그것은 다름 아닌 '주체'의 문제다. 내 마음의 주인을 내가 어떻게 틀어쥐는가 하는 문제다. 마음에 주장하는 것이 없으면 몸을 돌볼 수가 없다. 간단하게 생각해 보자. 어떤 사안이건 내 마음에 두지 않으면 그것이 아무리 좋은 일이라고 할지라도 관심 대상에서 멀어진다. 관심이 없으면 내 몸은 움직이지 않는다.

『대학혹문』에서는 마음의 주체 문제를 다음과 같이 풀이한다. "사람의 마음은 거울처럼 맑고 저울처럼 평평하다. 그러므로 내 몸의 주인은 맑고 평평한 것처럼 본래부터 진정 그러할 뿐이다. 기쁨, 노여움, 근심, 두려움 등 감정이 움직이는 데 따라서 느껴진다. 왜냐하면 아름답고 추하며, 구부리고 우러르는 등 사물의 상황에 따라 그 모습이 부여되기 때문이다. 요컨대, 마음은 아직 움직이기 전에는 텅 비고 고요하여, 거울이 맑고 저울이 평평한 것과 같다.

이러한 마음의 주체가 다름 아닌 "순수하고 착한 심성"이다. 그 심성이 우리의 몸을 꼿꼿하게 세우고, 주체적 인간의 삶을 인도한다. 따라서 착한 심성은 생활의 중추이자 주춧돌이다.

제8장. 자기 수양을 철저히 하고 작은 공동체에서 지도적 역할을 수행한다

"작은 공동체에서 지도적 역할을 수행하는 것은 자기 수양을 철저히 하는 데 있다." 이는 다음과 같은 일을 경계하는 데서 시작된다. 보통 사람은 자기가 친애하는 사람에게 치우친다. 자기가 천시하고 미워하는 사람에게 치우친다. 자기가 두려워하고 존경하는 사람에게 치우친다. 자기가 가엾게 여기고 불쌍히 여기는 사람에게 치우친다. 자기가 거만을 떨고 무시하는 사람에게 치우친다. 그러므로 이러한 보통의 정서나 감정을 조절하는 것이 매우 중요하다. 좋아하면서도 그 사람의 나쁜 점을 알고 있고, 미워하면서도 그 사람의 아름다운 점을 알아 주는 사람. 그런 사람은 세상에 많지 않다. 왜냐하면 대부분의 사람은 극단적으로 한쪽으로 치우치기 쉽기 때문이다.

그러므로 속담에 이런 말이 있다.

"보통 사람은 자기 자식의 나쁜 점을 모르고, 자기 밭의 곡식이 남의 것보다 큰 줄을 모른다."

이것을 두고 "작은 공동체에서 지도적 역할을 수행하는 것은 자기 수양을 하는 데 있다."라고 말하는 것이다.

전문 8장은 "작은 공동체에서 지도적 역할을 수행하는 것은 자기 수양을 하는 데 있다."라는 경문의 '수신(修身)과 제가(齊家)'에 대한 해설이다. 『대학』에서 말하는 작은 공동체는 '가(家)'다. 이때 '가'는 핵가족을 의미하는 아주 작은 단위, 사회의 세포로서 '가정'의 개념을 넘어서 있다. '가'는 좁은 의미에서는 '한 집안 식구'이고 넓은 의미에서는 '일가 친척을 포함하는 대가족', 이른바 씨족의 문중(門中)이나 집안, 가문(家門)을 의미한다. 그러므로 과거 전통 사회에서 가문을 다스리고 운영하는 일은 단순하게 가장 한사람이 식구들을 돌보는 행위와는 다른 차원이었다.

가문에는 물론 구성원이 해야 할 일들이 다양한 형태로 얽혀 있다. 집안에서의 윗사람과 아랫사람, 먼 친척과 가까운 친척, 중요하게 다루어야 할 일과 사소하게 처리해도 될 일 등등. 이때 중요한 윤리 도덕적 덕목으로 등장하는 것이 다름 아닌, 모든 사안을 저마다의 도리와 법도에 맞게 고르게 대하는 작업이다. 공평무사(公平無私)한 처리. 예를 들면 식사를 차릴 때에도, 노쇠한 할아버지 할머니에게는 죽을 올리고, 어린 아이에게는 젖을 먹이며, 일을 많이 하는 청·장년에게는 밥을 많이 주어야 한다. 개인적 감정에 의해 일을 처리하는 것은 경계의 대상이다. 흔히 발생할 수 있는 하나의 사례를 들면, 아무리 처자식을 사랑한다고 할지라도 그것에 빠져 부모형제를 소홀히 대해서는 안 된다.

그렇다고 '어떤 일에 빠지거나 치우쳤다.'는 의미를 곡해해서는 안 된다. 욕심이나 욕망의 문제와 관련하여, 어떤 사람들은 행위 자체가 지나친 것에 대한 고민보다는 행위 자체를 없애려고 한다. 배가 고프거나 목이 마르면 먹고 마셔야 한다. 이때 배고픔이나 목마름에 대해 그것을 해소할 정도로 적당하게 먹고 마셔야지, 과식이나 과음을 하게 되면 치우치게 된다. 치우침의 문제는 먹고 마시는 행위 자체를 금하는 것은 결코 아니다.

이 지점에서 자기 감정에 따라 치우치는 문제를 어떻게 해결할 수 있는지 고려할 필요가 있다. 개인에 따라 다르지만, 지나치게 치우치는 측면도 있는 반면 지나치게 모자라는 부분도 있다. 그 사이에 적당하게 조절된 상태, 있는 그대로의 자연스러운 모습도 존재한다. 그것은 사람의 장점과 단점을 제대로 파악하는 작업이다. 어떤 사람을 좋아하면서도 그의 단점을 알고 있고, 또한 미워하면서도 그의 장점을 알고 있다면, 우리는 그 사람을 함부로 대할 수 없다. 인정하고 존중할 부분이 있기에 희로애락을 교차시키며 나름대로의 객관성을 담보한다. 그것이 치우치지 않음의 첫걸음이다.

작은 공동체에서 지도적 역할을 하려는 사람은, 인정에 치우치지 않아야 한다. 그 문제를 해결하는 방식은 궁극적으로 자기 수양으로 돌아온다. 착한 심성을 바르게 가지기 위한 성찰. 사람을 좋아하기만 하면 단점을 파악하지 못하고 미워하기만 하면 장점을 보지 못하고 만다. 사람의 감정 중에서 가장 치우치기 쉬운 것이 '사랑'이다. 그러기에 지도적 역할을 하려는 모든 사람은 개인적 애정의 감정을 억제하고 조절해야 한다. 그것은 냉정하지만, "사랑하지 말자!"라는 말을 이끌어 낸다. 지도적 역할을 하는 인사는 공인(公人)으로서 공평무사의 길을 실현해야 하기에 사사로운 애정에 빠져서는 곤란하다.

제9장. 작은 공동체에서 지도적 역할을 수행하고 큰 공동체에서 정치 지도력을 발휘한다

"큰 공동체에서 정치 지도력을 발휘하려면 작은 공동체에서 지도적 역할을 수행해야 한다." 이는 '자기가 속한 작은 공동체의 질서를 제대로 잡지 못하고 다른 공동체의 질서를 잡는 사례가 없기' 때문에 한 말이다. 건전한 인격을 지닌 훌륭한 사람은 자신이 속한 작은 공동체를 벗어나지 않고도, 그보다 큰 공동체의 질서를 잡는 방법을 알고 있다. 그것은 위대한 인격과 인품에서 우러나오는 힘이다. 집안에서 부모에 대한 효도는 나라에서 최고지도자를 섬기는 바탕이 된다. 형제 사이의 우애는 사회의 연장자나 선배를 섬기는 바탕이 된다. 집안에서 자녀나 아랫사람에게 베푸는 내리사랑은 지도자가 구성원들에게 베푸는 사랑의 바탕이 된다.

『서경』「주서」〈강고〉편에는 무왕이 동생 강숙에게 "갓난아이를 돌보듯이 하라."라고 당부하였다. 지도자는 마음으로부터 진실하게 구해야 한다. 그러면 꼭 들어맞지는 않더라도 그다지 멀거나 틀리지는 않을 것이다. 아직 자식을 낳지도 않았는데, 자식 기르는 법을 모두 배운 뒤에 결혼하는 사람이 어디 있겠는가?

한 집안에서 열린 마음을 지닌 기풍이 있으면 나라 전체가 열린 마음의 기풍이 일어난다. 한 집안이 겸양의 예를 잘 갖추고 실행하면, 나라 전체가 겸양의 예를 갖추는 기풍이 일어난다. 지도자 한 사람이 탐욕스럽게 이권을 챙기면, 나라의 모든 사람들도 탐욕스럽게 이익을 탐하여 나라 전체가 혼란에 빠질 수 있다. 안정이냐 혼란이냐의 동기부여가 이런 차원이다. 이런 상황을, '지도자 한 사람의 잘못된 말 한 마디가 나라를 혼란에 빠트리기도 하고, 지도자 한 사람의 훌륭한 인품이 나라를 안정시키기도 한다.'라고 표현한다.

요임금과 순임금, 중국 고대의 제왕 중 최고로 추앙받는 훌륭한 지도자가 열린 마음으로 정치를 하자 사람들이 잘 따랐고 자신들도 열린 마음으로 인품을 높이려고 하였다. 반대로 폭군의 대명사로 불리는 하나라의 걸왕과 은나라의 주왕이 포악하고 잔혹함으로 정치를 하자 사람들이 따르기는 하였으나, 그들도 지도자를 따라 포학무도하게 되었다. 지도자가 포학무도한 짓을 좋아하고 행하면서 사람들에게는 열린 마음으로 착하게 살라고 하면 누가 지도자를 따르겠는가? 그러므로 건전한 인격을 지닌 훌륭한 사람은 자기의 순순하고 착한 심성을 충분히 밝히는 자기 수양을 철저히 한 다음에, 다른 사람에게 그 심성이 착함을 요구한다. 자기 몸에 잘못이 없게 한 다음에 남에게 잘못이 있음을 비판한다. 자기가 간직하고 있는 잘못을 용서하지도 못하면서 남을 이해하고 배려하며 깨우치는 자는 없다. 그러므로 "큰 공동체에서 정치 지도력을 발휘하려면 작은 공동체에서 지도적 역할을 수행해야 한다."라고 하는 것이다.

그런 사례를 노래한 것이 다음과 같은 시들이다.

『시경』「주남」〈도요〉 시에는 "싱싱한 복숭아 나무/푸른 잎새 무성하도다/결혼하는 아가씨/온 집안 식구 화목하게 하리라."고 읊었다. 이는 그 집안 사람들에게 잘한 뒤에 나라 사람들을 가르칠 수 있음을 노래한 것이다.

『시경』「소아」〈육소〉 시에는 "형에게 잘하고 아우에게 잘한다."고 읊었다. 이는 형에게 잘하고 아우에게 잘한 뒤에야 나라 사람을 가르칠 수 있음을 노래한 것이다.

『시경』「조풍」〈시구〉 시에는 "언행이 도에 어긋나지 않으니/세상의 온 나라가 바르게 되네."라고 읊었다. 이는 집안에서 부모 자식과 형제자매들이 그의 행실을 본받아 가문이 반듯하게 되고, 나아가 나라 사람들이 본받아 나라의 질서가 잡혔음을 노래한 것이다. 이런 사례로 볼 때 "큰 공동체에서 정치 지도력을 발휘하려면 작은 공동체에서 지도적 역할을 수행해야 한다.'는 표현이 적확하다.

전문 9장은 "큰 공동체에서 정치 지도력을 발휘하려면 작은 공동체에서 지도적 역할을 수행해야 한다."라는 경문의 '제가(齊家)와 치국(治國)'에 대한 해설이다. 중국 고대사회에서 비교적 큰 공동체에 해당하는 '나라'인 '국(國)'은 보통 세 가문이 합쳐진 정도의 규모였다. 공자의 고국인 노나라의 경우에도 계손씨, 맹손씨, 숙손씨 세 집안이 주도권을 장악하고 있었다. 이렇듯 고대 중국에서 한 집안은 한 나라 내의 작은 공동체로서 나름대로의 지도적 역할이 있고, 그것이 세력이 커질 경우 큰 공동체에서 지도력을 발휘하기 쉬운 구조였다.

정리하면, 유학에서의 수양과 정치는 '철저한 개인의 수양을 근본으로 하여 작은 공동체인 집안에서의 지도적 역할을 수행할 수 있고, 작은 공동체에서의 지도적 역할을 바탕으로 큰 공동체에서의 지도력을 발휘할 수 있다.'는 점층적 논리다. 때문에 나라를 운영하고 영도하는 작업은 가문을 운영할 줄 알아야 가능하다.

작은 공동체인 집안을 운영하는 바탕은 세 가지다. 부모에 대한 효도,

형제자매와 집안 어른 및 친인척에 대한 존중, 아랫사람에 대한 내리사랑, 이른바 "효(孝)·제(悌)·자(慈)"다. 집안에서 효는 나라에서 지도자를 섬기는 기초가 되고 제는 나라에서 어른을 섬기는 기초가 되며, 자는 나라에서 사람들을 아껴 주는 기초가 된다. 이는 작은 공동체인 집안의 테두리를 넘어 규모가 큰 공동체, 나아가 인류사회에 이르기까지 확장될 수 있는 공동체 운영의 원리다. 상하사방·전후좌우의 수직·수평적 인간관계를 돌아볼 수 있는 쌍무윤리(雙務倫理)로 작용할 수 있는 것이다.

요임금과 순임금으로 상징되는 요순시대의 태평세월은, 효·제·자가 가장 온전하게 실천되던 시대였다. 따라서 모든 사람들이 효·제·자를 기반으로 하는 삶의 기풍을 일으키며 공동체에 기여하는 모습을 보였다. 반대로 걸왕과 주왕으로 상징되는 걸주의 포악함은 효·제·자를 상실한 혼란의 시대였다. 모든 사람들이 그런 지도자를 따라 포악함을 일삼았다. 그런 상황을 참지 못한 은나라의 창건자 탕임금과 주나라의 창업자 문왕·무왕이 '걸'과 '주'를 공격하여, 사람들의 올바른 삶을 이끌었다. 『대학』에는 탕임금과 문왕·무왕이 상대적으로 많이 등장한다. 그 이유가 무엇일까? 지도자와 구성원 사이에 올바르고 안정된 삶이 주어지기를 간절히 요청했기에, 『대학』의 편찬자들이 그런 염원을 담은 것은 아닐까?

『서경』 「주서」 〈강고〉편에서 무왕이 강숙에게 주는 이야기는, 정치 지도자로서 사람들에게 '내리사랑'을 하는 따스한 마음으로 가득하다. 그 전문을 보면 윤곽이 더욱 뚜렷해진다. "나라의 질서가 잡히면 형벌을 공평하게 할 수 있다. 그때 사람들은 비로소 복종하고, 자기가 사는 사회를 아름답고 평화롭게 만들기 위해 힘쓰리라. 사람들을 병든 환자를 돌보듯이 대하라. 그렇게 하면 모든 사람이 병고로부터 벗어날 수 있으리라. 사람들 대하기를 갓난아이를 돌보듯이 하라. 그렇게 하면 모든 사람들이 건강하고 평안하게 살아갈 수 있을 것이다. 특히, 사람들에게 형벌을 가하거나 죽이지 마라. 절대 멋대로 형벌을 내려서는 안 된다."

『시경』「주남」〈도요〉는 결혼을 축하하는 시다. 시의 전체 면모는 다음과 같다.

"싱싱한 복숭아나무/화사한 꽃 피었네/결혼하는 아가씨/한 집안을 화목하게 하리. 싱싱한 복숭아나무/탐스러운 열매 열렸네/결혼하는 아가씨/한 집안을 화목하게 하리. 싱싱한 복숭아나무/푸른 잎새 무성하네/결혼하는 아가씨/온 집안 식구 화목하게 하리."

화려한 복숭아꽃을 노래한 시의 앞부분에서는 결혼하는 아름다운 아가씨의 모습이 선연하고, 주렁주렁 탐스럽게 달린 복숭아를 노래한 가운데 부분에서는 아가씨의 아름다움이 물씬 배어난다. 그리고 마지막 부분에서 노래한 싱싱한 복숭아나무 잎에서는 훌륭한 교양을 쌓은 아가씨의 미래가 창창함이 돋보인다. 집안을 화목하게 하고, 그것을 바탕으로 나라 전체를 화목하게 할 것이라는 밝은 전망이다.

『시경』「소아」〈육소〉는 여러 계층의 지도자, 즉 제후들이 최고지도자인 천자에게 조회할 때 최고지도자가 잔치를 베풀어 주었는데, 이때 최고지도자를 찬양하는 시라고 한다. 최고지도자의 은혜가 온 세상에 미쳤음을 찬미한 내용을 담고 있다.

"길게 자란 쑥/이슬이 촉촉이 내리네/우리 님을 만나 뵈니/내 마음 시원하네/즐겁게 웃고 얘기하니/기쁘고 편안하네/길게 자란 쑥/이슬이 방울방울 맺히네/우리 님을 만나 뵈니/이 얼마나 영광스러운 일인가/그

분 덕에 그릇됨이 없으니/끝없이 장수하시리라/길게 자란 쑥/이슬이 듬뿍 내리네/우리 님을 만나 뵈니/한없이 즐겁고 흐뭇하네/형에게 잘하고 아우에게 잘하니/아름다운 덕 오래가고 즐겁네/길게 자란 쑥/이슬이 축축이 내리네/우리 님을 만나 뵈니/장식 달린 고비 늘어져 있고/수레 방울 소리 달랑달랑/온갖 복이 다 모이네."

이 또한 가문의 형제자매들 사이의 좋은 우애가 나라 전체에 좋은 영향력을 미칠 수 있다는 미래지향적 메시지를 담고 있다.

『시경』「조풍」〈시구〉는 조나라 사람들이 지도자 중의 어떤 사람을 찬미한 시다. 『모시』에는 나라의 지도자 중에 인격을 제대로 갖춘 훌륭한 사람이 없고 마음 씀씀이가 한결같지 않음을 풍자한 시라고 하였다. 그러나 그 내용상 풍자라기보다는 흠모하거나 존경하는 마음을 노래한 것으로 보인나. 시의 전체 내용은 다음과 같다.

"뽕나무에 앉은 뻐꾸기/새끼가 일곱 마리/훌륭한 지도자여/그의 언행 한결같네/한결같은 언행에/맺은 마음 단단하네/어미 뻐꾸기는 뽕나무에/새끼들은 매화나무에/훌륭한 지도자여/흰 실을 띠었네/흰 실 띠를 띠고/관 솔기엔 구슬을 달았네/어미 뻐꾸기는 뽕나무에/새끼들은 대추나무에/훌륭한 지도자여/언행이 도에 어긋나지 않네/언행이 도에 어긋나지 않으니/세상의 온 나라가 바르게 되네/어미 뻐꾸기는 뽕나무에/새끼들은 개암나무에/훌륭한 지도자여/세상의 온 나라가 바르게 되니/세상의 온 나라가 바르게 되니/만수무강 하리라."

사람들을 사랑하는 지도자의 한결같은 마음은 사람들의 모범이 되고, 그 모범적 행동은 칭송의 대상이 된다. 여기에서 뻐꾸기는 지도자를 상징하고 그 새끼는 공동체의 구성원을 의미한다. 그들의 집안에서건

나라에서건 그들의 아름다운 동행이야말로 공동체를 함께 가꾸어 가는 바람직한 삶의 모습이다. 『대학』이 요청하는 학문의 원리가 이 속에 녹아 있다.

제10장. 큰 공동체에서 정치 지도력을 발휘하여 온 세상과 인류의 삶을 편안하게 한다

"온 세상과 인류의 삶을 편안하게 하는 일은 큰 공동체에서 정치 지도력을 발휘하는 데 있다." 이 말의 뜻은 아래와 같다. 공동체에서 지도력을 발휘하는 지도자가 자기 집안의 연로하신 어른을 어른으로 잘 모시고 섬기면, 그 공동체의 사람들이 그것에 감화되어 효도하는 기풍을 일으키게 된다. 지도자가 집안의 연장자들을 연장자로 대접하면, 그 공동체의 사람들이 그것에 감화되어 공경하는 기풍을 일으키게 된다. 지도자가 자신이 정치하는 공동체의 어려운 사람들, 고아나 홀아비, 과부 등 사회적 약자에 대해 배려하면, 그 공동체의 사람들이 그것에 감화되어 자신들의 정치 지도자를 배신하지 않는다. 그러므로 건전한 인격자를 지닌 훌륭한 지도자는 자나 사물을 재듯이, 사람들이 어떻게 살아가는지, 그 상황을 헤아려 반듯하게 만드는 '혈구(絜矩)'의 도리를 지니고 있어야 한다.

내가 아랫사람으로 있을 때 윗사람의 권위적이고 폭압적인 태도가 정말 싫었다면, 입장이 바뀌어 내가 윗사람이 되었을 때 그런 무례한 태도로 아랫사람을 지도해서 되겠는가? 내가 윗사람으로 있을 때 아랫사람이 충실하지 않은 태도로 근무하였다면, 내가 아랫사람이 되었을 때 그런 게으른 태도로 윗사람을 대해서야 되겠는가? 내가 뒤에서 따라 갈 때, 앞사람을 툭툭 치며 나아갔다. 앞사람은 그것을 매우 싫어하였는 데 내가 앞에서 갈 때, 뒷사람이 똑같이 그렇게 툭툭 치면 좋겠는가? 내가 앞에서 갈 때 뒷사람을 무시하며 홀대하였다. 내가 뒤에서 따라 갈 때 앞사람이 그렇게 하면 좋겠는가? 내가 왼쪽에 있을 때 오른쪽 사람을 쓸데없이 건드리며 나쁜 짓을 일삼았다. 내가 오른쪽에 있을 때 왼쪽 사람이 그러면 좋겠는가? 그런 태도로 사람을 사귀어서는 곤란하다. 상하·전후·좌우를 두루 살펴 공평하고 방정하게 틀을 잡는 일. 이것을 '혈구'의 도리라고 한다.

『시경』「소아」〈남산유대〉 시에는 "즐거울세 우리님/백성의 부모일세." 라고 읊었다. 이는 공동체의 사람이 좋아하는 것을 그 지도자도 좋아하고, 공동체의 사람이 싫어하는 것을 지도자도 같이 싫어하며, 일체감이 형성됨을 말한다. 그래야만 지도자는 그 공동체에서 사람들의 부모 노릇을 하며 지도력을 발휘할 수 있는 것이다.

『시경』「소아」〈절피남산〉 시에는 "깎아지른 저 남산/바위가 우뚝우뚝 하네/혁혁한 태사 윤씨여/백성이 모두 그대를 바라보네."라고 읊었다. 이는 큰 공동체에서 정치 지도력을 발휘하는 지도자의 자세에 대해 말한 것이다. 특히, 최고지도자는 조심하고 또 조심하여 정치에 집중해야 한다. 한쪽으로 치우치게 되면, 지도자 스스로가 공동체를 혼란스럽게 만들 뿐만 아니라, 공동체의 사람들 또한 그를 가만두지 않을 것이고 심지어 죽일 수도 있다.

『시경』「대아」〈문왕〉 시에는 "은나라가 민심을 잃지 않았을 적엔/상제와 짝이 될 수 있었다네/마땅히 은나라를 거울 삼아/하늘의 명 보존하기 쉽지 않음을 명심하세."라고 읊었다. 이는 사람들의 마음을 얻으면 공동체도 번성하고, 사람들의 마음을 잃으면 공동체도 혼란스러워 망할 수 있음을 경고한 것이다.

그러므로 건전한 인격을 지닌 훌륭한 지도자는 먼저 자신의 착한 심성을 밝혀 자기 수양을 철저히 해야 한다. 자기 수양을 철저히 해 놓아야, 그런 지도자를 따라 공동체에 사람들이 모여든다. 사람들이 모여야 그들이 경작하며 먹고 살 터전인 땅, 이른바 국토를 가꿀 수 있게 된다. 제 보금자리를 찾은 사람들은 이제 국토를 가꾸어 가면서 부지런히 일할 것이고, 그 결과 공동체의 구성원들이 먹고 살 수 있는 다양한 재물이 생산되어 국가의 경제를 부흥시키게 된다. 이렇게 공동체의 사람들이 생산한 재물인 경제력을 바탕으로, 지도자는 국가를 경영해 나간다.

이때 공동체의 지도자가 자기 수양을 철저히 하여 지닌 인품, 이른바 '덕(德)'이 가장 중요하다. 그래서 덕을 근본이라 이른다. 경제력인 재물도 중요하지만, 그것 역시 덕과 조화를 이룰 때 빛나는 것이다. 그래서 말단이라 말한다. 나무에 비유하면 덕성은 뿌리이고 재물은 가지에 해당한다.

지도자가 덕성인 근본을 중요하게 여기지 않고, 말단인 재물을 중요하게 여기면 지도자가 공동체 구성원들과 다투게 되고, 종국에 가서는 공동체 사람들 사이에 서로 갈등과 반목으로 다투고 빼앗는 결과를 낳는다. 이는 지도자가 공동체에서 지도력을 발휘하여 화합하기는커녕, 사람들 사이에 상호 경쟁하고 쟁탈하는 기술을 가르치는 것과 마찬가지다.

그러므로 공동체 구성원들이 열심히 모아 놓은 재물을 지도자 한 사람이 독점적으로 긁어모아 자기를 위해 쓰게 되면, 공동체 구성원들은 지도자를 믿지 못하고 흩어져 다른 공동체로 도망가게 마련이다. 반대로 지도자가 공동체 구성원들을 위해 재물을 공평하게 나누어 쓰면, 다른 공동체의 사람들조차도 그 소문을 듣고 여기저기서 모여들게 마련이다.

때문에 "가는 말이 고와야 오는 말도 곱다."는 속담도 있듯이, 말이 도리에 어긋나게 입에서 나가면, 도리에 어긋나게 귀에 들어온다. 마찬가지로 재물을 도리에 어긋나게 거두어들이면, 또한 도리에 어긋나게 나가게 마련이다.

『서경』「주서」〈강고〉편에는 무왕이 동생 강숙에게 "최고지도자의 자리에서는 모든 것을 조심해야 한다."라고 당부하였다. 이는 착한 심성을 밝혀 자기 수양을 철저히 하고 사람들을 이해하고 배려하는 훌륭한 정치를 하면 큰 공동체에서 지도력을 발휘할 수 있지만, 그렇지 않고 포악 무도하면, 자신의 삶도 비참해질 뿐만 아니라 공동체에도 발붙일 수 없음을 말한 것이다.

춘추시대 초나라의 역사 기록인 「초서」에는 "초나라는 보배로 삼을 것이 없고, 오직 착한 사람을 보배로 삼는다."라고 하였다.

나중에 진나라 문공이 되는 중이에게 그의 외삼촌인 구범이 말하였다. "지위를 잃고 망명하여 도망한 사람은 보배로 삼을 것이 없고, 어버이를 사랑함을 보배로 삼는다."

『서경』「주서」〈진서〉편에는 진나라의 목공이 전쟁에서 패한 후, 여러 관리들에게 말한 다음과 같은 기록이 있다.

"여기에 어떤 사람이 있다. 그의 인품이 성실하게 꾸준히 열심히 일하기는 하지만 다른 특별한 재주는 없다. 그 마음이 너그럽고 솔직하여 다른 사람을 잘 포용한다. 다른 사람이 가진 재주를 자기가 가진 것처럼 생각하고, 다른 사람이 가진 아름다운 인품과 선비다운 풍모를 자신이 진심으로 좋아하고 칭찬한다. 이런 사람을 등용해야, 그 따스한 포용력으로 공동체의 모든 사람을 배려할 수 있고, 공동체의 번영과 발전에 이로움이 있다.

반대로 다른 사람이 재주가 있으면 이를 시기하고 미워하며, 다른 사람이 가진 아름다운 인품과 선비다운 풍모를 고의로 깎아내리거나 빈정거리는 사람도 있다. 이런 사람은 다른 사람을 포용하지도 배려하지도 못한다. 그러므로 그런 사람을 등용한다면 공동체의 사람들을 이해하거나 배려하지도 못할 뿐만 아니라, 오히려 공동체를 혼란스럽게 하고 위태롭게 만들 수 있다.'

열린 마음을 지닌 훌륭한 지도자만이 이렇게 다른 사람을 시기질투하고 깎아내리며 빈정대는 사람을 공동체에서 추방하고 유배지로 보내, 공동체에서 더불어 살지 못하게 할 수 있다. 때문에 『논어』「이인」에서 공자가 "열린 마음을 지닌 훌륭한 지도자만이 사람을 사랑할 수 있고 사람을 미워할 수 있다."라고 한 것이다.

공동체의 발전을 위하는 이러한 관점에서는 현명한 사람을 보고도 등용하지 못하거나, 등용을 하더라도 우선적으로 등용하지 않는 것은 '태만'이다. 착하지 않은 사람을 보고도 물리치지 못하거나, 물리치더라도 멀리까지 추방하거나 유배하여 단절하지 못하는 것은 '잘못'이다.

공동체의 사람 대부분이 미워하는 것을 그 지도자가 좋아하고, 공동체의 사람 대부분이 좋아하는 것을 그 지도자가 미워하는 것은, 사람이 지닌 순수하고 착한 심성에 어긋나는 일이다. 이러한 사람이 지도자가 되면, 반드시 재앙이 자신의 몸에 미칠 뿐만 아니라, 공동체에도 막대한 피해를 주게 된다.

그러므로 건전한 인격을 지닌 훌륭한 지도자는 지도자로서 가야 할 학문과 정치의 대원칙이 있다. 그것은 자기 수양을 통해 확보한 '자기충실'과 타자를 이해하고 배려하는 사람들에 대한 '신뢰'다. 자기충실과 타자에 대한 신뢰를 지킨다면, 큰 공동체에서 충분히 정치 지도력을 발휘할 수 있다. 그러나 자신의 지위가 높다는 것을 자랑하고 사치스럽고 방자하게 행동하면 결코 큰 공동체의 지도자가 될 수 없다. 뿐만 아니라 그런 사람이 지도자가 되면 그 공동체는 반드시 몰락의 길로 접어들 수밖에 없다.

재물을 생산하는 데에는 기본 원칙이 있다. 첫째, 생산하는 사람이 많고 먹는 사람이 적어야 한다. 둘째, 생산하는 사람은 빨리 만들고 소비하는 사람은 천천히 써야 한다. 그래야만 항상 재물이 풍족할 것이다.

열린 마음을 지닌 훌륭한 지도자는 재물을 공평하게 나누어 쓰면서, 공동체의 구성원과 함께 즐기는 자신의 존재를 드러낸다. 반대로 닫힌 마음을 지닌 포악한 지도자는 자기 육신의 쾌락을 위해 재물을 쓰면서, 공동체의 구성원들이 열심히 일하여 생산한 재물을 노골적으로 거두어 들여 사치하며 낭비한다.

지도자가 열린 마음으로 배려하며 포용하는 것을 좋아하면, 그의 지도를 받는 사람들은 그에 합당하게 바른 행동을 실천하게 마련이다. 공동체의 사람들이 합당하게 바른 행동을 실천하는 데, 정작 그들에게 정치 지도력을 발휘하는 지도자가 맡은 일을 제대로 처리하지 못하는 경우는 없다. 그러므로 공동체의 재물인 국가의 경제 문제를 지도자에게 맡기고, 잘 운영하여 바르게 쓸 수 있게 한 것이다.

노나라의 대부인 맹헌자가 말하였다.

"수레를 모는 말을 기르는 귀족 집안, 즉 대부 신분의 집안에서는 닭이나 돼지와 같이 서민들이 먹고 살기 위해 사육하는 짐승을 길러 돈벌이로 삼아서는 안 된다. 겨울에 얼음을 잘라 저장해 두었다가 상례나 제례 때 쓰는 정도의 귀족 집안, 즉 경이나 대부 신분 이상의 집안에서는 소나 양과 같이 서민들이 돈벌이로 사육하는 가축을 길러 그들과 이권을 다투어서는 안 된다. 전차 백대를 차출할 수 있는 경제 규모를 지닌 귀족 집안, 즉 경이나 영주처럼 채지를 가지고 있는 집안에서는 사람들로부터 재물을 가혹하게 거두어들이는 가신(家臣)를 두어서는 안 된다. 재물을 가혹하게 거두어들이는 가신(家臣)을 둘 바에야, 차라리 도둑질 하는 가신을 두는 것이 낫다."

이 말의 의미는 '큰 공동체에서 지도력을 발휘하려는 지도자는, 자기 육신의 쾌락을 위해 재물을 가혹하게 거두어들여 이익으로 삼는 것을 공동체에 이롭다 생각하지 않고, 합당하게 바른 행동을 실천하는 것을 이로움으로 삼는다.'라는 것이다. 즉 개인적인 이익인 '리(利)'를 이로움으로 여기지 않고, 공동체에 이익을 주는 '의(義)'를 이로움으로 여긴다.

큰 공동체인 국가의 최고지도자가 되어, 국민들의 재물을 혹독하게 거두어서 사치하고 낭비하는 데 힘쓰게 되는 것은, 최고지도자가 속세의 욕망에 찌든 조무래기들을 자기 아래의 관리로 등용하기 때문이다. 그런 조무래기 소인배들에게 국가를 다스리게 하면, 여러 가지 재앙과 폐해가 동시에 나타나게 된다. 일단, 여러 가지 재앙과 폐해가 나타난 다음에는, 아무리 유능하고 훌륭한 사람을 등용하고 그것을 고치려 해도, 어찌할 방도가 없다.

이것이 '큰 공동체에서 지도력을 발휘하려는 지도자는, 자기 육신의 쾌락을 위해 재물을 가혹하게 거두어들여 이익으로 삼는 것을 공동체에 이롭다 생각하지 않고, 합당하게 바른 행동을 실천하는 것을 이로움으로 삼는다.'라는 말이다. 개인적 욕망인 '리'를 이로움으로 여기지 않고, 공동체에 이익을 주는 '의'를 이로움으로 여긴다.

전문 10장은 "온 세상과 인류의 삶을 편안하게 하는 일은 큰 공동체에서 정치 지도력을 발휘하는 데 있다."라는 경문의 '치국(治國)과 평천하(平天下)'에 대한 해설이다. 이 장은 『대학』의 마지막 장이므로, '삼강령'과 '팔조목'을 종합하는 차원에서 치국과 평천하의 핵심 내용을 풀이하고 있다. 따라서 『대학』 전체의 내용을 맺는 결론 역할을 한다. 다른 장에 비해, 글이 길고 내용이 의미심장한 이유도 거기에 있다.

이 장에서 주장하는 핵심 중의 핵심은 최고지도자가 갖추어야 할 학문과 정치의 대원칙이다. 그것은 한 마디로 '혈구(絜矩)'의 길이다. '혈구'는 사물을 자로 재어 측량할 수 있듯이, 사람이 처한 상황을 헤아려 합당하게 처리하려는 삶의 방식이다. 나를 중심으로 상하·전후·좌우를 돌아보라! 부유한 사람과 가난한 사람, 사회적 강자와 사회적 약자, 높은 곳에 있는 사람과 낮은 곳에 있는 사람 등등, 수없이 많은 인간 군상이 보일 것이다. 이때 어떤 마음의 잣대가 필요한가? 그 공평함을 찾아가기 위해 저울질하고, 헤아려 보는 사람의 길이 다름 아닌 '혈구'다. 그것이 『대학』의 길이자 유학의 지향이다. 그 사례는 아래에 제시하는 다양한 노래와 역사 기록을 통해 다시 강조된다.

『시경』「소아」〈남산유대〉는 열린 마음을 지닌 훌륭한 지도자를 얻고, 그 즐거움을 노래한 시라고 한다. 전문을 보면 얼마나 즐거운 마음으로 가득한지 상상할 수 있을 것이다.

"남산엔 향부자풀/북산엔 명아주풀/즐거울세 우리님/나라의 터전일세/즐거울세 우리님/만수무강하시리라. 남산엔 뽕나무/북산엔 버드나무/즐거울세 우리님/나라의 빛일세/즐거울세 우리님/만수무강하시리라. 남산엔 산버들/북산엔 오얏나무/즐거울세 우리님/백성의 부모일세/즐거울세 우리님/그 명성 끝이 없네. 남산엔 복나무/북산엔 참죽나무/즐거울세 우리님/오래오래 장수하리/즐거울세 우리님/그 명성 자자하네. 남산엔 탱자나무/북산엔 산유자나무/즐거울세 우리님/오래오래 장수하리/즐거울세 우리님/후손들도 보호해 주리."

『시경』「소아」〈절피남산〉에도 지도자를 향한 간절한 마음이 나타나 있다. 〈절피남산〉은 '가보'라는 주나라 대부가 정치를 제대로 하지 못하는 태사 윤씨를 풍자한 시라고 한다. 그 풍자 가운데 정치 지도자의 자세가 어떠해야 하는지 잘 드러난다. 시가 상대적으로 길어 전반부를 제시하면 다음과 같다.

"깎아지른 저 남산/바위가 우뚝우뚝하네/혁혁한 태사 윤씨여/백성이 모두 그대를 바라보네/마음의 시름 불붙은 듯/감히 농담도 못하게 되었네/나라는 기울고 있거늘/어찌하여 거들떠보지도 않는가. 깎아지른 저 남산/언덕이 널찍하네/혁혁한 태사 윤씨여/어찌 고르게 다스리지 않는가/하늘은 무거운 고통 내리시고/환란은 매우 심하니/백성들 좋게 말하는 이 없거늘/전혀 삼가고 회개하지도 않는가. 태사 윤씨여/그대들은 주나라의 초석/나라를 고루 다스렸다면/평화로운 세상이 되었을 터/천자님 잘 보좌하여/백성들 궁하게 하지 말게나. 몸소 실천하지 않으면/백성들은 믿지 않아/물어보지도 일하지도 않으며/훌륭한 사람을 속이려 들지 말라/평화롭게 과오 없이/백성들 위태롭지 않게/먼 친인척까지/등용하면 안 된다네."

『시경』「대아」〈문왕〉은 앞에서도 여러 번 등장한 시다. 여기에서 특히, 지도자가 무엇을 명심하고 따라야 하는지 엄중하게 경고하고 있다. 본문에서 노래한 구절의 앞뒤 부분을 마저 제시하면 다음과 같다.

"그대들 할아버지 생각하지 않는가/그분들 같은 덕을 닦아야 하네/오래도록 하늘의 명을 지켜/스스로 많은 복을 누려야지/은나라가 민심을 잃지 않았을 적엔/상제와 짝이 될 수 있었다네/마땅히 은나라를 거울삼아/하늘의 명 보존하기 쉽지 않음을 명심하세. 하늘의 명은 지키기가 쉽지 않네/그대들 대에서 끊기지 않도록 하게/훌륭한 명성 밝게 빛나게 하고/은나라처럼 하늘의 명 잃지 않도록/하늘의 일은/소리도 없고 냄새도 없는 것/문왕을 본받으면/온 세상이 믿고 따르게 되리."

공동체의 정치 지도자와 공동체 사람들 사이의 관계는 기본적으로 일체감을 형성해야 한다. 그런 점에서 『서경』「주서」〈강고〉편에서 무왕이 동생 강숙에게 "오직 천명은 일정하지 않다."라고 당부한 배경은 매우 중요하다. 무왕은 은나라 유민들이 모여 사는 위나라 지역의 지도자로 강숙을 보내면서 당부하고 또 당부한다.

"너에게 정치 지도자가 갖추어야 할 자세와 어떻게 형벌을 시행해야 하는지 다시 일러 주려고 한다. 지금 네가 다스리려는 지역의 사람들을 안정시키는 일이 중요하다. 그렇지 않으면 네가 여러 차례 그들을 교화하며 정치력을 발휘한다고 해도 그들의 마음을 사로잡아 그들을 쉽게 융합시키지 못할 것이다. 그럴 경우, 하늘이 우리들에게 벌을 내린다고 해도 우리는 원망할 수도 없다. 죄과는 큰 것이나 많은 것에만 있는 것이 아니다. 한 가지의 죄만 있다고 하여도 그것은 곧 하늘에 알려질 수 있다. 조심하고 조심하여라. 사람들에게 원한을 사지 말라. 완전하지 못한 계략은 채용하지 말라. 부적합한 법규도 채용하지 말라. 사람들이 어떻게 살고 있는지 실정을 제대로 파악해야 한다. 그렇게 하면, 모든 사람들이 잘 살 수 있게 될 것이다. 네가 마음이 공평하고 너의 행위를 성찰하며, 정치 지도자로서 너의 책무를 저버리지 않고 사람들에게 오래도록 미치게 하면, 충분히 사람들을 안정시킬 수 있고, 공동체를 오래도록 유지할 수 있을 것이다. 오직 천명은 일정하지 않다. 너는 이 말을 마음에 새겨 두어야 한다. 이제 우리가 나라를 창건하여 가는 마당에 사람들이 잘 살 수 있는 길이 중단되어서는 된다. 네가 맡은 바 직무에 힘쓰고 너의 견문을 넓혀, 그 지역 사람들이 잘 살 수 있도록 정치 지도력을 발휘해야 한다.”

춘추시대 초나라의 사례에서도 마찬가지다. 「초서」는 초나라의 역사 기록으로 「초어」라고도 한다. 「초어」는 『국어』의 한 편인데, 『국어』는 주나라 때 좌구명이 『좌씨전』을 쓰기 위해 춘추시대 여러 나라의 역사 기록을 모은 책이다. 『국어』는 「주어」, 「노어」, 「제어」, 「진어」, 「정어」, 「초어」, 「오어」, 「월어」 등으로 구성되어 있다. 노나라의 역사를 중심으로 기술한 『춘추좌씨전』을 흔히 『춘추내전』이라고 하는데 대해, 『국어』는 『춘추외전』이라고 한다. 그 『국어』 「초어」에 “초나라는 보배로 삼을 것이 없고, 오직 착한 사람을 보배로 삼는다.”라고 하였는데, 그런 말이 나온 이야기의 전모는 다음과 같다.

"왕손어라는 사람이 사신으로 진나라에 가자, 진나라 정공이 잔치를 베풀었다. 이때 조간자라는 사람이 옥을 울리면서 상견례를 하고 물었다. '초나라의 흰 패옥이 아직도 그대로 있습니까? 그것을 나라의 보물로 삼은 지는 얼마나 됩니까?' 그러자 왕손어가 대답하였다. '초나라에서 보배로 여기는 것은 흰 패옥과 같은 금은보석이 아니라 현명한 신하인 '관야보'입니다. 그는 지도자를 훈계하는 말을 잘 짓고, 다른 나라 지도자들과 외교적으로 일을 잘 처리합니다. 그래서 우리 지도자가 어떤 구실이나 트집을 잡고 다른 나라를 침공하지 못하도록 사전에 조치를 취합니다. 또 좌사를 맡고 있는 '의상'도 있습니다. 그는 교훈을 적은 책에 능통하고, 모든 사물의 이치에 통달하여 아침저녁으로 우리 지도자에게 정사가 잘 되고 못된 부분을 정리하여 보고하고, 지도자에게 선왕들의 훌륭한 업적을 잊지 않도록 충고합니다. 만약에 우리 지도자가 다른 나라의 지도자들과 같이 재물을 좋아했다면, 현명한 신하가 아무리 훈계하는 말로 충고하며 보필한다고 해도, 우리 지도자가 어찌 다른 나라 지도자에게 죄를 짓지 않고 또 나라와 백성들을 보전할 수 있겠습니까? 이와 같이 현명한 신하의 말을 듣고 선정을 펴는 것을 초나라에서는 보배로 여기는 것입니다. 흰 패옥은 선왕이 즐기던 취미생활일 뿐입니다. 무슨 보배라 하겠습니까?'"

진나라 문공이 아직 최고지도자가 되기 전, 그의 외삼촌인 구범이 조카를 위해 해 준 정치적 충고도 의미심장하다. "지위를 잃고 망명하여 도망한 사람은 보배로 삼을 것이 없고, 어버이를 사랑함을 보배로 삼는다." 이 이야기의 전모는 『예기』「단궁」 하편에 나오는데, 다음과 같은 일화가 전한다.

"진(晉)나라 헌공이 죽었는데, 나중에 문공이 되는 그의 아들 중이(重耳)가 당시 환란을 피해 오랑캐 땅에 피신해 있었다. 그러자 진(秦)나라 목공이 사람을 시켜 공자 중이에게 조문을 하도록 하면서, 말을 전하였다. '내가 듣기로, 나라를 잃는 것도 항상 이 시기에 달려 있는 일이고 나라를 얻는 것도 항상 이 시기에 달려 있는 일이라고 했습니다. 지금 그대가 단정한 태도로 부친의 상을 맞이하고 있지만, 지위를 잃고 오래도록 떠돌아다닐 수만은 없고, 또 그 시기를 놓쳐서도 안 됩니다. 그러니 그대는 자신의 나라로 되돌아가서, 지위를 계승하도록 일을 도모하십시오!' 그러자 중이는 다시 안으로 들어와서 진나라 목공이 전해 준 말을 외삼촌인 구범에게 일러 주었다. 그러자 구범이 말하였다. '그 청을 사양해야 합니다! 지위를 잃고 망명하여 도망한 사람은 보배로 삼을 것이 없고, 어버이를 사랑함을 보배로 삼을 따름이오. 부친이 돌아가신 것을 무엇이라 부르겠소? 부친이 돌아가신 것은 흉사 중에서도 가장 큰일에 해당합니다. 그런데 그 일을 기회로 자신이 군주가 되겠다고 자신만의 이익을 도모하게 된다면, 세상에 그 누가 그대에게 죄가 없다고 하겠소. 그러니 목공의 청을 절대 사양해야 합니다!' 공자 중이는 자범의 충고를 듣고 밖으로 나와 진(秦)나라 사신에게 다음과 같이 답변을 하였다. '진나라 군주께서는 은혜롭게도 나라를 잃고 떠도는 저를 조문해 주셨습니다. 이것은 제가 지위를 잃어서 부친이 돌아가셨는데 부친의 상을 치르는 곳에 참여하지 못한 것을 군주께서 저를 대신하여 근심해 주신 것입니다. 그러나 부친이 돌아가신 것을 무엇이라 부르겠습니까? 부친이 돌아가신 것은 흉사 중에서도 가장 큰일에 해당합니다. 따라서 제가 혹시라도 감히 다른 뜻을 품어 제 지위를 되찾고자 한다면 이것은 군주께서 베푸신 뜻을 욕되게 만드는 일이 됩니다.' 그리고 이마를 조아렸지만 절은 하지 않았고, 곡을 하고 일어섰다. 일어선 후에는 사신과 사적인 대화를 다시는 나누지 않았다."

『서경』「주서」〈진서〉의 기록은 『서경』「주서」의 마지막 부분이다. 어찌 보면 『서경』의 총결이기도 하다. 이는 진나라의 목공이 전쟁에서 패한 후, 후회하는 글이다. 진나라 목공 33년 목공은 '맹명시', '서흘술', '백을병'에게 정나라를 정벌하도록 명령하였다. 그러나 진나라 군사는 정나라에 이르기도 전에 전쟁에서 패하였다. 거기에서 그친 것이 아니다. 돌아오는 길에는 진나라의 양공에게 패하였다. 이에 진나라 목공은 여러 부하 관리들을 모아 놓고, 자신의 명령이 잘못되었음을 시인하였다. 그리고는 자신의 관리에 대한 견해를 피력하면서, 성실한 지도적 역량을 강조하였다.

마지막 사례로 든 맹헌자의 얘기는 눈여겨볼 필요가 있다. 여기서는 개인의 사사로운 이익과 공동체를 위한 공공선의 문제가 심각하게 노정된다. 각자의 계급과 신분에 따라, 부유함과 가난함의 정도에 따라 그에 합당하게 이익을 취하라는 삶의 도리가 강조된다. 현대적 의미에서 이해한다면 국가나 공공기관이 개인의 사적 영역에 침범하지 않고 개인의 사적 영역이 공적 영역에 침범하지 않고 서로를 존중하듯이, 또는 대기업이 중소기업이나 골목 상권의 범주를 침범하지 않고 각자의 처지에 맞는 올바름을 찾아갈 것을 권고하듯이. 이런 자세로 국정에 참여하였기에, 맹헌자는 총명한 관리로 사람들의 존경받으며 50여 년이나 장관급의 자리에 있었다고 한다.

"인사(人事)가 만사(萬事)다."라는 말이 있듯이 『대학』의 마지막 구절은 최고지도자의 인사문제로 귀결한다. 어떤 사람을 등용하느냐에 따라 국가의 흥망성쇠가 좌우된다. 『대학』은 경고한다. 국민들이 애써 만들어 놓은 공동체의 재물을 사회지도층 인사들이 개인적 차원에서 거두어 멋대로 쓰는 일은 절대적으로 막아야 한다! 특히, 최고지도자는 개인적 욕망에 찌든 소인배들의 등용을 철저히 경계해야 한다. 그들이 나라 살림을 좀 먹는다. 공동체를 망친다. 그러려면 공동체에 이익을 주는 지도급 인사가 어떤 사람인지를 알아야 한다.

그런 사람은 의로운 사람이다. 어떤 일이건, 그 일에 합당하게 바른 행동으로 실천하는 정의로운 사람이다. 이에 국가라는 큰 공동체는 개인적 욕망인 '리(利)'를 접어두고, 공동체에 이익을 주는 '의(義)'를 가장 큰 보배로 삼아야 한다. 그것이 '대학'이라는 '위대한 배움', 큰 정치의 대미다.

3부 『고본대학』 한글 독해

『고본대학』은 주자가 장구로 편집하기 이전의 옛 판본이다. 『대학』은 한나라 때 편집된 문헌인 『예기』의 제 42편에 실려 있던 경전이다. 이는 당나라 때 한유가 「원도」를 저술하기 이전까지는 큰 빛을 보지 못하였다. 한유는 「원도」를 통해 요 · 순 이래 공 · 맹에 이르는 유학의 도통을 천명하고 「대학」의 팔조목을 인용하였다. 이때부터 「대학」의 가치가 본격적으로 부각되기 시작하였는데, 당시의 「대학」이 『고본대학』이다. 『고본대학』은 「경」이나 「전」 등 장구의 구분 없이 하나의 글로 되어 있다. 이것이 송나라 때 주자에 의해 『대학장구』로 거듭나면서 주자학의 기본 이론으로 자리매김하였다.

한 사회의 어른이 될 사람이 배워야 하는 공부의 원리와 체계는 다음과 같다. 첫째, 자신의 순수하고 착한 심성을 인식하고 그것을 밝히는 데 있다. 둘째, 자기 수양을 바탕으로 타인을 이해하고 배려하며 조화로운 사회관계를 만드는 데 있다. 셋째, 자신의 착한 심성의 수양을 바탕으로 타인과 어울리며, 사람 사이의 조화로운 사회관계를 일상생활에서 지속하는 데 있다.

'사람 사이의 조화로운 사회관계를 일상생활에서 지속'하는 일이 아름다운 공동체를 가꾸어 가는 바탕임을 알아야 사회의 모든 구성원들은 자기 삶의 방향을 정할 수 있다. 삶의 방향을 정한 다음에 마음을 차분하게 가라앉힐 수 있다. 마음이 차분하게 가라앉은 다음에 몸가짐을 편안하게 할 수 있다. 몸가짐을 편안하게 할 수 있어야 깊이 생각하여 맡은 일을 정밀하고 합당하게 제대로 처리할 수 있다.

깊이 생각하여 맡은 일을 정밀하고 합당하게 제대로 처리한 다음에

'사람 사이의 조화로운 사회관계를 일상생활에서 지속'하는 삶의 양식을 확연히 터득할 수 있다. 모든 사물에는 근본과 말단, 즉 가장 기본적이고 핵심인 것과 이를 보조하거나 풍부하게 만드는 주변에 해당하는 것이 있다. 모든 일에는 완료되는 영역과 시작되는 영역이 있다. 매 단위별로 돌고 도는 가운데 처음과 끝이 있는 것이다.

그러므로 핵심부와 주변부에 해당하는 것이 무엇이고, 시작과 완료의 영역이 언제인지 깨달을 필요가 있다. 이것이 정확하게 판단되면, 먼저 실천하고 나중에 실천할 일이 무엇인지 알게 된다. 이때가 되어야 비로소 사람답게 산다는 것, 그 길이 보이기 시작한다.

자신의 순수하고 착한 심성을 세상에 밝혀, 세상의 모든 사람이 저마다의 착한 심성을 밝히는 데 이바지하려는 지도급 인사는 다음과 같은 삶의 원리를 터득해야 한다. 첫째, 먼저 자신이 속한 큰 공동체, 즉 나라나 사회에 어떻게 기여할 수 있을지 정치 지도력의 발휘 여부를 심사숙고해야 한다. 둘째, 큰 공동체에서 정치 지도력을 발휘하려면, 그에 앞서 자기가 속한 작은 공동체, 친인척과 연관되는 집안일이나 이웃사촌과 함께하는 마을 공동체에서의 지도적 역할을 고려해야 한다. 셋째, 작은 공동체에서 지도적 역할을 하려면, 그에 앞서 자기 수양을 철저히 해야 한다. 넷째, 자기 수양을 철저히 하려면, 그에 앞서 마음을 바르게 해야 한다. 왜냐하면 마음을 바르게 해야 착한 행동을 하게 되고 마음을 바르게 먹지 않으면 행동이 악하게 드러나기 때문이다. 다섯째, 마음을 바르게 하려면, 그에 앞서 목적의식을 참되게 해야 한다. 여섯째, 목적의식을 참되게 하려면, 그에 앞서 올바른 삶을 위해 어떻게 해야 하는지 지식과 지혜를 모조리 동원하여 최선을 다해야 한다. 일곱째, 이때 지식과 지혜를 모조리 동원하는 작업은 사물의 이치를 하나하나 따지고 캐묻는 데서 시작된다.

올바른 삶을 위한 공부의 체계는 다음과 같다. 첫째 단계, 사물의 이치를 하나하나 따지고 캐물어 터득된 다음에 지식과 지혜를 갖추게 된다. 둘째 단계, 지식과 지혜가 갖추어진 다음에 목적의식이 참되게 된다. 셋째 단계, 목적의식이 참되게 된 다음에 마음이 바르게 된다. 넷째 단계, 마음이 바르게 된 다음에 자기 수양이 철저하게 된다. 다섯째 단계, 자기 수양이 철저하게 된 다음에 작은 공동체에서 지도적 역할을 할 수 있다. 여섯째 단계, 작은 공동체에서 지도적 역할을 한 다음에 큰 공동체에서 정치 지도력을 발휘할 수 있다. 일곱째 단계, 큰 공동체에서 정치 지도력을 발휘하였다면, 온 세상과 인류의 삶을 편안하게 하는 데 기여할 수 있다.

최고지도자로부터 보통 사람에 이르기까지 우리 모두에게 가장 중요한 것은 '자기 수양'을 바탕으로 해야 한다는 점이다. '자기 수양'이라는 핵심가치에 충실하지 않고 부차적인 일을 제대로 처리하는 사람은 없다. 자기가 속한 작은 공동체에서 풍족하게 해야 할 것을 형편없이 부족하게 하는 사람이, 부족한 것을 풍족하게 만들려고 노력하는 것은 보지 못하였다. 이것을 일러 "'자기 수양'이라는 근본을 안다."라고 하고, 이것을 일러 "지식과 지혜를 갖추게 되었다."라고 하는 것이다.

"목적의식을 참되게 갖추어야 한다."라는 하는 것은 '스스로를 속이는 일이 없어야 한다.'라는 말이다. 나쁜 냄새를 싫어하는 듯하며, 좋은 색을 좋아하는 듯이 하는 것, 이것을 스스로 만족한다고 한다. 그러므로 건전한 인격을 지닌 훌륭한 사람은 반드시 혼자 있을 때 마음을 다잡고 몸가짐을 신중하게 한다.

속세의 욕망에 찌든 소시민들은 할 일 없이 혼자 있을 때, 남이 보지 않는 틈을 이용하여 못된 짓을 여기저기서 저지른다. 그러다가 건전한 인격을 지닌 훌륭한 사람을 보면 굽실굽실하며, 언제 그랬냐는 듯이 시침을 떼고 나쁜 짓을 감추고 착한 행동을 한 것처럼 보이려고 한다. 하지만 세상 사람들의 눈은 무섭다. 사람들이 자기를 보는 것이 폐와 간을 보듯이 속을 훤하게 들여다보고 있다. 착한 체 한들 무슨 소용이 있겠는가? 이런 상황에 대해, 내면에서 진실하게 하면 겉으로 드러나게 된다고 하는 것이다. 그러므로 건전한 인격을 지닌 훌륭한 사람은 반드시 혼자 있을 때 마음을 다잡고 몸가짐을 신중하게 한다.

증자가 말하였다.

"열 사람의 눈이 당신을 보고 있다. 열 사람이 손가락으로 당신을 가리키고 있다. 모두에게 열려 있는 생활 속에서, 우리는 진정으로 세상을 두려워해야 한다."

집안에 재물이 많으면 겉으로 보이는 집을 꾸밀 수 있고 삶에서도 생활이 넉넉하고 화려하게 된다. 마찬가지로 사람의 인격과 인품이 훌륭하여 넘쳐나면 겉으로 드러나는 몸가짐이나 행실이 빛나고 숭고하다. 마음이 열리고 넓어지면 몸도 편안하고 느긋하다. 그러므로 건전한 인격을 지닌 훌륭한 사람은 반드시 목적의식을 참되게 갖춘다.

『시경』「위풍」〈기욱〉 시에는 위나라 무공의 인품을 칭송하며, "저 기수의 물가를 보라/대나무들이 우거져 있네/우아한 자태를 뿜어내는 훌륭한 사람/끊어 놓은 듯하고 다듬어 놓은 듯하며/쪼아 놓은 듯하고 갈아 놓은 듯하다/묵직하고 꿋꿋하며 환하고 의젓하네/우아한 자태를 뿜어내는 훌륭한 사람/끝내 잊지 못하리라."라고 읊었다. '끊어 놓은 듯하고 다듬어 놓은 듯하다'는 표현은 무공이 학문에 힘썼음을 말한 것이다. '쪼아 놓은 듯하고 갈아 놓은 듯하다'는 표현은 무공이 자기 수양에 충실하였음을 말한 것이다. '묵직하고 꿋꿋하다'는 표현은 인품이 고결하고 위엄이 있다는 말이고, '환하고 의젓하다'는 표현은 모습이나 자태가 고귀하고 품위 있다는 말이다. '우아한 자태를 뿜어내는 훌륭한 사람! 끝내 잊지 못하리라.'라는 것은 최고의 인품을 갖추고 자기 수양과 타자 배려를 일상생활에서 실천하고 있는 분인 무공에 대해 사람들이 잊지 못함을 말한다.

『시경』「주송」〈열문〉 시에는 주나라의 이전 지도자들을 제사 지내며, "아아, 이전의 임금을 잊지 못하네."라고 읊었다. 건전한 인격을 지닌 훌륭한 지도자들은 이전의 지도자들이 행했던 훌륭한 정치를 슬기롭게 받아들이고 그들이 베풀었던 것을 본받아 실천했다. 동시에 사람들도 이전의 지도자들이 편안하게 해 준 것을 바탕으로 편안하게 잘 살았고, 이전의 지도자들이 이로움을 준 것을 바탕으로 여유롭게 살았다. 때문에 이전의 왕이 돌아가고 없는 지금에도 그 은덕이나 공적을 잊지 않고 그들을 추앙한다.

옛 글에 다음과 같은 기록이 있다.

『서경』의 「주서」〈강고〉편에는 무왕이 동생 강숙에게 "착한 심성을 진정으로 밝혔다."라고 당부하였고, 『서경』「상서」〈태갑〉편에는 이윤이 태갑에게 "자연으로부터 주어진 착한 심성을 살폈다."라고 충고하였으며, 『서경』「우서」〈요전〉편에는 "착하고 착한 심성을 밝혔다."라고 요임금을 찬양하였다. 이는 모두 '사람이 스스로 착한 심성을 밝히는 일'을 말한 것이다.

옛글에 보면, 탕임금은 늘 자신을 돌아보며 새롭게 하기 위해 청동으로 만든 세숫대야 바닥에 다음과 같은 글귀를 새겨 놓았다고 한다.

"진정으로 지난날의 잘못을 뉘우치고 어느 날 새로워졌거든, 나날이 새롭게 하고 또 나날이 계속하여 새롭게 하라!"

『서경』「주서」〈강고〉편에는 무왕이 동생 강숙에게, "스스로 새롭게 혁신하려고 노력하는 백성을 떨쳐 일어나게 한다."라고 당부하였다.

『시경』「대아」〈문왕〉 시에는 주공이 문왕을 찬양하며, "주나라가 오래된 나라지만 그 명은 새롭기만 하네."라고 읊었다.

그러므로 건전한 인격을 지닌 사람다운 사람은 스스로 착한 심성을 밝히고, 타자를 이해하고 배려하며, 사람 사이에 조화로운 사회관계를 이룬다.

자기 수양과 타자 배려를 일상생활에서 지속적으로 실천하는 모습을 노래한 시로는 다음과 같은 것이 있다.

『시경』「상송」〈현조〉 시에는 은나라의 고종 무정 임금에게 제사를 지내며, "도성 주변의 사방 천 리/사람들이 머물러 사는 곳"이라고 읊었다.

『시경』「소아」〈면만〉 시에는 별 볼일 없는 보통 사람이 군대 생활의 어려움을 풍자하며, "꾀꼴꾀꼴 우는 저 꾀꼬리/언덕 골짜기 울창한 숲에 앉았네."라고 노래하였다. 이에 대해 공자는 다음과 같이 말하였다. "저 꾀꼬리도 앉을 만한 곳에 앉을 줄 아는데, 하물며 사람이 새만 같지 못하랴!"

『시경』「대아」〈문왕〉 시에는 주공이 문왕을 칭송하며, "깊고 원대한 덕을 지니신 문왕이시여/아아, 항상 착한 심성을 밝히시고 경건한 자세로 머무시네."라고 읊조렸다. 이는 어떤 자리에 있건 그 자리에 합당하게 머물렀다는 말이다. 최고지도자인 임금이 되어서는 열린 마음으로 정치를 하고, 다른 사람의 신하로 있었을 때는 최선을 다해 경건하게 직책을 수행했으며, 자식으로서는 효도를 다하고, 부모가 되어서는 자식에게 내리사랑을 다하며, 다른 사람과 사귈 때는 신뢰를 갖게끔 하였다.

공자가 말하였다.

"사람들의 송사를 듣고 처리하는 일은 나도 남과 같이 할 수 있다. 하지만 나는 반드시 그들에게 송사가 일어나지 않도록 할 것이다."

공자의 이 말에 대해 제자인 증자는 다음과 같이 부연 설명을 하였다.

"진정성이 없는 사람, 진실하지 않은 사람은 자신의 거짓된 주장을 끝까지 펴지 못한다. 왜냐하면 지도자의 철저한 자기 수양이 일반 사람들의 심성을 두렵게 하기 때문이다. 이런 상황을 '근본을 안다.'라고 하는 것이다.

"자기 수양의 핵심은 마음을 바르게 하는 데 있다." 마음에 노여워함을 묻어 두면 마음을 바르게 지닐 수 없다. 마음에 두려워함을 묻어 두면 마음을 바르게 지닐 수 없다. 마음에 기뻐함을 묻어 두면 마음을 바르게 지닐 수 없다. 마음에 근심걱정을 묻어 두면 마음을 바르게 지닐 수 없다. 마음에 있지 않으면, 보아도 보이지 않는다. 들어도 들리지 않는다. 먹어도 그 맛을 알지 못한다. 이것을 두고, "자기 수양이 마음을 바르게 하는 데 있다."라고 말하는 것이다.

"작은 공동체에서 지도적 역할을 수행하는 것은 자기 수양을 철저히 하는 데 있다." 이는 다음과 같은 일을 경계하는 데서 시작된다. 보통 사람은 자기가 친애하는 사람에게 치우친다. 자기가 천시하고 미워하는 사람에게 치우친다. 자기가 두려워하고 존경하는 사람에게 치우친다. 자기가 가엾게 여기고 불쌍히 여기는 사람에게 치우친다. 자기가 거만을 떨고 무시하는 사람에게 치우친다. 그러므로 이러한 보통의 정서나 감정을 조절하는 것이 매우 중요하다. 좋아하면서도 그 사람의 나쁜 점을 알고 있고, 미워하면서도 그 사람의 아름다운 점을 알아 주는 사람. 그런 사람은 세상에 많지 않다. 왜냐하면 대부분의 사람은 극단적으로 한쪽으로 치우치기 쉽기 때문이다. 그러므로 속담에 이런 말이 있다.

"보통 사람은 자기 자식의 나쁜 점을 모르고, 자기 밭의 곡식이 남의 것보다 큰 줄을 모른다." 이것을 두고, "작은 공동체에서 지도적 역할을 수행하는 것은 자기 수양을 하는 데 있다."라고 말하는 것이다.

"큰 공동체에서 정치 지도력을 발휘하려면 작은 공동체에서 지도적 역할을 수행해야 한다." 이는 '작은 공동체의 질서를 제대로 잡지 못하고 다른 공동체의 질서를 잡는 사례가 없기' 때문에 한 말이다. 건전한 인격을 지닌 훌륭한 사람은 자신이 속한 작은 공동체를 벗어나지 않고도, 그보다 큰 공동체의 질서를 잡는 방법을 알고 있다. 그것은 위대한 인격과 인품에서 우러나오는 힘이다. 집안에서 부모에 대한 효도는 나라에서 최고지도자를 섬기는 바탕이 된다. 형제 사이의 우애는 사회의 연장자나 선배를 섬기는 바탕이 된다. 집안에서 자녀나 아랫사람에게 베푸는 내리사랑은 지도자가 구성원들에게 베푸는 사랑의 바탕이 된다.

『서경』「주서」〈강고〉편에는 무왕이 동생 강숙에게 "갓난아이를 돌보듯이 하라."고 당부하였다. 지도자는 마음으로부터 진실하게 구해야 한다. 그러면 꼭 들어맞지는 않더라도 그다지 멀거나 틀리지는 않을 것이다. 아직 자식을 낳지도 않았는데, 자식 기르는 법을 모두 배운 뒤에 결혼하는 사람이 어디 있겠는가?

한 집안에서 열린 마음을 지닌 기풍이 있으면 나라 전체가 열린 마음의 기풍이 일어난다. 한 집안이 겸양의 예를 잘 갖추고 실행하면, 나라 전체가 겸양의 예를 갖추는 기풍이 일어난다. 지도자 한 사람이 탐욕스럽게 이권을 챙기면, 나라의 모든 사람들도 탐욕스럽게 이익을 탐하여 나라 전체가 혼란에 빠질 수 있다. 안정이냐 혼란이냐의 동기부여가 이런 차원이다. 이런 상황을, '지도자 한 사람의 잘못된 말 한 마디가 나라를 혼란에 빠트리기도 하고, 지도자 한 사람의 훌륭한 인품이 나라를 안정시키기도 한다.'라고 표현한다.

요임금과 순임금, 중국 고대의 제왕 중 최고로 추앙받는 훌륭한 지도자가 세상을 열린 마음으로 정치를 하자 사람들이 잘 따랐고 자신들도 열린 마음으로 인품을 높이려고 하였다. 반대로 폭군의 대명사로 불리는 하나라의 걸왕과 은나라의 주왕이 세상을 포악하고 잔혹함으로 정치를 하자 사람들이 따르기는 하였으나, 그들도 지도자를 따라 포학무도하게 되었다.

지도자가 포학무도한 짓을 좋아하고 행하면서 사람들에게는 열린 마음으로 착하게 살라고 하면 누가 지도자를 따르겠는가? 그러므로 건전한 인격을 지닌 훌륭한 사람은 자기의 순순하고 착한 심성을 충분히 밝히는 자기 수양을 철저히 한 다음에, 다른 사람에게 그 심성의 착함을 요구한다. 자기 몸에 잘못이 없게 한 다음에 남에게 잘못이 있음을 비판한다. 자기가 간직하고 있는 잘못을 용서하지도 못하면서, 남을 이해하고 배려하며 깨우치는 자는 없다. 그러므로 "큰 공동체에서 정치 지도력을 발휘하려면 작은 공동체에서 지도적 역할을 수행해야 한다."라고 하는 것이다.

그런 사례를 노래한 것이 다음과 같은 시들이다.

『시경』「주남」〈도요〉 시에는 "싱싱한 복숭아 나무/푸른 잎새 무성하도다/결혼하는 아가씨/온 집안 식구 화목하게 하리라."라고 읊었다. 이는 그 집안사람들에게 잘한 뒤에 나라 사람들을 가르칠 수 있음을 노래한 것이다.

『시경』「소아」〈육소〉 시에는 "형에게 잘하고 아우에게 잘한다."라고 읊었다. 이는 형에게 잘하고 아우에게 잘한 뒤에야 나라 사람을 가르칠 수 있음을 노래한 것이다.

『시경』「조풍」〈시구〉 시에는 "언행이 도에 어긋나지 않으니/세상의 온 나라가 바르게 되네."라고 읊었다. 이는 집안에서 부모 자식과 형제자매들이 그의 행실을 본받아 가문이 반듯하게 되고, 나아가 나라 사람들이 본받아 나라의 질서가 잡혔음을 노래한 것이다. 이런 사례로 볼 때, "큰 공동체에서 정치 지도력을 발휘하려면 작은 공동체에서 지도적 역할을 수행해야 한다."라는 표현이 적확하다.

"온 세상과 인류의 삶을 편안하게 하는 일은 큰 공동체에서 정치 지도력을 발휘하는 데 있다." 이 말의 뜻은 아래와 같다. 공동체에서 지도력을 발휘하는 지도자가 자기 집안의 연로하신 어른을 어른으로 잘 모시고 섬기면, 그 공동체의 사람들이 그것에 감화되어 효도하는 기풍을 일으키게 된다. 지도자가 집안의 연장자들을 연장자로 대접하면, 그 공동체의 사람들이 그것에 감화되어 공경하는 기풍을 일으키게 된다. 지도자가 자신이 정치하는 공동체의 어려운 사람들, 고아나 홀아비, 과부 등 사회적 약자에 대해 배려하면, 그 공동체의 사람들이 그것에 감화되어 자신들의 정치 지도자를 배신하지 않는다. 그러므로 건전한 인격자를 지닌 훌륭한 지도자는 자나 사물을 재듯이, 사람들이 어떻게 살아가는지, 그 상황을 헤아려 반듯하게 만드는 '혈구(絜矩)'의 도리를 지니고 있어야 한다.

내가 아랫사람으로 있을 때 윗사람의 권위적이고 폭압적인 태도가 정말 싫었다면, 입장이 바뀌어 내가 윗사람이 되었을 때 그런 무례한 태도로 아랫사람을 지도해서 되겠는가? 내가 윗사람으로 있을 때 아랫사람이 충실하지 않은 태도로 근무하였다면, 내가 아랫사람이 되었을 때 그런 게으른 태도로 윗사람을 대해서야 되겠는가? 내가 뒤에서 따라 갈 때, 앞사람을 툭툭 치며 나아갔다. 앞사람은 그것을 매우 싫어하였는데 내가 앞에서 갈 때, 뒷사람이 똑같이 그렇게 툭툭 치면 좋겠는가? 내가 앞에서 갈 때 뒷사람을 무시하며 홀대하였다. 내가 뒤에서 따라 갈 때 앞사람이 그렇게 하면 좋겠는가? 내가 왼쪽에 있을 때 오른쪽 사람을 쓸데없이 건드리며 나쁜 짓을 일삼았다. 내가 오른쪽에 있을 때 왼쪽 사람이 그러면 좋겠는가? 그런 태도로 사람을 사귀어서는 곤란하다. 상하·전후·좌우를 두루 살펴 공평하고 방정하게 틀을 잡는 일. 이것을 '혈구'의 도리라고 한다.

『시경』「소아」〈남산유대〉 시에는 "즐거울세 우리님/백성의 부모일세." 라고 읊었다. 이는 공동체의 사람이 좋아하는 것을 그 지도자도 좋아하고, 공동체의 사람이 싫어하는 것을 지도자도 같이 싫어하며, 일체감이 형성됨을 말한다. 그래야만이 지도자는 그 공동체에서 사람들의 부모 노릇을 하며 지도력을 발휘할 수 있는 것이다.

『시경』「소아」〈절피남산〉 시에는 "깎아지른 저 남산/바위가 우뚝우뚝

하네/혁혁한 태사 윤씨여/백성이 모두 그대를 바라보네."라고 읊었다. 이
는 큰 공동체에서 정치 지도력을 발휘하는 지도자의 자세에 대해 말한
것이다. 특히 최고지도자는 조심하고 또 조심하여 정치에 집중해야 한
다. 한쪽으로 치우치게 되면, 지도자 스스로가 공동체를 혼란스럽게 만
들 뿐만 아니라, 공동체의 사람들 또한 그를 가만두지 않고 심지어 죽일
수도 있다.

『시경』「대아」〈문왕〉 시에는 "은나라가 민심을 잃지 않았을 적엔/상
제와 짝이 될 수 있었다네/마땅히 은나라를 거울삼아/하늘의 명 보존
하기 쉽지 않음을 명심하세."라고 읊었다. 이는 사람들의 마음을 얻으면
공동체도 번성하고, 사람들의 마음을 잃으면 공동체도 혼란스러워 망할
수 있음을 경고한 것이다.

그러므로 건전한 인격을 지닌 훌륭한 지도자는 먼저 자신의 착한 심
성을 밝혀 자기 수양을 철저히 해야 한다. 자기 수양을 철저히 해 놓아
야, 그런 지도자를 따라 공동체에 사람들이 모여든다. 사람들이 모여야
그들이 경작하며 먹고 살 터전인 땅, 이른바 국토를 가꿀 수 있게 된다.
제 보금자리를 찾은 사람들은 이제 국토를 가꾸어 가면서 부지런히 일
할 것이고, 그 결과 공동체의 구성원들이 먹고 살 수 있는 다양한 재물
이 생산되어 국가의 경제를 부흥시키게 된다. 이렇게 공동체의 사람들
이 생산한 재물인 경제력을 바탕으로, 지도자는 국가를 경영해 나간다.

이때, 공동체의 지도자가 자기 수양을 철저히 하여 지닌 인품, 이른바
'덕(德)'이 가장 중요하다. 덕을 근본이라고 한다. 경제력인 재물도 중요하
지만 이는 덕과 조화를 이룰 때 빛나는 것이다. 그래서 재물을 말단이
라고 한다. 나무에 비유하면, 덕성은 뿌리이고 재물은 가지에 해당한다.

지도자가 덕성인 근본을 중요하게 여기지 않고, 말단인 재물을 중요하게 여기면, 지도자가 공동체 구성원들과 다투게 되고, 종국에 가서는 공동체 사람이 서로 갈등하고 반목하여 다투고 빼앗는 결과를 낳는다. 이는 지도자가 공동체에서 지도력을 발휘하여 화합하기는커녕, 사람들 사이에 상호 경쟁하고 쟁탈하는 기술을 가르치는 것과 마찬가지다.

그러므로 공동체 구성원들이 열심히 모아 놓은 재물을 지도자 한 사람이 독점적으로 긁어모아 자기를 위해 쓰게 되면, 공동체 구성원들은 지도자를 믿지 못하고 흩어져 다른 공동체로 도망가게 마련이다. 반대로 지도자가 공동체 구성원들을 위해 재물을 공평하게 나누어 쓰면, 다른 공동체의 사람들조차도 그 소문을 듣고 여기저기서 모여들게 마련이다.

때문에 "가는 말이 고와야 오는 말도 곱다."는 속담도 있듯이, 말이 도리에 어긋나게 입에서 나가면, 도리에 어긋나게 귀에 들어온다. 마찬가지로 재물을 도리에 어긋나게 거두어들이면, 또한 도리에 어긋나게 나가게 마련이다.

『서경』「주서」〈강고〉편에는 무왕이 동생 강숙에게 "오직 천명은 일정하지 않다."라고 당부하였다. 이는 착한 심성을 밝혀 자기 수양을 철저히 하고 사람들을 이해하고 배려하는 훌륭한 정치를 하면 큰 공동체에서 지도력을 발휘할 수 있지만, 그렇지 않고 포악무도하면, 자신의 삶도 비참해질 뿐만 아니라 공동체에도 발붙일 수 없음을 말한 것이다.

춘추시대 초나라의 역사 기록인 「초서」에는 "초나라는 보배로 삼을 것이 없고, 오직 착한 사람을 보배로 삼는다."라고 하였다.

나중에 진나라 문공이 되는 중이에게 그의 외삼촌인 구범이 말하였다. "지위를 잃고 망명하여 도망한 사람은 보배로 삼을 것이 없고, 어버이를 사랑함을 보배로 삼는다."

『서경』「주서」〈진서〉편에는, 진나라의 목공이 전쟁에서 패한 후, 여러 관리들에게 말한, 다음과 같은 기록이 있다.

"여기에 어떤 사람이 있다. 그의 인품이 성실하게 꾸준히 열심히 일하기는 하지만 다른 특별한 재주는 없다. 그 마음이 너그럽고 솔직하여 다른 사람을 잘 포용한다. 다른 사람이 가진 재주를 자기가 가진 것처럼 생각하고, 다른 사람이 가진 아름다운 인품과 선비다운 풍모를 자신이 진심으로 좋아하고 칭찬한다. 이런 사람을 등용해야, 그 따스한 포용력으로 공동체의 모든 사람을 배려할 수 있고, 공동체의 번영과 발전에 이로움이 있다.

반대로, 다른 사람이 재주가 있으면 이를 시기하고 미워하며, 다른 사람이 가진 아름다운 인품과 선비다운 풍모를 고의로 깎아내리거나 빈정거리는 사람도 있다. 이런 사람은 다른 사람을 포용하지도 배려하지도 못한다. 그러므로 그런 사람을 등용한다면, 공동체의 사람들을 이해하거나 배려하지도 못할 뿐만 아니라, 오히려 공동체를 혼란스럽게 하고 위태롭게 만들 수 있다."

열린 마음을 지닌 훌륭한 지도자만이, 이렇게 다른 사람을 시기질투하고 깎아내리며 빈정대는 사람을 공동체에서 추방하고 유배지로 보내, 공동체에서 더불어 살지 못하게 할 수 있다. 때문에 『논어』「이인」에서 공자가 "열린 마음을 지닌 훌륭한 지도자만이 사람을 사랑할 수 있고 사람을 미워할 수 있다."라고 한 것이다.

공동체의 발전을 위해, 현명한 사람을 보고도 등용하지 못하거나, 등용을 하더라도 우선적으로 등용하지 않는 것은 '태만'이다. 착하지 않은 사람을 보고도 물리치지 못하거나, 물리치더라도 멀리까지 추방하거나 유배하여 단절하지 못하는 것은 '잘못'이다.

공동체의 사람 대부분이 미워하는 것을 그 지도자가 좋아하고, 공동체의 사람 대부분이 좋아하는 것을 그 지도자가 미워하는 것은, 사람이 지닌 순수하고 착한 심성에 어긋나는 일이다. 이러한 사람이 지도자가 되면, 반드시 재앙이 자신의 몸에 미칠 뿐만 아니라, 공동체에도 막대한 피해를 주게 된다.

그러므로 건전한 인격을 지닌 훌륭한 지도자는 지도자로서 가야 할 학문과 정치의 대원칙이 있다. 그것은 자기 수양을 통해 확보한 '자기 충실'과 타자를 이해하고 배려하는 사람들에 대한 '신뢰'다. 자기충실과 타자에 대한 신뢰를 지킨다면, 큰 공동체에서 충분히 정치 지도력을 발휘할 수 있다. 그러나 자신의 지위가 높다는 것만을 자랑하고 사치스럽고 방자하게 행동하면, 결코 큰 공동체의 지도자가 될 수 없다. 뿐만 아니라, 그런 사람이 지도자가 되면 그 공동체는 반드시 몰락의 길로 접어들 수밖에 없다.

재물을 생산하는 데에는 기본 원칙이 있다.

첫째, 생산하는 사람이 많고 먹는 사람이 적어야 한다.

둘째, 생산하는 사람은 빨리 만들고 소비하는 사람은 천천히 써야 한다. 그래야만 항상 재물이 풍족할 것이다.

열린 마음을 지닌 훌륭한 지도자는 재물을 공평하게 나누어 쓰면서, 공동체의 구성원과 함께 즐기는 자신의 존재를 드러낸다. 반대로 닫힌 마음을 지닌 포악한 지도자는 자기 육신의 쾌락을 위해 재물을 쓰면서,

공동체의 구성원들이 열심히 일하여 생산한 재물을 노골적으로 거두어들여 사치하며 낭비한다.

지도자가 열린 마음으로 배려하며 포용하는 것을 좋아하면, 그의 지도를 받는 사람들은 그에 합당하게 바른 행동을 실천하게 마련이다. 공동체의 사람들이 합당하게 바른 행동을 실천하는데, 정작 그들에게 정치 지도력을 발휘하는 지도자가 맡은 일을 제대로 처리하지 못하는 경우도 없게 마련이다. 그러므로 공동체의 재물인 국가의 경제 문제를 지도자에게 맡기고, 잘 운영하여 바르게 쓸 수 있게 한 것이다.

노나라의 대부인 맹헌자가 말하였다.

"수레를 모는 말을 기르는 귀족 집안, 즉 대부 신분의 집안에서는 닭이나 돼지와 같이 서민들이 먹고 살기 위해 사육하는 짐승을 길러 돈벌이로 삼아서는 안 된다. 겨울에 얼음을 잘라 저장해 두었다가 상례나 제례 때 쓰는 정도의 귀족 집안, 즉 경이나 대부 신분 이상의 집안에서는 소나 양과 같이 서민들이 돈벌이로 사육하는 가축을 길러 그들과 이권을 다투어서는 안 된다. 전차 백대를 차출할 수 있는 경제 규모를 지닌 귀족 집안, 즉 경이나 영주처럼 채지를 가지고 있는 집안에서는 사람들로부터 재물을 가혹하게 거두어들이는 가신(家臣)를 두어서는 안 된다. 재물을 가혹하게 거두어들이는 가신을 둘 바에야, 차라리 도둑질하는 가신을 두는 것이 낫다."

이 말의 의미는 '큰 공동체에서 지도력을 발휘하려는 지도자는, 자기 육신의 쾌락을 위해 재물을 가혹하게 거두어들여 이익으로 삼는 것을 공동체에 이롭다 생각하지 않고, 합당하게 바른 행동을 실천하는 것을 이로움으로 삼는다.'라는 것이다. 즉 개인적인 이익인 '리(利)'를 이로움으로 여기지 않고, 공동체에 이익을 주는 '의(義)'를 이로움으로 여긴다.

큰 공동체인 국가의 최고지도자가 되어, 국민들의 재물을 혹독하게 거두어서 사치하고 낭비하는 데 힘쓰게 되는 것은, 최고지도자가 속세의 욕망에 찌든 조무래기들을 자기 아래의 관리로 등용하기 때문이다. 그런 조무래기 소인배들에게 국가를 다스리게 하면, 여러 가지 재앙과 폐해가 동시에 나타나게 된다. 일단, 여러 가지 재앙과 폐해가 나타난 다음에는, 아무리 유능하고 훌륭한 사람을 등용하고 그것을 고치려 해도, 어찌할 방도가 없다.

이것이 '큰 공동체에서 지도력을 발휘하려는 지도자는, 자기 육신의 쾌락을 위해 재물을 가혹하게 거두어들여 이익으로 삼는 것을 공동체에 이롭다 생각하지 않고, 합당하게 바른 행동을 실천하는 것을 이로움으로 삼는다.'라는 말이다. 개인적 욕망인 '리'를 이로움으로 여기지 않고, 공동체에 이익을 주는 '의'를 이로움으로 여긴다.

『大學章句』,『古本大學』 원문

『大學章句』

序

大學之書, 古之大學, 所以敎人之法也. 蓋自天降生民, 則旣莫不與之以仁義禮智之性矣. 然其氣質之禀, 或不能齊, 是以不能皆有以知其性之所有而全之也. 一有聰明睿智, 能盡其性者, 出於其間, 則天必命之以爲億兆之君師, 使之治而敎之以復其性. 此伏羲·神農·黃帝·堯·舜, 所以繼天立極, 而司徒之職, 典樂之官, 所由設也. 三代之隆, 其法寖備, 然後王宮國都以及閭巷, 莫不有學. 人生八歲, 則自王公以下, 至於庶人之子弟, 皆入小學, 而敎之以灑掃應對進退之節, 禮樂射御書數之文. 及其十有五年, 則自天子之元子衆子, 以至公·卿·大夫·元士之適子與凡民之俊秀, 皆入大學, 而敎之以窮理正心, 脩己治人之道. 此又學校之敎, 大小之節, 所以分也. 夫以學校之設, 其廣如此, 敎之之術, 其次第節目之詳又如此, 而其所以爲敎, 則又皆本之人君躬行心得之餘, 不待求之民生日用彝倫之外. 是以當世之人無不學, 其學焉者, 無不有以知其性分之所固有, 職分之所當爲, 而各俛焉, 以盡其力. 此古昔盛時, 所以治隆於上, 俗美於下, 而非後世之所能及也. 及周之衰, 賢聖之君不作, 學校之政不修, 敎化陵夷, 風俗頹敗. 時則有若孔子之聖, 而不得君師之位, 以行其政教, 於是獨取先王之法, 誦而傳之, 而詔後世. 若曲禮·少儀·內則·弟子職諸篇, 固小學之支流餘裔, 而此篇者, 則因小學之成功, 以著大學之明法, 外有以極其規模之大, 而內有以盡其節目之詳者也. 三千之徒, 蓋莫不聞其說, 而曾氏之傳, 獨得其宗, 於是作爲傳義以發其意, 及孟子沒而其傳泯焉, 則其書雖存, 而知者鮮矣. 自是以來, 俗儒記誦詞章之習, 其功倍於小學而無用. 異端虛無寂滅之教, 其高過於大學而無實. 其他權謀術數, 一切以就功名之說, 與夫百家衆技之流, 所以惑世誣民. 充塞仁義者, 又紛然雜出乎其間, 使其君子不幸, 而不得聞大道之要, 其小人不幸, 而不得蒙至治之澤, 晦盲否塞, 反覆沈痼, 以及五季之衰, 而壞亂極矣. 天運循環, 無往不復, 宋德隆盛, 治教休明, 於是河南程氏兩夫子出, 而有以接乎孟氏之傳, 實始尊信此篇而表章之. 旣又爲之次其簡編, 發其歸趣. 然後古者大學教人之法, 聖經賢傳之指, 粲然復明於世. 雖以熹之不敏, 亦幸私淑而與有聞焉. 顧其爲書, 猶頗放失. 是以忘其固陋, 采而輯之, 間亦竊附己意補其闕略. 以俟後之君子, 極知僭踰, 無所逃罪. 然於國家化民成俗之意, 學者修己治人之方, 則未必無小補云. 淳熙己酉二月甲子新安朱熹序.

經一章

大學之道, 在明明德, 在親民, 在止於至善. 知止而后有定, 定而后能靜, 靜而后能安, 安而后能慮, 慮而后能得. 物有本末, 事有終始, 知所先後, 則近道矣. 古之欲明明德於天下者, 先治其國. 欲治其國者, 先齊其家. 欲齊其家者, 先修其身. 欲修其身者, 先正其心. 欲正其心者, 先誠其意. 欲誠其意者, 先致其知. 致知在格物. 物格而后知至, 知至而后意誠. 意誠而后心正, 心正而后身修, 身修而后家齊, 家齊而后國治, 國治而后天下平. 自天子以至於庶人, 壹是皆以修身爲本, 其本亂而末治者否矣. 其所厚者薄, 而其所薄者厚, 未之有也.

傳十章

1. 康誥曰, 克明德, 太甲曰, 顧諟天之明命, 帝典曰, 克明峻德, 皆自明也.

2. 湯之盤銘曰, 苟日新, 日日新, 又日新. 康誥曰, 作新民. 詩曰, 周雖舊邦, 其命維新. 是故君子無所不用其極.

3. 詩云, 邦畿千里, 惟民所止. 詩云, 緡蠻黃鳥, 止于丘隅. 子曰, 於止, 知其所止, 可以人而不如鳥乎. 詩云, 穆穆文王, 於緝熙敬止. 爲人君止於仁, 爲人臣止於敬, 爲人子止於孝, 爲人父止於慈, 與國人交止於信. 詩云, 瞻彼淇澳, 菉竹猗猗. 有斐君子, 如切如磋, 如琢如磨. 瑟兮僩兮, 赫兮喧兮. 有斐君子, 終不可諠兮. 如切如磋者, 道學也. 如琢如磨者, 自修也. 瑟兮僩兮者, 恂慄也. 赫兮喧兮者, 威儀也. 有斐君子. 終不可諠兮者, 道盛德至善, 民之不能忘也. 詩云, 於戲前王不忘. 君子賢其賢而親其親, 小人樂其樂而利其利, 此以沒世不忘也.

4. 子曰, 聽訟, 吾猶人也. 必也使無訟乎. 無情者不得盡其辭, 大畏民志. 此謂知本.

5. 此謂知本, 此謂知之至也. 所謂致知在格物者, 言欲致吾之知, 在卽物而窮其理也. 蓋人心之靈, 莫不有知, 而天下之物, 莫不有理. 惟於理有未窮, 故其知有不盡也. 是以大學始教, 必使學者, 卽凡天下之物, 莫不因其已知之理, 而益窮之, 以求至乎其極. 至於用力之久, 而一旦豁然貫通焉, 則衆物之表裏精粗無不到, 而吾心之全體大用, 無不明矣. 此謂物格, 此謂知之至也.

6. 所謂誠其意者, 毋自欺也, 如惡惡臭, 如好好色, 此之謂自謙. 故君子必慎其獨也. 小人閒居爲不善, 無所不至, 見君子而后厭然, 揜其不善, 而著其善. 人之視己, 如見其肺肝, 然則何益矣. 此謂誠於中形於外, 故君子必慎其獨也. 曾子曰, 十目所視, 十手所指, 其嚴乎. 富潤屋, 德潤身, 心廣體胖, 故君子必誠其意.

7. 所謂修身在正其心者, 身有所忿懥, 則不得其正. 有所恐懼, 則不得其正. 有所好樂, 則不得其正. 有所憂患, 則不得其正. 心不在焉, 視而不見, 聽而不聞, 食而不知其味. 此謂修身在正其心.

8. 所謂齊其家在修其身者, 人之其所親愛而辟焉, 之其所賤惡而辟焉, 之其所畏敬而辟焉, 之其所哀矜而辟焉, 之其所敖惰而辟焉. 故好而知其惡, 惡而知其美者, 天下鮮矣. 故諺有之曰, 人莫知其子之惡, 莫知其苗之碩. 此謂身不修, 不可以齊其家.

9. 所謂治國必先齊其家者, 其家不可敎, 而能敎人者無之, 故君子不出家而成敎於國. 孝者, 所以事君也. 弟者, 所以事長也. 慈者, 所以使衆也. 康誥曰, 如保赤子. 心誠求之, 雖不中不遠矣. 未有學養子而后嫁者也. 一家仁, 一國興仁. 一家讓, 一國興讓. 一人貪戾, 一國作亂. 其機如此. 此謂一言僨事, 一人定國. 堯・舜率天下以仁, 而民從之. 桀・紂帥天下以暴, 而民從之. 其所令反其所好, 而民不從. 是故君子有諸己而后求諸人, 無諸己而后非諸人. 所藏乎身不恕而能喻諸人者, 未之有也. 故治國在齊其家. 詩云, 桃之夭夭, 其葉蓁蓁. 之子于歸, 宜其家人. 宜其家人, 而后可以敎國人. 詩云, 宜兄宜弟. 宜兄宜弟, 而后可以敎國人. 詩云, 其儀不忒, 正是四國. 其爲父子・兄弟足法, 而后民法之也. 此謂治國在齊其家.

10. 所謂平天下在治其國者, 上老老而民興孝, 上長長而民興弟, 上恤孤而民不倍, 是以君子有絜矩之道也. 所惡於上, 毋以使下. 所惡於下, 毋以事上. 所惡於前, 毋以先後. 所惡於後, 毋以從前. 所惡於右, 毋以交於左. 所惡於左, 毋以交於右. 此之謂絜矩之道. 詩云, 樂只君子, 民之父母. 民之所好好之, 民之所惡惡之, 此之謂民之父母. 詩云, 節彼南山, 維石巖巖. 赫赫師尹, 民具爾瞻. 有國者不可以不愼, 辟則爲天下僇矣. 詩云, 殷之未喪師, 克配上帝. 儀監于殷, 峻命不易. 道得衆則得國, 失衆則失國. 是故君子先愼乎德.

有德此有人, 有人此有土, 有土此有財, 有財此有用. 德者本也, 財者末也
外本內末, 爭民施奪. 是故財聚則民散, 財散則民聚. 是故言悖而出者, 亦悖
而入, 貨悖而入者, 亦悖而出. 康誥曰, 惟命不于常. 道善則得之, 不善則失
之矣. 楚書曰, 楚國無以爲寶, 惟善以爲寶. 舅犯曰, 亡人無以爲寶, 仁親以
爲寶. 秦誓曰, 若有一个臣, 斷斷兮, 無他技. 其心休休焉, 其如有容焉. 人
之有技, 若己有之. 人之彦聖, 其心好之, 不啻若自其口出, 寔能容之, 以能
保我子孫黎民, 尚亦有利哉. 人之有技, 媢疾以惡之, 人之彦聖, 而違之, 俾
不通. 寔不能容, 以不能保我子孫黎民, 亦曰殆哉. 唯仁人放流之, 迸諸四夷,
不與同中國. 此謂唯仁人, 爲能愛人, 能惡人. 見賢而不能舉, 舉而不能先,
命也. 見不善而不能退, 退而不能遠, 過也. 好人之所惡, 惡人之所好, 是謂
拂人之性, 菑必逮夫身. 是故君子有大道, 必忠信以得之, 驕泰以失之. 生財
有大道, 生之者衆, 食之者寡, 爲之者疾, 用之者舒, 則財恒足矣. 仁者以財
發身, 不仁者以身發財. 未有上好仁而下不好義者也, 未有好義其事不終者也
未有府庫財非其財者也. 孟獻子曰, 畜馬乘, 不察於雞豚. 伐冰之家, 不畜牛
羊. 百乘之家, 不畜聚斂之臣. 與其有聚斂之臣, 寧有盜臣. 此謂國不以利爲
利, 以義爲利也. 長國家而務財用者, 必自小人矣. 彼爲善之, 小人之使爲國
家, 菑害並至, 雖有善者, 亦無如之何矣. 此謂國不以利爲利, 以義爲利也.

『古本大學』

大學之道, 在明明德, 在親民, 在止於至善. 知止而后有定, 定而后能靜, 靜
而后能安, 安而后能慮, 慮而后能得. 物有本末, 事有終始, 知所先後, 則近
道矣. 古之欲明明德於天下者, 先治其國. 欲治其國者, 先齊其家. 欲齊其家
者, 先修其身. 欲修其身者, 先正其心. 欲正其心者, 先誠其意. 欲誠其意者,
先致其知. 致知在格物. 物格而后知至, 知至而后意誠. 意誠而后心正, 心正
而后身修, 身修而后家齊, 家齊而后國治, 國治而后天下平. 自天子以至於庶
人, 壹是皆以修身爲本. 其本亂而末治者否矣. 其所厚者薄, 而其所薄者厚,
未之有也. 此謂知本, 此謂知之至也. 所謂誠其意者, 毋自欺也. 如惡惡臭,

如好好色, 此之謂自謙. 故君子必愼其獨也. 小人閒居爲不善, 無所不至, 見君子而后厭然, 揜其不善, 而著其善. 人之視己, 如見其肺肝, 然則何益矣. 此謂誠於中形於外, 故君子必愼其獨也. 曾子曰, 十目所視, 十手所指, 其嚴乎. 富潤屋, 德潤身, 心廣體胖, 故君子必誠其意. 詩云, 瞻彼淇澳, 菉竹猗猗. 有斐君子, 如切如磋, 如琢如磨. 瑟兮僴兮, 赫兮喧兮. 有斐君子, 終不可諠兮. 如切如磋者, 道學也. 如琢如磨者, 自修也. 瑟兮僴兮者, 恂慄也. 赫兮喧兮者, 威儀也. 有斐君子, 終不可諠兮者, 道盛德至善, 民之不能忘也. 詩云, 於戲前王不忘. 君子賢其賢而親其親, 小人樂其樂而利其利, 此以沒世不忘也. 康誥曰, 克明德. 太甲曰, 顧諟天之明命. 帝典曰, 克明峻德, 皆自明也. 湯之盤銘曰, 苟日新, 日日新, 又日新. 康誥曰, 作新民. 詩曰, 周雖舊邦, 其命維新. 是故君子無所不用其極. 詩云, 邦畿千里, 惟民所止. 詩云, 緡蠻黃鳥, 止于丘隅. 子曰, 於止, 知其所止, 可以人而不如鳥乎. 詩云, 穆穆文王, 於緝熙敬止. 爲人君止於仁, 爲人臣止於敬, 爲人子止於孝, 爲人父止於慈, 與國人交止於信. 子曰, 聽訟, 吾猶人也. 必也使無訟乎. 無情者不得盡其辭, 大畏民志. 此謂知本. 所謂修身在正其心者, 身有所忿懥, 則不得其正. 有所恐懼, 則不得其正. 有所好樂, 則不得其正. 有所憂患, 則不得其正. 心不在焉, 視而不見, 聽而不聞, 食而不知其味. 此謂修身在正其心. 所謂齊其家在修其身者, 人之其所親愛而辟焉, 之其所賤惡而辟焉, 之其所畏敬而辟焉, 之其所哀矜而辟焉, 之其所敖惰而辟焉. 故好而知其惡, 惡而知其美者, 天下鮮矣. 故諺有之曰, 人莫知其子之惡, 莫知其苗之碩. 此謂身不修, 不可以齊其家. 所謂治國必先齊其家者, 其家不可教, 而能教人者無之, 故君子不出家而成教於國. 孝者, 所以事君也. 弟者, 所以事長也. 慈者, 所以使衆也. 康誥曰, 如保赤子. 心誠求之, 雖不中不遠矣. 未有學養子而后嫁者也. 一家仁, 一國興仁. 一家讓, 一國興讓, 一人貪戾, 一國作亂. 其機如此. 此謂一言僨事, 一人定國. 堯·舜率天下以仁, 而民從之. 桀·紂帥天下以暴, 而民從之. 其所令反其所好, 而民不從. 是故君子有諸己而后求諸人, 無諸己而后非諸人. 所藏乎身不恕而能喩諸人者, 未之有也. 故治國在齊其家. 詩云, 桃之夭夭, 其葉蓁蓁. 之子于歸, 宜其家人. 宜其家人, 而后可以教國人. 詩云, 宜兄宜弟. 宜兄宜弟, 而后可以教國人. 詩云, 其儀不忒, 正是四國. 其爲父子·兄弟足法, 而后民法之也. 此謂治國在齊其家. 所謂平天下在治其國者, 上老老而民興孝, 上長長而民興弟, 上恤孤而民不倍. 是以君子有絜矩之道也. 所惡於上, 毋以使下. 所惡於下, 毋以事上. 所惡於前, 毋以先後. 所惡於後, 毋以從前. 所惡於右, 毋以交於左. 所惡於左, 毋以交於右. 此之謂絜矩之道. 詩云, 樂只君子, 民之父母. 民之所好好之, 民之所惡惡之, 此之謂民之父母. 詩云, 節彼南山, 維石巖巖. 赫赫師尹, 民具爾瞻. 有國者不可以不愼, 辟則爲天下僇矣. 詩云, 殷之未喪師, 克配上帝. 儀監于殷, 峻命不易. 道得衆則得國, 失衆則失國. 是故君子先愼乎德. 有德此有人, 有人此有土, 有土此有財, 有財此有用. 德者本也, 財者末也. 外本內末, 爭民施奪. 是故財聚則民散, 財散則民聚. 是故言悖而出者, 亦悖而入, 貨悖而入者, 亦悖而出. 康誥曰, 惟命不于常. 道善則得之, 不善則失之矣. 楚書曰, 楚國無以爲寶, 惟善以爲寶. 舅犯曰, 亡人無以爲寶, 仁親以爲寶. 秦誓曰, 若有一个臣, 斷斷分, 無他技, 其心休休焉, 其如有容焉. 人之有技, 若己有之. 人之彥聖, 其心好之, 不啻若自其口出, 寔能容之, 以能保我子孫黎民, 尚亦有利哉. 人之有技, 媢疾以惡之. 人之彥聖, 而違之, 俾不通, 寔不能容, 以不能保我子孫黎民, 亦曰殆哉. 唯仁人放流之, 迸諸四夷, 不與同中國. 此謂唯仁人, 爲能愛人, 能惡人. 見賢而不能擧, 擧而不能先, 命也. 見不善而不能退, 退而不能遠, 過也. 好人之所惡, 惡人之所好, 是謂拂人之性, 菑必逮夫身. 是故君子有大道, 必忠信以得之, 驕泰以失之. 生財有大道, 生之者衆, 食之者寡, 爲之者疾, 用之者舒, 則財恒足矣. 仁者以財發身, 不仁者以身發財. 未有上好仁而下不好義者也, 未有好義其事不終者也, 未有府庫財非其財者也. 孟獻子曰, 畜馬乘, 不察於雞豚. 伐冰之家, 不畜牛羊. 百乘之家, 不畜聚斂之臣. 與其有聚斂之臣, 寧有盜臣. 此謂國不以利爲利, 以義爲利也. 長國家而務財用者, 必自小人矣. 彼爲善之, 小人之使爲國家, 菑害並至, 雖有善者, 亦無如之何矣. 此謂國不以利爲利, 以義爲利也.

참고 문헌

胡　廣　外(孔子文化大全編輯部). 「大學章句大全」. 『四書集註大全』. 山東友誼書社, 1989.

十三經注疏整理委員會. 「大學」. 『禮記正義』(十三經注疏). 北京: 北京大出版社, 2000.

『論語』

『詩經』

『書經』

『禮記』

『國語』

金秀吉. 『集註完譯大學』. 서울: 대유학당, 2008.

金學主. 『詩經』. 서울: 明文堂, 2002.

김미영 역. 『대학·중용』. 서울: 홍익출판사, 2005.

김용옥. 『대학·학기 한글역주』. 서울: 통나무, 2009.

南懷瑾. 『大學微言』. 北京: 世界知識出版社, 1998.

富山房編輯部. 『毛詩·尚書』(漢文大系12). 東京: 富山房, 1985.

成百曉. 『大學·中庸集註』. 서울: 傳統文化硏究會, 2012.

申昌鎬. 「大學」, 유교의 지도자 교육철학』. 서울: 교육과학사, 2010.

유교문화연구소. 『대학·중용』. 서울: 성균관대출판부, 2007.

이가원 역. 『시경』. 서울: 홍신문화사, 1989.

이기동.『대학·중용강설』. 서울: 성균관대출판부, 2006.

이동환.『대학』. 서울: 현암사, 2008.

李民樹·張基槿 譯註.『大學·中庸·孝經』. 서울: 平凡社, 1979.

李相玉.『書經』. 서울: 韓國敎育出版公社, 1984.

岑溢成.『大學義理疏解』. 황갑연 옮김.『대학철학』. 서울: 서광사, 2000.

張基槿.『大學章句新講』. 서울: 明文堂, 2005.

全寅初 譯註.『書經』. 서울: 平凡社, 1979.

胡 淼.『『詩經』的科學解讀』. 上海: 上海人民出版社, 2007.

Arthur Waley(trans.). The Book of songs: SHIJING. N.Y: Grove Press, 1996.

한글 중용

中和
權道　用道
功用　達道
　　　聖人

明明德
親民
止於至善
格物
致知
誠意
正心
修身
齊家
治國
平天下

명명덕
친민
지어지선
격물
치지
성의
정심
수신
제가
치국
평천하

중화
권도
공용
달도
성인
신독
달덕
대본
비은

慎獨
達德
大本
費隱

『한글 중용』 일러두기

1. 이 책은 「중용장구대전(中庸章句大全)」, 『사서집주대전(四書集註大全)』(胡廣 外, 孔子文化大全編輯部, 山東友誼書社, 1989)과 『예기정의(禮記正義)』(十三經注疏)(十三經注疏整理委員會, 北京: 北京大出版社, 2000)를 저본(底本)으로 사용하였다.

2. 이 책은 전체 2부로 구성되어 있다. 1부에서는 『중용』의 위상을 파악할 수 있도록 '중용의 가치와 『중용』을 읽는 방법 및 자세'를 제시하였고, 2부에서는 『중용』을 한글로 풀이한 『중용』 한글 독해를 실었다. 그리고 부록에서는 『중용』의 원문을 정돈해 놓았다.

3. 2부 『중용』 한글 독해에는 원문을 한글로 풀이하고 그에 대한 해설을 붙였다. 『한글 중용』이므로 한문이나 외국어 사용은 최소화하였고, 의미에 혼란을 줄 수 있거나 내용 전달상 필요하다고 생각되는 부분에 한문이나 외국어를 괄호( )[ ]에 병기하여 독자의 이해를 도왔다.

4. 저서명은 겹꺾쇠(『 』), 편명 및 장, 논문은 홑꺾쇠(「 」)로 표기하였고, 필요에 따라 인용문은 큰따옴표(" "), 강조 표시는 작은따옴표(' ')로 표시하였다.

5. 주요 개념이나 용어도 한글로 풀이하였는데, 내용에 따라 약간씩 뉘앙스가 다르기는 하지만, 몇몇 사례를 제시하면 다음과 같다.

· 구경(九經) → 아홉 가지 기준 · 군자(君子) → 사람다운 사람인 인격자, 지성인, 교양인, 교양을 갖춘 사람, 교육받은 사람, 정치 지도자, 지도자 · 귀신(鬼神) → 굽힘과 펼침, 굽혔다 폈다 하는 조화 작용, 우주 자연의 조화 작용 · 달덕(達德) → 사람에게 두루 통하는 보편적 덕목 · 달도(達道) → 사람에게 두루 통하는 보편적 도리, 기본 질서가 사람, 물건, 일 등의 사이 세계에서 작용하는 과정 · 대본(大本) → 원래 있는 기본 질서 · 도문학(道問學) → 배우고 묻는 자신의 길 · 도심(道心) → 우주 자연의 마음 · 비은(費隱) → 크게 드러남과 은밀하게 숨겨져 있음 · 사(士) → 하급 관리 · 성(誠) → 자연스러운 것, 우주 자연의 운동 자체, 우주 자연의 본연, 우주 자연의 섭리, 자연스럽게 알참, 진실한 알맹이 · 성명(性命) → 본래 그러한 마음 · 성인(聖人) → 완전한 인간, 최고 지도자, 최고 인격자, 최고의 지성인 · 성지(誠之) → 자연스럽게 사람의 도리를 이행하려는 것 · 소인(小人) → 교양 없는 사람, 졸무래기 · 신하(臣下) → 참모, 보좌관, 고위관료 · 예의(禮儀) → 인간관계의 규범 · 위의(威儀) → 사람 행동의 지침 · 인도(人道) → 인간 사회의 법칙, 인간의 질서, 사람의 도리 · 인심(人心) → 사람의 마음 · 제후(諸侯) → 고위관료, 정치 지도자 · 존덕성(尊德性) → 착한 본성의 자각과 존중 · 중(中) → 마음, 알맞음 · 중용(中庸) → 일상생활에서 알맞게 쓰임, 마음 씀씀이 · 중화(中和) → 알맞음으로 서로 응하는 작용, 알맞음과 서로 응함, 알맞음과 호응 · 지성(至誠) → 가장 자연스러운 우주 자연, 가장 자연스러움 · 지성(至聖) → 가장 자연스러운 최고 지도자 · 천도(天道) → 우주 자연의 질서, 우주 자연의 섭리, 우주 자연의 이법 · 형기(形氣) → 개인의 사사로운 감정과 기운 · 화(和) → 서로 응함, 호응하는 작용, 조화, 화합 · 화육(化育) → 삶의 약동, 만물이 저절로 자라남

중용, 인생에 생명력을 부여하는 삶의 양식

어떤 사람이 나에게 이렇게 일러 준 적이 있다. "『중용』을 읽으면, 특히 『중용장구』「서」를 읽으면, 두통이 있어 머리가 아프다 할지라도 금세 말끔히 사라지고, 마음이 혼란스러워도 금방 차분하게 가라앉는다!" 청년 시절에 나는 진짜 그런 줄 알았다. 시험을 해 보았다. 머리가 아프고 마음이 혼란스러울 때면 『중용장구』「서」를 소리 내어 읽었다. 때로는 외우기도 하였다. 하지만 결과는 신통치 않았다. 두통은 가라앉지 않았고 마음은 더욱 혼란스러웠다. 그리고 잠시 『중용』을 손에서 놓았다. 그것이 20대 초중반 대학 2, 3학년 때 쯤의 일이다.

그 후 대학원을 다니면서 다시 『중용』을 잡았다. 그것은 정말 거대했다. 우주 자연의 섭리에서 인간 삶의 법칙에 이르기까지 시원하게 내 몸을 가로지르며 휘감았다. 30대 중반쯤 되었을 때, 누군가 나에게 일러 준 "두통이 가라앉고 마음이 차분해진다!"라고 했던 그 말이 약간 실감이 났다. 덕분에 박사논문의 주제를 『중용』으로 정한 계기가 되기도 했다.

동서고금을 막론하고, '중용'이라는 말은 상당한 의미가 있는 개념이다. 재미있기도 하고 어렵기도 하다. 고대 그리스의 아리스토텔레스도 중용을 통해 행복한 삶을 고민하였다. 공자를 비롯한 동양의 유학자들도 삶의 중심에 중용을 놓고 사상을 전개하여, 특히 마음을 어떻게 써야 하는지, 인간의 욕망을 어떻게 조절해야 하는지 심사숙고하였다. 이러한 중용의 사유는 뉘앙스에 따라 의미 차이가 있다고 할지라도 어느 정도의 보편성을 확보하고 있다. 특히 동양의 유학에서 중용은 마음공부의 정수다. 이른바 심법(心法)으로서 학문과 삶의 지침을 전반적으로 관통하는 핵심 사상이다.

유교의 사서 가운데 하나로 세상에 빛을 보기 전 『중용』은 본래 『예기』 49편 중 31편에 자리하고 있었다. 즉 『예기』의 한 편명에 불과하였다. 그러나 그 내용이 함축적이면서도 심오하고 중요하였기에 유교의 핵심 경전으로 정돈되었고, 여러 차례의 발전을 거쳐 지금 우리 눈앞에 전해지고 있는 것이다.

중국 후한의 유명한 학자인 정현에 의하면, 중용은 우주 자연의 모든 사물이 알맞게 쓰이고 서로 응하는 작용을 기록한 것으로 공자의 손자인 자사가 그것을 지어 할아버지의 학문적 공덕을 깊게 밝힌 것이다.

정현의 의견은 몇 가지 측면에서 중요한 정보를 일러 준다. 그 중 하나는 『중용』이 알맞게 쓰이고 호응한다는 '중화(中和)'의 작용을 주요 내용으로 기술하고 있다는 의미 풀이고, 또 다른 하나는 저자가 공자의 손자인 자사라는 것이다. 아울러 자사가 할아버지 공자의 학덕을 뚜렷이 드러내기 위하여 저술하였다는 저술 목적 등을 지시한다.

그러나 정말 자사가 『중용』을 지었는지의 여부는 불분명하다. 학자들 사이에도 의견이 분분하다. 다만, 사마천의 『사기』 「공자세가」를 비롯하여 『한서』 「예문지」, 『양서』 「음악지」 등 옛 문헌에 의하면, 『중용』은 자사가 지은 것으로 추측된다. 『중용』을 지은 자사는 공자, 안자, 증자, 자사, 맹자로 지칭되는 유교의 5대 성인 중 한 사람이다. 공자로 상징되는 공씨 집안에서, 공리의 아들이자 공자의 손자였다. 자사는 증자의 제자로 노나라 목공의 스승이었다고 한다. 후세에는 그가 할아버지인 공자의 학덕을 드날렸다는 점을 높이 사서 '술성(述聖)'이라고도 칭하였다.

언제부터 『중용』이 『예기』에서 독립되어 별도의 경전으로 다루어지기 시작했는지 정확하게 알기는 어렵다. 중국 고대의 서지 사항에 대해 많은 정보를 제공해 주는 『한서』 「예문지」의 경우, 「육예략·예류」에 『중용설』 2편이 있었다고 기록되어 있다. 하지만 『중용설』 2편은 현재 「예문지」에 남아 있지 않아, 그 내용이 어떤 것인지 알 길이 없다. 『수서』 「경적지」에도 남송 때 대옹이 쓴 『예기중용전』 2권이 있다고 하지만, 이 책 또한 현재는 전하지 않는다. 그러나 '예기'라는 서명에 포함된 단어가 있는 것으로 보아, 이 경우에도 『예기』에서 「중용」을 독립시켜 저술한 것으로 추측해 볼 수 있다. 또한 양나라 무제가 『중용강소』 1권과 『사기제지중용의』 5권을 지었다고 한 기록도 있는데, 이 책 또한 현재는 남아 있지 않다.

이후 『중용』은 당나라와 송나라 시기에 많은 학자들에 의해 연구되면서, 그 중요성이 더욱 강조되었다. 당나라 때 이고는 『복성서』를 저술하였는데, 그 내용을 보면 『중용』의 주석이라고 해도 과언이 아닐 정도로 중용의 내용을 자세히 재해석한 것이다. 특히 심성의 차원에서 중용을 풀이하고 있다. 이외에도 이고는『중용설』을 저술하였는데, 이고의 연구는『중용』의 가치를 인지하고 그 내용을 세상에 드러내려는 유학자의 면모를 엿볼 수 있다.

북송 시대에 오면『중용』을 존중하는 기풍이 성행하기 시작한다. 사마광, 범조우 등 많은 학자들이『중용』과 관련한 강의, 해설, 논설을 저술하였다. 특히 범중엄은 북송오자 중 한 사람이자 기(氣)철학으로 유명한 장재에게『중용』을 강의하여 전수해 주었다. 정호·정이 두 형제, 이른바 이정은『중용』을 공자 문하의 제자가 전수한 심법이라고 하여 그 가치를 극도로 높이 평가하였다. 그리고 그것을『논어』,『맹자』,『대학』과 함께 유학자들의 필독서인 사서로 정돈하였는데, 이 무렵부터『중용』은 상당한 지위를 확보하게 되었다.

남송시대에 이르면 조선의 사상에 절대적 영향력을 미친 주자의 학문적 활약이 두드러진다. 장재와 이정 등의 학문을 이어받아 성리학을 종합하는 주자는 정자의 학설을 계승·발전시켜『중용장구』를 짓는다. 이는『중용』이『예기』에서 완전히 분리되어 유교 사서로 확정되고, 유교 경전의 기본으로 정착되는 계기로 작용하게 되었다.

주자는『중용』의 심오한 뜻을 연구하는 데 엄청난 시간을 보냈다. 그의 인생 중 상당한 시기를『중용』연구에 바쳤다고 해도 과언이 아닐 정도다. 주자가『중용장구』의 저술을 마친 것이 1189년, 그의 나이 60세 되던 해였다.『예기』의 「중용」은 원래 33절로 구성되어 있었다. 그런데 정자는 이것이 타당하지 못하다고 생각하고 다시 37절로 나누었다. 그러나 주자는 정자의 학설을 심각하게 검토한 이후, 다시 33장으로 되돌려 놓고 거기에 주석과 풀이를 가미하였다. 그것이 그 유명한 『중용장구』다.

주자는 『중용장구』의 서문을 쓰면서, "『중용』은 자사가 유학의 전통을 잃을까 근심이 되어 각고의 노력 끝에 지은 것이다."라고 하여, 유학의 도통(道統) 전승을 서술하고 있다. 이때 내세운 학문의 도통이나 핵심이 다름 아닌 유학의 유명한 '16자 심법'이다. 그것은 『서경』「대우모」에 나오는 "인심(人心)은 위험하고 도심(道心)은 미미하나, 오직 정밀하고 오직 한결같아야 진실로 그 중용을 잡게 된다."라는 16글자의 대문을 내세운다. 심법에서는 인심과 도심을 논의하고 난 뒤에는, 늘 도심이 우리 몸의 주인이 되고 인심은 언제나 그 명령에 복종해야 한다고 주장하였다. 주자는 이러한 유학의 전통, 즉 자사가 요임금과 순임금 이래로 전승되어 내려오는 유학의 근본을 추구하고, 그것을 평소에 자기가 듣고 배운 스승의 말씀을 통해 구체적으로 증명하여 내용을 풀어 나가면서, 『중용장구』를 다시 만들어 후세에 배우는 사람들에게 일러 준 것이다.

유학에서 볼 때, 그런 작업은 인간의 올바른 문화 전승을 위한 사명감이자 우환의식의 발로였다. 『중용』은 그렇게 우리 곁에 다가와 있다. 우주 자연의 질서를 통해 모든 존재와 인간의 본성을 인식하고 사람의 길을 가면서, 문화 창조와 문명화를 위한 공부의 양식으로서 우리 삶 속에서 꿈틀거린다. 특히 우리에게 일상과 합리성의 가치를 전해 주고, 인생에 생명력과 활력을 부여하는 삶의 양식으로서 그 맛을 우려내고 멋을 더해 준다.

수당 신창호

1부 『중용』의 가치 그리고 그것을 읽는 자세와 방법

'사서'로 명명되는 『대학』, 『논어』, 『맹자』, 『중용』은 유교의 특성과 요지를 심층적으로 담고 있는 기본 경전이다. 『대학』을 통해 공부의 규모를 정하고, 『논어』에서 그 공부의 근본을 세우며, 『맹자』에서 공부가 펼쳐지고 넘나드는 차원을 볼 수 있고, 『중용』에서 옛 사람의 숨겨져 있으면서도 또한 공부의 절정을 맛보게 하였다. 이런 점에서 사서 중 맨 마지막에 읽도록 한 『중용』은 인간의 삶과 공부의 철학을 은미하고도 오묘하게 간직하고 있다. 자연과 인간의 화해, 인간의 노력, 건전한 마음 씀씀이. 중용은 그 이상도 이하도 아니다.

인간의 자기실현을 위한 강력한 기초

『중용』은 어떤 가치를 담고 있을까? 그것은 형이상학적인 심오한 철학의 세계로 빠져들어 가는 것인가? 형이하학적 삶의 현실에서 실제 구현될 수 있는 것인가? 몇몇 철학자들의 평가를 보자.

이상은의 경우, "『중용』은 유학의 인생철학 혹은 심성철학으로 인간의 내면으로부터 출발하여 외면으로 표현되는 과정을 말한 것이다. 때문에 중용의 과제는 근본적으로 인성(人性)의 문제로 돌아간다. 인성을 밝힘으로써 인간과 우주와의 관계, 인간과 사회와의 관계, 인간과 역사와의 관계를 논의하고, 세상에서 '가장 착한 일'이 실현되는 원리를 말한 것이 『중용』이다."라고 하였다. 그런 차원에서 보면, 『중용』은 인생철학, 즉 인간의 삶을 근원적으로 논의한 철학 사상이다. 인간의 심성을 확인하고 이해하는 데서 시작한다. 나아가 인간과 자연, 사회와의 관계

속에서 최고의 선(善)을 지향한다.

박종홍은 "유학의 근본정신이, 가장 함축성 있는 철학적 표현에 의하여, 앞뒤 조리가 정연하게 짜여 있는 저술"이라고 『중용』을 평가하였다. 장기전은 『중용』을 『대학』과 비교하면서 "공자 사상의 중심 정신을 가장 찬란하고 뚜렷하게 나타낸 것은 『대학』과 『중용』이다. 『대학』은 인간의 일인 인사(人事)를 논의하고 있는 반면, 『중용』은 인생과 우주계의 합일, 인문과 자연의 합일이라는 천인합일(天人合一)의 관념을 논의하고 있다."라고 하였다. 벤자민 슈왈츠의 경우에도 "『중용』은 내면적 자기실현의 성취 가능성에 대한 강력한 존재론적 기초를 제공하는 경전"으로 보았다.

동서고금을 막론하고 『중용』에 대한 이런 비평은 『중용』이야말로 인간의 삶과 자연이 어떻게 일관되고 통일적인 유기체를 구성하고 있는지를 제대로 보여 주는 일종의 철학 사상이자 삶의 지침임을 일러 준다. 그것은 한마디로 인간과 자연의 화해, 합일, 그리고 통일을 지향한다. 인간의 삶과 자기실현에 대한 철학으로서 유학의 근본정신과 기본 사고가 무엇인지 함축적으로 지시한다.

『중용』은 일상생활의 균형과 조화를 꾀한다

중용은 어떻게 생겨났을까? 어떤 의미를 부여받으며 그 개념을 형성하고 발전시켜 왔을까? '중용'의 최초 의미를 이해하기 위해서는, 중국고대 문자 기록인 갑골문을 살펴볼 필요가 있다. 갑골문에서는 '중(中)'

을 쓴 흔적이 여러 군데에서 나타난다. 하지만, '용(庸)'을 쓴 모습은 잘 드러나지 않는다. 따라서『중용』의 전체 모습보다는 '중'의 용례를 통해 중용의 문자적 의미를 유추할 수 있다. 갑골문에 보이는 '중'은 펄럭이는 깃발을 상징한다. 때로는 깃발의 위아래에 매달려 휘날리는 띠를 나타내기도 한다. 이때 깃발은 바람이 부는 방향에 따라 전후좌우로 휘날린다. 하지만 휘날리는 그 깃발의 실체는 하나다.

깃발은 기류의 흐름과 바람이 부는 상황과 여건에 따라 나부낀다. 그러나 깃발을 매달고 있는 깃대는 여전히 하나의 축으로 자기 자리를 지키고 있다. 휘날리는 깃발과 이를 둘러싼 상황 조건, 그리고 깃발을 매달고 있는 깃대의 관계에서 우리는 주요한 유기체적 연관을 발견할 수 있다. 그것은 동양에서 전통적으로 말해 왔던 중심 혹은 중점이라는 의미의 파생이다. 여기에서 중(中)은 안과 밖의 관계를 통해 안이라는 의미를 지니게 된다. 안은 안팎, 즉 내외의 관계, 혹은 속과 겉, 중심과 주위라는 바탕 설정을 전제로 한다. 때문에 중은 철저하게 자기와 타자, 내면과 외면의 연관성에서 판단되거나 설정되는 말이다. 다시 말하면, 중은 나와 타인, 혹은 안과 바깥 사이에서, 그것을 판가름하는 기준이 무엇인지를 일러 주는 일종의 표준이자 기준이며 잣대다.

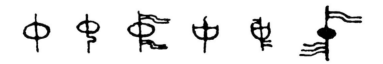

[그림] 중(中)의 다양한 모습들

이는 '시간-공간', '정신-육체', '내-외', '주관-객관', '개체-일반', '유-무' 등 모든 착종된 복잡한 관계의 균형을 유지하는 점, 조화를 지탱하는 점으로, '밸런스(balance)의 극치'다. 즉 상대적이거나 상반되는 것의 뒤섞임 속에서 '균형', '조화', '밸런스'를 중의 핵심적 내용으로 보는 것이다. 이때 중은 반드시 사물과의 관계를 전제로 한다. 그러므로 관계의 측면에서 중은 물리적·기계적 중을 말하는 것이 아니라 사람과 사람 사이에 생기는, 혹은 자기 마음에 생기는 문제를 처리하는 데 있어 어떻게 하면 가장 적절하게 해소할 수 있느냐의 여부와 관련하여 매우 복잡한 요소를 내포하고 있다.

하나의 사물은 우선적으로 '시간과 공간' 내의 존재다. 그러므로 '때와 장소'라는 요소가 들어 있다. 다음으로 사물이란 '사람 대 사람'이나 '사람 대 물건'을 막론하고 언제나 '나와 너,' '주관 대 객관' 혹은 '주체 대 객체'의 관계를 전제로 한다. 이런 점에서 중은 다양한 사물 간의 관계의 산물이다. 즉 '관계 가운데 어떻게 자리하느냐.'를 보여 준다.

한편, 용(庸)은 중(中)과는 상당히 다른 성질을 지닌 모습으로 드러난다. 앞에서도 언급한 것처럼 용은 갑골문에 나타나지 않는다. 대신 우리는 중국 고대 한자의 원초적 모습을 풀이하고 있는 『설문해자』에서 그 용례를 찾을 수 있다. 『설문해자』에서는 '용(庸)을 용(用)과 같다.'라고 하여 '쓰임'의 의미로 풀이하였다. 이는 일을 새롭게 진행해 나가 끝이 없다거나, 또는 '쓰임'을 베풀어 행할 수 있음을 의미한다. 이렇게 볼 경우, 용은 늘 움직이는 가운데 존재하는 인간의 행위, 그것이 지속되는 것으로 이해할 수 있다. 앞에서 언급한 중이 용과 언제 어떻게 합쳐졌는지 그 개념의 발달 과정을 구체적으로 밝히기는 쉽지 않다. 중과 용이 중용으로 통합되어 하나의 개념으로 드러나는 것이 『논어』와 『중용』이다. 그것은 "중용의 덕은 지극하다. 사람들이 오래 지속하는 경우가 드물다!"라는 언표를 통해 구체성을 띤다.

여기에서 공자가 설명한 중용의 덕은 인간관계에서 최고의 덕목으로 느껴진다. 문제는 공자가 중용이 무엇인지, 어떤 행동으로 드러날 수 있는지, 그 자세한 내용이나 의미를 설명하지 않았다는 점이다. 하지만 『논어』에서 언급되고 논의되는 여러 개념으로 살펴볼 때, '중용'은 인(仁)에 가장 가까운 듯하다. 왜냐하면 『논어』는 삶의 구체적인 장면에서의 기록을 담은 것으로, 인은 삶의 상황과 관계에서 우러나오는 것이고 중용이 바로 삶의 '관계'에서 지속적으로 쓰이는 덕목이기 때문이다. 그리고 이때 '중용'이라는 개념은 주자의 『중용장구』에서 다음과 같이 구체적으로 해석된다.

"중은 한쪽으로 치우치거나 의지하지 않으며 지나침과 모자람이 없는 것"이고, 용은 "변하지 않는 일상생활"을 말한다.

여기서 중은 크게 두 가지 의미로 설명된다. 하나는 '치우치지도 의지하지도 않는다.'이고, 다른 하나는 '지나치지도 모자라지도 않는다.'라는 뜻이다. 전자는 본체 자체가 중립성을 띠고 있음을 뜻하고 후자는 실제로 적합성을 지니고 있음을 의미한다. 본체와 실제, 중립성과 적합성! 이 두 가지는 서로 다른 듯하지만 실제로는 시간과 공간 속에서 동시에 드러난다. 그러므로 중은 '중립성'과 '적합성'을 시간과 공간 속에서 운용하여 '가장 적합한' 구체적이고 순간적인 현실에서 표출된다. 그 가운데 용은 인간의 지속적 쓰임과 행위를 드러낸다. 모든 쓰임은 일상생활에서의 구체적 용도다. 그것은 시간과 공간 속에서 변화의 흐름에 의지한다. 변화하는 가운데 가장 적절한 것을 취한다. 따라서 중용은 시간과 공간 속에서 '최상의', '가장 적합한 것'이다. 이는 중이라는 원리에 의거한 법칙성과 용이라는 구체적 실천에 의거한 실현력을 담보한다.

중용은 우주 자연 자체를 형용한 표현인 동시에 그것을 일상생활에 적용하는 것이다. 다시 말하면, 중용은 자연의 우주법칙인 동시에 인간의 사회법칙으로서 세계의 기본 질서를 형용한 개념이다. 일상생활에서 그것은 인간과 늘 함께 호흡하는 덕행으로 드러난다. 따라서 중용은 자연과 인간의 관계 가운데, 변화하는 시간과 공간 속에서, 때와 상황에 맞게 대처하는 삶의 방법으로 이해할 수 있다.

『중용』은 모든 존재의 '알맞음'을 찾는다

앞에서 언급한 것처럼, 정현은 중용을 "알맞게 쓰임과 호응하는 작용을 기록한 작품"으로 이해하였다. 이후 주자를 중심으로 하는 성리학에서 『중용』은 유학의 전통인 심법으로 전수되었다. 마음의 철학인 동시에 행동의 준칙으로서 마음 다스림이 어떠해야 가장 알맞은 것인지, 그 적절함을 드러내는 개념으로 이해하였던 것이다. 이러한 사유는 인간의 성정 측면에서 중용을 '알맞게 상호 호응하는 작용'으로 설명하는 계기가 되었다. 그것은 흔히 일곱 가지의 감정과 정서인 칠정(七情)이 어떻게 표현되고 행위의 준칙에 어느 정도 알맞은지와 연관되어 인식된다. 즉 "알맞음은 기뻐하고 성내고 슬퍼하고 즐거워하는 인간의 정감이 펼쳐지지 않은 것이고, 서로 응함은 펼쳐져서 모두 절도에 척척 들어맞는 것이다. 알맞음이란 것은 세상의 기본 체계를 이루는 근본이고, 호응하는 작용은 세상에 보편적으로 용인되는 도리다. 알맞음과 호응을 제대로 하면, 우주 천지자연이 편안하게 제자리를 잡고, 인간과 만물이 제대로 잘 길러질 것이다."

기뻐하고 슬퍼하고 분노하고 즐거워하는 인간의 정서는, 사람이라면 누구나 지니고 있는 보편적이고 본래적인 감정이다. 이른바 인지상정이다. 인간은 현실의 일상생활에서 물건과 행위를 마주하면서 느끼는 것이 많다. 하지만 이 느낌이 실제로 펼쳐지기 전에 고요히 마음에 간직되어 있는 상태가 있다. 그것이 다름 아닌 중이다. 앞에서도 중을 안이라고 언급했듯이, 인간의 내면, 아직 퍼지지 않은 심적 상태, 그 자체가 중이다.

인간의 내면은 달리 말하면 마음이다. 이 마음은 인간 성품, 본성의 형식으로 표현된다. 이를 통합적으로 인식한 것을 '심성(心性)'이라고 한다. 중용은 인간의 심성 문제를 본질적으로 다룬다. 문제는 심성이 언제, 어떻게, 무엇 때문에, 내면의 저 심연에 차분하게 가라앉아 있고, 언제, 어떻게, 왜, 무엇 때문에, 외면으로 확 펼쳐지느냐다. 마치 내려오면서 낙하산을 펼치듯이, 마음은 심금을 울릴 자세를 취한다.

이 심성, 고요히 잠재되어 있던 인간 내면의 감정이 표출되어 때와 상황에 따라 적절하게 맞는 것을 '호응 작용'이라고 한다. 기쁠 때 기뻐하고, 화날 때 화내며, 슬플 때 슬퍼하고, 즐거울 때 즐거워하는 것은 인간의 공통된 정서다. 인간의 정감이 외부의 사물에 부딪힐 때마다 울리는 소리들. 그 정감의 상황에 따라 적절하게 대처하는 방식이 바로 호응하는 작용이다. 이는 인간이 표출하는 감정으로 올바른 행위 상태를 지속하는 작업이다.

『태극도설』이라는 저술로 유명한 주돈이의 설명은 이를 구체적으로 뒷받침하고 있다.

"굳은 의지력을 잘 실천하면 의롭고 정직하여 용단을 내릴 수 있고 뜻을 굳게 지닐 수 있다. 하지만, 잘못 행하면 사납게 되고 꽉 막히게 되어 횡포를 일삼을 수 있다. 부드러운 성격으로 잘 실천하면 자애롭고 순하고 겸손하게 된다. 하지만, 잘못 행하면 겁쟁이가 되고 결단력이 없고 간사하고 아첨하게 될 수 있다. 알맞음이라고 하는 것만이 '호응 작용'이고 절도에 척척 들어맞는 것이다."

주돈이는 '강하고 부드러운 두 차원의 양극단을 어떻게 고루 갖추어 조화를 이룰 것인가.'를 알맞음과 호응하는 작용의 핵심으로 보고 있다. '호응 작용'으로서의 알맞음은 굳은 의지력과 부드러운 마음을 표출하는 실천의 문제로 제기되었다. 이렇게 볼 때, 알맞음은 인간의 '마음'을 형용하는 개념이다. 아직 펼쳐지지 않은 정지 상태로, 보존의 형식을 취하고 있는 인간의 성품을 지칭한다. '호응 작용'은 마음의 펼쳐짐과 움직임을 살피며 행위를 절도 있게 이끌고 조절하면서 상황에 합당한 감정을 표출하는 일이다. 알맞음으로서의 중(中)이 존재의 가능성이라면, '호응 작용'으로의 화(和)는 생성과 행위로서 사안에 따라 합당하게 구현된 현실의 차원으로 이해할 수도 있겠다.

그렇다면, 알맞음과 '호응 작용'의 근본이 되는 인간의 심성은 어떻게 이해하는가? 뒤에서 자세하게 설명하겠지만, 『중용』에서는 인간의 성품을 우주 자연으로부터 부여받은 선천적 차원으로 이해한다. 우주 자연으로부터 받은 모든 존재의 본성은 우주 자연의 기준이 된다. 세상의 이치는 모두 여기에서 나오며, 그것은 사물의 존재 근거다. 때문에 '사물의 본성 가운데 그 사물의 이치가 담보되어 있다!' 이것이 성리학에서 말하는 '성즉리(性卽理)'의 기본 전제다. 그런데 인간의 감정은 이 성품에 따라서 나와 일상에서 늘 이행되는 것으로, 사물의 움직임이자 쓰임에 해당한다. 이렇게 인간은 성품과 감정을 존재의 중심으로 지니고 있다. 이 성품과 감정이라는 '존재'와 '운용'을 다하였을 때, 세상의 질서는 제대로 자리 잡히고 만물은 제 역할과 기능을 다하게 된다.

알맞음으로 호응하는 작용은 다름 아닌 인간의 성품과 감정을 통해 언급한 것이고, 알맞게 쓰임은 그 덕행을 중심으로 표현한 말이다. 다시 강조하면 알맞게 쓰임은 '행위'를 중심으로 명명한 것이고, 알맞음으로 호응하는 '성정'을 중심으로 명명한 것이다. 그러나 실제로 자연의 질서를 인간의 세계로 투영하여, 자연과 인간을 연속선상으로 바라볼 때 자연과 인간의 관계는 동일한 차원에서 인식되고 이해된다.

전목은 이와 같이 알맞게 호응하는 과정을 "세상 만물이 제각기 그 본성을 다하여 도달한 적절한 장소 혹은 상태"로 이해하였다. 그러기에 자연의 질서인 하늘은 웅대하고, 그 이치를 따라 자라는 만물은 번성하여 편안하게 되며, 잘 자라서 반드시 상호교차하고 얽히며 관계한다. 이것이 알맞음과 호응하는 작용이 표리일체가 되어 한 몸으로 움직이는 상태. 바꿔 말하면 세상의 모든 존재는 나름대로 정황에 맞는 처신을 준비한다. 우주의 변화 가운데는 존재가 있고, 그 존재는 자기표현을 한다. 우주의 모든 존재는 제 각각의 실정에 알맞게 '호응 작용'을 하여, 자기의 생명력을 부여하고 나름대로의 의지를 구현한다.

인간은 그런 우주 가운데 가장 영특한 존재다. 인간에게서 중용은,

'자연-인간-사회'라는 환경에서 인간 존재가 처한 상황에 대한 적절한 마음의 표출과 행위다. 이때, 시기와 상황은 일상생활 가운데 펼쳐져 있고 그에 따른 마음의 표출과 행위는 늘 균형과 조화를 지향한다. 그것이 중용이다. 그러므로 중용은 '일상에서의 균형과 조화'다.

『중용』을 어떻게 읽어야 하는가

『중용장구』를 지은 주자는 『중용』을 읽는 방법에서 "『중용』은 처음 배우는 사람이 쉽게 이해할 수 없다."라고 하였다. 왜냐하면 내용의 중간중간에 우주 자연의 오므리고 움츠리는 현상이나 펼치고 기지개 펴듯이 쫙 펴는 현상을 동시에 말하여, 논리적으로 한 방향을 지향하고 있지 않기 때문이다. 그것은 중용이 우주 자연의 질서와 인간 사회의 법칙이 그만큼 복잡다단하며 그것에 오묘한 세계가 존재함을 시사한다.

문제는 우리 인간의 삶이다. 이미 세상에 던져진 존재로서 우리는 어떻게 살아갈 것인가? 우주 자연의 섭리와 인간의 존재 양상을 제대로 고민하고 이해해야, 떳떳하게 이 세상을 경영할 것이 아닌가?

주자는 그 어려운 『중용』을 어떻게 읽으면 좋을지, 기본 방법을 일러준다. 앞에서도 언급하였지만, 유학의 공부에서 책을 읽는 순서는 『대학』→『논어』→『맹자』→『중용』이다. 이 과정에서 우선 힘을 다하여 『대학』을 읽어야 한다. 그리고 또 힘을 붙여 『논어』를 읽고, 또 더욱 힘을 붙여 『맹자』를 읽어야 한다. 이 세 책을 읽고 나면 『중용』의 내용을 절반쯤 이해한 것으로 볼 수 있다.

다음은 그의 『독중용법(讀中庸法)』, 즉 『중용』을 읽는 방법을 쉽게 풀이하여 제시한 것이다.

첫째, 『중용』을 읽을 때는 다른 사람에게 묻기보다는 자기 스스로 그 내용의 큰 졸가리를 파악하면서 지나가야 한다. 그 과정에서 쉬운 내용은 버리고 어려운 내용만을 기억하려고 해서는 안 된다. 『중용』은 모습과 그림자가 없는 내용을 많이 다룬다. 형이하학적으로 분명하게 드러나 있거나 사람들이 명확하게 알 수 있는 인간의 일에 대한 서술이 적고, 형이상학적으로 은밀하게 숨겨져 있거나 우주 자연의 질서에 대한 언급이 많다. 때문에 무엇보다도 먼저 글의 뜻을 이해할 필요가 있다.

둘째, 『중용』을 읽을 때는 먼저 큰 졸가리를 보고, 그 사이사이의 세계를 보아야 한다. 예를 들면, 중용의 첫 머리글인 제1장에 나오는 '하늘이 명한 것을 성이라 하고, 성을 따르는 것을 도라 하고, 도를 닦는 것을 교라고 한다.'라는 말은 큰 졸가리에 해당한다. 제12장에 나오는 '부부가 아는 것과 할 수 있는 것, 성인의 알지 못함과 하지 못함'과 같은 내용은 그 사이사이의 세계다. 비유하면, 사람이 집을 볼 때 먼저 큰 졸가리를 보고, 그 다음에 그 집이 몇 칸인지 보고 칸 안에 또 작은 칸이 있는 것을 보아야 하는 것과 같다. 이렇게 제대로 읽어야 『중용』의 내용을 꿰뚫어 통달할 수 있게 된다.

셋째, 『중용』은 제1장부터 장과 구절의 구성상 상대적으로 말한 것이 많아 글이 잘 정돈되어 있고 가지런하다. 『중용』은 공자의 손자인 자사가 지은 글로 판단되는데, 간혹 '자왈(子曰)'이라고 된 부분이 있어 공자가 지은 것처럼 헷갈리는 경우가 있다. 해당 내용을 자세하게 분석하고 충분히 음미하여 읽으면, 자사가 공자의 말을 참고하여 이 책을 저술했다는 것을 발견할 수 있다. 이런 구절에서 『중용』 읽기에 어려움이 있으나 차분하게 마음을 가라앉히고 반복하여 읽다 보면 끝내는 『중용』이 의도하는 글의 맛을 알 수 있으리라.

넷째, 『중용』을 읽다 보면 그 심오한 내용 때문에 글의 앞뒤가 맞지 않거나 맥락이 이어지지 않은 듯한 느낌을 받을 때도 있다. 하지만 잘 읽어 보면 단락과 구절의 글 뜻 사이에서 성현들이 글을 짓고 다듬어 전수한 의도가 정말 체계를 잘 갖추고 있음을 발견하게 된다. 마치 바둑판에 가로 세로로 선을 그어 반듯하듯이 글의 구성을 어지럽힐 수 없음을 엿볼 수 있으리라.

다섯째, 『중용』은 전체 구성이 33장으로 되어 있는데, 그 내용상 여섯 개의 큰 단락으로 나누어 볼 수 있다. 첫 번째 단락은 제1장인데, 이는 '알맞음으로 호응하는 작용'인 중화(中和)에 대하여 말하였다. 두 번째 단락은 제2장에서 제11장까지 열 개의 장인데, 이는 공자의 말을 인용하여 '일상생활에서 알맞게 쓰임'인 중용(中庸)에 대해 말하였다. 세 번째 단락은 제12장에서 제19장까지 여덟 장인데, 이는 중용이 '크게 드러남과 은밀하게 숨겨져 있음'을 의미하는 비은(費隱)에 대해 말하였다. 네 번째 단락은 제20장에서 제26장까지 일곱 장인데, 이는 '우주 자연의 자연스러움'을 상징하는 성(誠)에 대해 말하였다. 다섯 번째 단락은 제27장에서 제32장까지 여섯 장인데, 이는 '인간의 도리와 자연의 질서'에 드러나는 덕성(德性)을 말하였다. 여섯 번째 단락은 마지막 제33장인데, 다시 제1장의 뜻을 강조하며 중용의 의미를 총결하였다.

여섯째, 누군가가 『중용』과 『대학』이 어떤 점에서 차이가 있는지 물었다. 이 질문은 『중용』의 특성을 파악하는 하나의 기준이 될 수 있다. 예를 들면 『중용』을 읽어 삶의 올바른 이치를 탐구하는 일은 『대학』의 치지(致知) 공부에 해당하고, 홀로 있을 때를 삼가며 몸을 닦고 살피는 일은 『대학』의 성의(誠意) 공부에 해당한다. 이외에도 『중용』과 『대학』은 비교해서 읽으면 상통하는 부분이 많다.

2부 『중용』 한글 독해

『중용』은 모두 33장으로 구성되어 있다. 특히 주자의 『중용장구』에는 서문이 붙어 있는데, 이는 주자의 사상과 학문에 대한 견해가 함축적으로 표현되어 있어 전통적으로 많은 학자들이 애송하였다. 주자는 『중용』의 본문을 내용상 여섯 개의 큰 단락으로 나누었다. 제33장인 여섯 번째 단락은 다시 제1장 '알맞음으로 호응하는 작용'인 중화(中和)의 뜻을 강조하며 중용의 의미를 총결하였다. 여기에서는 『중용장구』의 서문을 맨 앞에 제시하고, 본문은 주자의 구분에 의거하여 단락을 배치하여 독해한다.

『중용장구』 서문

『중용장구』 서문은 『중용』의 의미와 특징을 살펴볼 수 있는 중요한 자료다. 특히, 주자의 사상을 매우 자세하고 정밀하게 압축해 놓은 명문장이다. 주자는 『대학장구』 서문과 더불어 자신의 사상을 드러내기 위해 『중용장구』의 서문에도 온 힘을 쏟아부었고, 그만큼 공을 들여 글을 썼다. 때문에 이는 〈주자학원론〉 혹은 〈주자학개론〉에 해당하는 글로도 통한다. 이런 점에서 서문을 신중하게 읽을 필요가 있다. 여기에서는 내용에 따라 서문을 열다섯 개의 단락으로 나누어 정돈한다.

1

누가 왜, 무엇 때문에 『중용』을 지었을까? 공자의 손자인 자사가 우주 자연과 인간의 도리를 일러 주는 진정한 학문인 도학(道學)이 제대로 전해지지 않을까 걱정하여 지었다.

2

옛날부터 영혼이 맑고 거룩한 성왕, 이른바 최고지도자가 우주 자연의 질서를 모델로 하여 인간이 살아가는 삶의 최고 가치기준을 세웠다. 그 후, 그것을 핵심으로 하는 도통(道統)을 전래하고 전수하는 학문 행위가 지속되어 왔다.

3

학문 도통에 대하여 경전에 기록된 것은 『논어』 「요왈」의 "진실로 그 마음을 다 잡으라!"다. 이는 요임금이 순에게 차기지도자 자리를 물려주면서 일러 준 말이다. 그리고 또 『서경』「대우모」에서, "사람의 마음인 인심(人心)은 참으로 위태위태하게 잘 드러나고, 우주 자연의 마음인 도심(道心)은 아주 은밀하게 가려져 있다. 그러니 주도면밀하게 변함없이 한결같이 하여 진실로 그 마음을 다 잡으라!"고 하였다. 이는 순임금이 우에게 차기지도자 자리를 물려주면서 당부한 말이다. 요임금이 순에게 일러 준 한 마디, "진실로 그 마음을 다 잡으라!"는 말은 그 힘과 무게에 빈틈이 없다. 정치 지도자가 갖추어야 할 언행의 핵심을 똑 부러지게 지시하기에 충분하다. 그런데 거기에 순임금은 다시 세 마디 말을 덧붙여 차기지도자인 우에게 당부하였다. 이는 요임금의 "진실로 그 마음을 다 잡으라!"를 보다 진정으로 실천하기 위해 한 번 더 심사숙고하여 똑바로 알 수 있도록 배려한 것으로 이해할 수 있다.

4

이 지점에서 사람의 '마음'에 대해 본질적으로 분석해 보자. 마음은 형체가 없으면서도 그 작용은 신령스럽다. 세상의 모든 것을 알고 깨닫는다. 이런 점에서 사람의 마음은 이와 같은 단 하나의 마음에 지나지 않는다. 그런데 이 하나의 마음에는, 사람의 마음과 우주 자연의 마음이라는 두 가지 다른 차원이 있다. 그것은 어떤 때는 개인의 사사로운 기운이나 감정에서 생겨나고, 어떤 때는 본래 타고난 천성 그대로에 기인하여 지각하는 것이 같지 않게 되기 때문이다. 그러므로 개인의 사사로운 감정이나 기운에서 생겨나는 사람의 마음은 위태롭고 불안하고, 본래 타고난 천성 그대로에 기인하는 우주 자연의 마음은 은밀하게 숨겨져 있어 제대로 드러내기 어려운 것이다.

5

문제는 사람이다! 사람은 누구나 개인으로서 형체를 지니고 있다. 그러므로 아무리 똑똑하고 지혜로운 사람이라 할지라도 개인의 사사로운 기운이나 감정에서 생기는 사람의 마음(人心)이 없을 수 없다. 또한 사람은 누구나 타고난 본성을 지니고 있다. 그러므로 아무리 어리석은 사람일지라도 본래 타고난 천성 그대로에 기인하는 우주 자연의 마음, 즉 도심을 지니고 있다. 인심과 도심! 이 두 차원이 한 치 크기의 조그마한 마음 가운데 섞여 있다. 그러나 마음 다스리는 법을 모르면, 위태로운 인심은 더욱 위태롭게 되고, 은밀하게 드러나는 도심은 더욱 은밀하게 되어 우주 자연의 자연스럽고 공평한 이치가 끝내 사람의 사사로운 욕망을 이겨내지 못하는 상황이 발생할 수 있다.

6

다음으로는 사람의 행동, 삶의 실천이다. 주도면밀하게 하는 것은 인심과 도심의 사이를 살펴 그 둘이 섞이지 않게 하는 일이다. 변함없이 한결같이 하는 것은 그 본래 마음의 공정함, 즉 도심의 바른 것을 지켜서 떠나지 않는 작업이다. 이와 같은 당부, 그 가르침을 따라 잠시도 중단하지 않고 실천하여 반드시 도심이 항상 우리 인간의 몸의 주체가 되게 하고 인심이 매사에 도심에 순종하게 할 필요가 있다. 그러면 개인의 사사로운 감정이나 욕심에 의해 위태롭던 것도 자연스럽게 편안해지고, 은밀하게 숨겨져 제대로 드러나지 않던 것도 잘 드러나게 된다. 이런 상황이 되면 일상생활의 행동거지나 언행에서 지나치거나 모자라는 착오가 저절로 없어진다.

7

앞에서 언급했듯이, 최고지도자 자리를 물려받으며 나라를 다스렸던 요임금과 순임금, 그리고 우임금은 세상에서 가장 위대한 인간이다. 사람이 사는 공동체인 나라를 물려준 것은 세상에서 가장 위대한 사업이다. 세상에서 가장 위대한 인간이 세상에서 가장 위대한 사업을 실천할 때, 나라를 주고받을 즈음에 진정으로 경계하며 당부한 말이 "진실로 그 마음을 다 잡으라!", "사람의 마음인 인심은 참으로 위태위태하게 잘 드러나고, 우주 자연의 마음인 도심은 아주 은밀하게 가려져 있다. 그러니 주도면밀하게 변함없이 한결같이 하여, 진실로 그 마음을 다 잡으라!"다. 요임금, 순임금의 말이 똑같이 여기서 벗어나지 않는다. 이 당부 속에 세상의 이치가 모두 담겨 있다. 덧붙일 무슨 말이 더 있겠는가?

8

요-순-우 임금 이후에도, 최고지도자들은 차기 지도자들에게 이런 당부의 말을 도통의 핵심으로서 계속 이어 나갔다. 예를 들면 은나라의 탕왕, 주나라의 문왕과 무왕이 최고지도자로서 그렇게 했고, 순임금의 최측근 참모였던 고요, 탕왕의 참모였던 이윤, 은나라 고종의 참모였던 부열, 주나라의 주공과 소공이 최고의 참모로서 모두 "진실로 그 마음을 다 잡으라!"라는 가르침으로 도통이 전하는 것을 받았다.

그러나 유학 최고의 스승인 공자는 정치적으로 최고지도자의 자리를 얻지 못하였다. 대신 공자는 전통적으로 전해 오던 최고지도자의 도통을 학문적으로 계승하고 미래 세대의 학자들에게 그 길을 열어 주었다. 요임금이나 순임금처럼 최고지도자의 자리에서 직접 도통을 전수하지는 못했지만, 공자의 그런 노력은 오히려 요임금이나 순임금보다 훌륭한 부분이 있다.

9 ───

공자 생존 당시 공자를 직접 보고 배워 학문 도통을 안 사람은 안자와 증자뿐이었다. 그들은 직접 공자에게 배워 도통을 전수받고 그 핵심을 파악하였다. 이후에 증자가 다시 학문 도통을 전수할 적에 공자의 손자인 자사가 증자에게서 배웠다. 그러나 시대가 학문 도통을 전수할 만큼 안정되지 못한 백가쟁명의 상황에 이르러 도가, 묵가, 법가와 같은 이단의 학설이 유행하게 되었다.

10 ──

자사는 세월이 흐르면 흐를수록 학문 도통의 참모습을 잃을까 두려워하였다. 이에 요임금과 순임금이 전수한 참뜻을 미루어 근본으로 삼고 평소에 직접 들은 할아버지 공자와 스승 증자의 말씀을 바탕으로 그 내용을 바르게 하고, 더욱 연구하고 탐구하여 논리적 체계를 갖추어 이 책 『중용』을 지었고, 이를 미래 세대의 학자들에게 알려 주었다. 자사의 근심걱정이 얼마나 깊었는지, 『중용』의 언설은 간절하고 절실하다. 염려하는 생각이 원대한 만큼 그 설명도 상세하다.

『중용』의 첫머리, 제1장에서 '하늘이 명령한 것, 본성을 따르는 것–천명솔성(天命率性)'이라 한 것은 순임금이 우에게 당부한 우주 자연의 마음인 '도심'이다. 제20장에서 '착한 것을 가려 굳게 잡는다—택선고집(擇善固執)'이라 한 것은 순임금이 우에게 당부한 '주도면밀하게 변함없이 한결같이 하는' 정일(精一)이다. 제2장의 '군자시중(君子時中)'은 '마음을 잡으라.'라는 순임금이 우에게 당부한 집중(執中)이다.

요임금 이후 자사에 이르기까지 세월의 흐름이 천년을 훌쩍 넘겼다. 언어에 역사성과 사회성이 있다고 했지만 그들이 언급한 말이 다르지 않은 것이 부절처럼 딱 들어맞는다. 『서경』, 『시경』, 『춘추』 등 옛날 훌륭한 학자들의 책을 살펴보고 글을 추려내어 줄거리를 정돈해 보았다. 그러나 유교의 학문 도통, 그 핵심을 내걸고 그것에 숨어 있는 깊은 뜻을 밝힌 것 가운데 이『중용』처럼 분명하고 상세한 것은 없다.

11

이후 계속하여 유교의 학문 도통은 전해진다. 특히 맹자가 『중용』의 의미를 더욱 밝혀 학문적으로 도통을 계승하였다. 그러나 맹자가 별세한 후 도통의 전수도 사라지고 말았다. 이제 유교의 학문 도통을 살아 있는 지도자나 훌륭한 학자에게 직접 배울 수 있는 기회가 상실되었다. 남아 있는 곳이라고는 언어나 문자로 기록된 저술이나 몇몇 글밖에 없는 처지에 놓였다. 그런데 이단의 사상이나 학설은 날로 새롭게 튀어나와 점점 성행하게 되었고, 노자나 불교의 무리가 출현하자 학설상 이치는 그럴 듯하면서도 유학의 진리를 크게 어지럽히게 되었다.

12

그러나 다행히도 이 책 『중용』이 지금까지 없어지지 않았다. 때문에 정자 형제가 나타나서 『예기』에 실려 있던 「중용」을 고증할 수 있었다. 정자는 맹자 이후 지난 천년 동안이나 전하지 못했던 유학 도통의 단서를 다시 이었고 구체적인 근거에 의해 노자와 불교의 사이비 사상이나 학설을 배척하였다. 『중용』을 저술한 자사의 역할은 그 자체로도 중요하다. 하지만 정자가 아니었다면 『중용』의 글을 바탕으로 자사가 의도했던 마음을 얻지는 못하였을 것이다.

13

아쉽게도 정자가 직접 한 말이나 쓴 글은 전하지 않는다. 대신 정자의 문인들이 적은 글을 모으고 간추린 것을 석자중이 모아서 기록한 『중용집해』라는 책이 있다. 『중용집해』에서는 『중용』의 개략적인 의미를 밝히기는 하였으나 심오한 뜻을 자세하게 분석하여 밝혀내지는 못하였다. 정자의 문인들이 나름대로 자신의 견해를 드러낸 곳은 제법 자세하게 설명되어 있기도 하고 뜻을 밝혀 놓은 곳도 많지만 스승의 학설에 위배되거나 노자와 불교의 사상에 영향을 받은 것도 있다.

14

나는 젊은 시절부터 『중용집해』를 받아 보고 여러 측면에서 의문을 품었다. 그리고 깊이 생각하고 반복해 읽으며 연구하였다. 그렇게 몇 년이 지난 후 어느 날 갑자기 어슴푸레하게나마 그 핵심을 터득한 것처럼 느껴졌다. 그리고 난 뒤 감히 여러 가지 학설들을 모으고 절충하여 『중용장구』를 저술한 후 다른 학자들의 비판을 기다리고 있었다. 이때 한 두 사람의 제자들이 뜻을 같이 하였는데, 이들과 함께 석자중의 『중용집해』에서 번잡하게 엉킨 글을 정돈하고 새롭게 편집하여 『중용집략』을 만들었다. 그리고 또 그동안 치밀하게 논의하면서 취하고 버린 내용을 다시 기록하여 별도로 『중용혹문』을 만들어 그 뒤에 붙였다.

이렇게 해 놓고 보니 이제 『중용』의 맛을 볼 수 있을 것 같다. 내용상 단락이 분명하게 되고 구절이 풀이가 되며, 글의 맥락이 관통하여 자세하게 풀이한 곳과 간략하게 기술한 곳의 의미가 서로 이어지고, 거시적인 부분과 미시적인 부분도 모두 배울 수 있게 되었다. 그리고 여러 사람의 학설에서 같은 부분과 다른 부분, 옳은 부분과 그른 부분, 이런저런 설명들을 두루 제시하여 파악할 수 있게 하였다. 그리하여 제각각의 취지를 남김없이 나타낼 수 있게 하였다.

15

내가 저술한 『중용장구』를 유교의 학문 도통을 전수한 것이라고 함부로 말할 수는 없다. 그러나 학문에 입문하는 초학자가 간혹 이 책으로 공부를 하다가 얻는 것이 있다면, 원대한 꿈을 가지고 높은 곳에 오르는 데 하나의 도움이 되기를 바랄 뿐이다.

중국 남송 효종 16년, 서기 1189년,

나이 60의 노인인 신안 주희가 쓰다

주자는 중용에 대해 다음과 같이 설명하면서 『중용장구』를 시작한다. 중은 치우치지도 않고 기대지도 않으며 지나치거나 미치지 못함이 없게 한다는 뜻이고, 용은 시간적으로 항상 변하지 않고 공간적으로 어디에서나 평등하고 평범하다는 의미다. 이는 "치우치지 않음이 중이고 변하지 않음이 용이다."라는 정자의 학설을 계승한 것이다. 그리고 주자는 『중용』의 전체 면모를 다음과 같이 정돈한다.

이 책은 처음인 제1장에서는 우주 자연과 인간 사회의 이치를 한 가지의 결로 언급하였다. 제2장부터 제32장까지의 중간 부분에서는 그 이치가 흩어져 온갖 일에 나타나 작용하는 것을 서술하였다. 그리고 마지막인 제33장에서는 인간의 길이 다시 한 가지의 결로 되돌아오는 것으로 글을 맺었다.

이런 중용의 결은 우주 자연의 질서에 적용하면 하늘과 땅, 동서남북의 사방을 상징하는 육합(六合)의 모든 사물 현상과 작용에 두루 미칠 수 있다. 인간과 사물의 내면적 차원에 적용하면 은밀한 속살로 들어가 숨어서 보이지 않게 된다. 보이는 것과 보이지 않는 것의 변주곡! 이런 점에서 중용은 그 맛이 무궁무진하다.

그리고 중용은 있는 그대로 우주 자연과 인간 사회의 일상을 노래한다. 일상에서 발생하는 그 모두가 사실이다. 이처럼 실제를 다루는 학문이기에 중용은 이른바 실학이다. 『중용』을 제대로 읽고, 세계의 사실과 법칙을 탐구하면서 그 깊은 뜻을 찾아보면, 스스로 터득하는 것이 많으리라. 때문에 중용의 가르침, 이는 평생을 두고 활용할 무한한 가치가 있다.

제1단락

알맞음과 서로 응함

제1단락은 『중용』의 제1장으로 우주 자연과 인간 사회의 이치를 한 가지의 결로 언급한 대목이다. 알맞음을 추구하는 상황과 호응하는 작용을 고려하는 중화(中和)의 중요성을 역설하여, 중용의 핵심이 여기에 있음을 각인한다. 우주 자연의 조화가 그러하듯이, 인간의 사회법칙은 모든 일에서 알맞음이 생명이다. 그리고 사람과 사람 사이, 물건과 사람 사이, 일과 사람 사이에서, 다름 아닌 '사이 세계'가 서로 뜻이 맞아 좋은 상태를 지속하는 호응이 그 열쇠다.

제1장

우주 자연의 질서에 따라 타고난 것을 인간의 본성이라고 하고, 그 본성을 따르는 것을 길이라 하며, 그 길을 끊임없이 지속하며 문명을 창출해 가는 것을 문화 제도라고 한다.

인간의 길은 일상생활을 잠시도 떠나지 못한다. 떠날 수 있다면 그것은 인간의 길이 아니다. 때문에 사람다운 사람인 인격자는 일상생활에서 다른 사람에게 보이지 않는 자신의 마음가짐이 흐트러지지 않도록 경계하고 삼가며, 다른 사람에게 들리지 않는 자신의 마음가짐이 흐트러지지 않도록 겁내고 두려워한다.

숨겨져 있는 것보다 더 잘 드러나 보이는 것은 없고, 작은 일보다 더 크고 환하게 나타나는 것은 없다. 때문에 사람다운 사람인 인격자는 혼자 있을 때도 모든 일에 대해 조심한다.

기쁨과 노여움, 슬픔과 즐거움이 아직 행동에 나타나지 않은 것을 알맞음이라 하고, 행동으로 나타나서 이치와 도리에 딱 들어맞는 것을 호응이라고 한다. 알맞음이라는 것은 우주 자연과 인간 사회가 본래 그러하듯이 원래 있는 기본 질서이고, 호응이라는 것은 그 기본 질서가 사람과 사람 사이에, 물건과 사람 사이에, 일과 사람 사이의 작용 과정에서 서로 응하여 딱 들어맞는 것, 달리 말하면 화합과 조화다.

우주 자연과 인간 사회의 질서가 알맞게 되고 모든 사물 사이의 작용이 호응하게 되면, 우주 자연과 인간 사회가 기본 질서를 유지하고 인간을 비롯한 모든 사물이 저마다의 삶을 완수하리라.

이 장은 중용의 머리글이다. 첫 대목은 우주 자연에 사는 모든 사물의 본성이 어디로부터 왔는지를 일러 주고, 그 길을 따라 나름대로의 삶을 추구하라는 언명이다. 인간에게는 인간의 본성이 있고 동식물에게는 동식물의 본성이 있듯이, 모든 사물에는 사물마다 제각기 갖춘 본성이 존재한다. 그 본성은 우주 자연의 섭리에 따라 타고난 것이다. 따라서 모든 사물은 본성을 따라 살 권리와 의무가 있다. 인간의 경우 사람답게 살아가기 위해 인간 사회 스스로가 요청한 윤리 도덕이나 가치가 있다. 유학에서는 부자유친에서 장유유서에 이르는 오륜(五倫)을 그런 길의 핵심에 둔다.

이럴 경우, 인간의 길은 오륜을 따라 실천하는 것이 된다. 말이 대지를 달리고 새가 하늘을 날며 물고기가 연못에서 헤엄치듯이, 모든 사물은 그 본성을 따라 자기 삶의 길을 간다. 그것이 우주 자연의 질서 차원에서 보면 알맞은 삶이다. 본성에 따라 길을 갈 때, 모든 사물은 저마다의 품격에 맞게 자신의 길을 마름질한다. 인간의 경우, 정치, 경제, 교육 등 다양한 측면에서 삶의 질을 향상시키기 위한 업그레이드 작업을 감행한다. 그것은 일종의 문명 창출이고 문화 창조이며 궁극적으로는 인간 복지 차원의 제도로 정착될 수 있다. 복지는 행복하게 살 수 있는 사회적 환경이고, 제도는 인간이 다양한 사회적 환경과 상황에 처하면서 활용하는 삶의 도구다.

두 번째 단락은 인간의 길에 관한 호소다. 그 길은 일상에서 매일 사물을 대하고 활용할 때 당연히 따르고 행해야 할 도리다. 중용은 다른 어떤 것도 상정하지 않는다. 어쩌면 인간이 저지르는 일상의 삶이 이치에 어긋날 수 있다. 그럴 경우, 아무리 많이 배운 학자가 된들, 권력으로 사람을 짓누르는 정치 지도자가 된들, 재력으로 부만을 과시하는 경제 지도자가 된들 무엇하겠는가? 사람의 길 중에 가장 아름다운 것은 먹고 입고 자고 활동하는 가운데 모든 행위의 기본 질서를 지키는 일이다. 그렇기 때문에 교육을 받은 사람들, 이른바 교양인은 일상생활에 충실하며 예의나 도리, 이치에 맞지 않는 일이 벌어지지 않도록 늘 조심한다. 한 마디로 말하면 삶 속에서 마음을 다잡는 일이 이 구절의 포인트다.

세 번째 단락은 그 유명한 '신독(愼獨)'에 관한 구절이다. '세상에 비밀은 없다.'라는 말이 있다. 지금은 은밀하게 숨겨져 있어 보이지 않는 듯하지만 모든 것은 언젠가 드러나게 마련이다. 특히 사람이 지니고 있는 내면의 생각이나 의지는 자기도 모르는 사이에 현상으로 나타난다. 혼자만 알고 있는 것 같으나 이미 누구나 다 알고 있다! 그런 일이 일상의 도처에서 벌어진다. 따라서 인격자일수록 남이 보거나 듣지 않는 곳에 혼자 있을 때도 각별히 몸가짐에 신중하고 자기 혼자만 간직한 마음의 생각이나 뜻조차도 신중하게 해야 한다. 조심에 또 조심해야 한다.

네 번째 구절은 인간의 감정과 정서가 어떻게 표출되어야 하는지, 일상의 행위에 관한 비책이다. 인간의 감정과 정서는 흔히 인정(人情)이라고 한다. 인정은 다양한 양태로 존재한다. 여기서는 기쁨, 노여움, 슬픔, 즐거움 등 '희로애락'의 네 가지를 언급하였는데, 어떤 경우에는 기쁨, 노여움, 슬픔, 두려움, 사랑, 미움, 욕망 등 일곱 가지로 제시하기도 한다. 이러한 일곱 가지를 흔히 '칠정(七情)'이라고 한다.

칠정은 인간에게 본질적으로 구비되어 있다. 그것은 세상 사물과 마주하면서 감정으로 드러난다. 사물과 마주하기 전에는 고요히 차분한 상태로 존재한다. 문제는 느껴지는 감정이 표출되는 양식이다. 기쁨을 마주하면 기뻐해야 하고 슬픔을 마주하면 슬퍼하는 것이 인지상정이다. 이 인지상정의 상황이 바로 일상에서 사람이 정상적으로 호응하는 상황이다. 기쁨을 마주하고도 슬퍼하거나 노여움을 마주하고도 기뻐한다면, 감정 표출이 제대로 되었다고 볼 수 없다. 그것은 정서에 맞지 않다. 부조화요 불화다.

마지막 구절은 모든 사물에게 우주 자연의 섭리와 질서에 따라 자기 자리가 있음을 지적한다. 만물은 그 자리에 맞는 작용도 있고 행동도 있다. 인간 사회의 경우에도 모든 사람이 본분에 따라 제자리를 잡고 변화하는 다양한 현상에 호응하여 제 기능과 역할을 하면, 세상은 하나의 거대한 오케스트라를 구성하여 연주를 해 나간다. 그것이 인간 사회의 생명력이며, 사람들 각자의 삶을 살찌우는 최선의 방책이다. 이때 음악에서 말하는 리듬과 멜로디와 하모니는, 인생의 역정 속에서 화합과 조화로 승화하는 아름다운 모습으로 연출된다.

중용의 첫 구절, 제1단락은 '알맞음과 호응'이라는 단말마 같은 이 한 마디에 녹아든다.

제2단락

일상생활의 합리적 운용

제2단락은 『중용』의 두 번째 단락으로, 제2장에서 제11장까지 열 개의 장으로 구성되어 있다. 여기에서는 중용에 관한 공자의 말을 인용하여 중용의 뜻을 부연하고 그 의미를 확장하였다. 제2장은 사람다운 사람인 군자와 그렇지 못한 조무래기 소인의 상반되는 태도를 기술하였고, 제3장은 중용이 매우 아름다운 삶의 양식임에도 불구하고 사람들이 그것을 실천하지 못함을 한탄하였다. 제4장은 일상에서 인간의 길이 제대로 이행되지 않는 실태를 음식의 참맛에 비유하였고, 제5장은 인간의 길이 이행되지 않음에 대해 거듭 한탄하였다. 제6장은 순임금이 중용의 실천에서 매우 탁월하였음을 사례로 제시하였고, 제7장은 보통 사람들이 중용의 길을 지속하지 못함에 대해 비판하였다. 제8장은 공자의 수제자인 안회가 중용의 실천에 충실하였음을 사례로 제시하였고, 제9장은 중용의 실천이 왜 어려운가에 대한 가치기준에 대해 언급하였다. 제10장은 중용의 길을 지키는 것이 진정한 삶의 힘이자 강함이라는 점을 상징적으로 보여 주었고, 제2단락의 마지막인 제11장은 중용의 길을 지키는 자세에 대해 정돈하였다. 자사가 공자의 말을 인용하여 제1장의 뜻을 보다 구체적으로 밝힌 것은 여기에서 끝난다.

제2장

공자가 말하였다.

"사람다운 사람인 인격자는 중용을 지키고 실천한다. 사람답지 못한 천박한 존재는 중용과 반대되는 짓거리를 일삼는다. 지성인의 중용 실천은 교육받은 사람답게 때와 장소, 처지와 상황에 따라 알맞게 한다. 배우지 못한 조무래기는 중용에 반하는 행동을 하기에, 교양 없는 사람으로서 두려워하거나 조심하며 물러섬이 전혀 없다.

중용은 일상생활에서 지켜야 할 평범한 도리다. 오늘날로 말하면 상식의 세계다. 상식은 보통 사람으로서 지니고 있어야 할 일반적 지식이나 이해력, 판단력 등을 의미한다. 종교인처럼 숭고한 정신적 삶에 이르지는 않더라도, 사람으로서 누구나 고개를 끄떡일 수 있을 정도의 기본적 윤리 도덕이나 아름다운 가치와 연관된다. 사람다운 사람, 교육받은 사람, 지성인이나 교양인으로 간주할 수 있는 군자는 중용을 실천할 수 있다. 왜냐하면 교육을 받으면서 사람다움을 지향하고, 지성인이자 교양인으로 거듭났기 때문이다. 반면, 인간의 가치나 미덕에 대해 무지하면서, 동물적 생존이나 육체적 쾌락만을 추구하는 사람들도 존재한다. 그들은 상식을 벗어난 행동을 하거나 일반적 판단력에서 벗어나기 일쑤다. 이른바 우매한 인간들은 남들이 뭐라고 하건 자기의 사리사욕 채우기에 급급하다. 함께 살아가는 사람들에 대한 두려움도 무서움도 조심스러움도 없다. 제멋대로 행동하며 순간적이고 관능적인 쾌락에 빠져든다. 망발을 일삼고 악행을 저지른다.

인간 사회는 동서고금을 막론하고 사람다운 사람과 그렇지 않은 사람 사이의 시소 게임에 휘둘린다. 중용의 요구는 그것에 대한 본질적 진단이다. 처방은 중용의 가치를 학수고대하는 일이다. 이때 중용의 가치는 사람다운 사람으로서, 상식을 가진 일상인으로서 윤리 도덕을 꿋꿋하게 실천할 때 드러난다.

제3장

공자가 말하였다.

"중용은 정말 합당한 인간의 길이다! 사람들은 이를 깨달을 필요가 있다. 문제는 사람들 가운데 중용을 지속적으로 실천하려는 자가 적다는 것이다!"

이 구절은 『논어』 「옹야」에도 비슷하게 등장한다. 지나쳐도 알맞음을 벗어나고 미치지 못해도 알맞음에 이르지 못하는 것이 사람의 행동이다. 타고난 본성대로 딱 들어맞아 알맞게 하는 일, 그것은 애당초 알기 어려운 일이 아니다. 실천하기 어려운 것도 아니다.

이행하기에 난관에 부딪히는 이유는 간단하다. 인간은 욕망하는 동물이다. 욕망은 사리사욕을 조장한다. 개인적 욕망은 공동체가 지향하는 가치를 파괴할 수 있고, 일상의 합리적 도리를 추구하는 중용과 반대되기 쉽다. 또한 사리사욕은 일상생활의 건전한 삶을 피폐하게 만든다. 그런데 현실을 살아가는 상당수의 사람은 사리사욕에 빠져 중용의 삶이 무엇인지도 모르며 지나간다. 정상적인 길을 가려고 하다 보면 욕망이 채워지지 않는다. 그것은 다시 비정상의 궤도를 밟게 만든다. 반중용의 상황에 빠져 악순환이 반복된다.

중용은 사리사욕이 아닌 공평무사한 균형 감각이다. 중용은 인간의 합당한 길을 추동하는 일종의 힘이다. 삶에 생기를 불어넣고 활력을 일으키는 영양소다. 사람들이 이러한 인간의 합당한 길을 모르지 않는다. 알고 있으면서도 애써 외면하며 실천하지 않는다. 중용을 실천하면, 영리영달을 위한 사리사욕을 채우지 못하기 때문이다.

여기서 교육 문제가 대두된다. 세상에는 제대로 교육받은 사람이 없어 인간의 길이 무엇인지 제대로 인식되지 않은 경우가 많다. 이런 상황에서 도리를 제대로 실천할 사람이 있겠는가! 그러므로 지성인, 교양인, 고매한 인격자를 육성하기 위해 교육을 추동해야 한다. 이런 '우환의식'이 유학에서 교육을 그토록 강조하게 된 이유이기도 하다.

제4장

공자가 말하였다.

"중용의 길이 왜 이행되지 않는지 그 이유를 나는 안다. 세상에서 아는 척하는 사람은 중용의 길을 지나친다. 우둔한 사람은 중용의 길을 제대로 파악하지 못하여 이에 미치지 못한다. 중용의 길이 왜 제대로 밝혀지지 않는지 그 이유를 나는 안다. 세상에서 현명하다고 하는 사람은 중용의 길을 지나친다. 우매한 사람은 중용의 길이 무엇인지 몰라서 이에 미치지 못한다. 사람은 누구나 음식을 먹고 산다. 그러나 음식의 참맛을 아는 사람은 적다."

중용은 일상에서 평이하게 적용되는 인간의 도리라고 하였다. 누구나 알 법한, 정말 쉬운 중용의 길이 왜 이다지도 어렵게 느껴지는가? 왜 제대로 이행되지 않는가? 왜 제대로 밝혀지기조차 어려운가?

세상에는 다양한 부류의 사람이 있다. 그것을 극단적으로 두 부류로 나누면, 아는 척하며 똑똑하다고 하는 사람과 정말 뭘 모르는 멍청한 사람이다. 세속적으로 아는 척하며 똑똑한 사람들은 겉으로 드러나기에 번지르르하며 언변에 능숙하다. 어떤 일을 할 때 전략 전술에 능하여 꾀를 부린다. 그리고 그것을 지혜로 착각한다. 지나치게 잡다한 것을 많이 알고 있어, 평범한 것은 수준이 낮다고 생각하며 관심이 없다. 그러므로 평이하고 평범한 일상을 거부하며 남들과 달리 튀어 보이는 일을 선호한다. 일상의 합리성, 균형과 조화, 화합을 추구하는 중용의 도리와는 코드가 맞지 않다. 그것이 그들이 중용의 삶을 뛰어넘어 지나치고 넘치게 되는 근거다. 우둔한 사람은 아예 평범한 일상이 무엇인지조차 제대로 파악하지 못하고 있다. 그러니 중용의 근처에도 가지 못한다.

이런 해석도 가능하다. 지식만을 추구하는 자는 중용에 대해 이론적으로만 밝히는 데 힘을 쏟고 실천하는 데 게으르기 쉽다. 행동으로 보여 주는 사람은 실천하는 데만 힘을 쏟고 이론적으로 밝히는 데 소홀할 수가 있다. 그러므로 중용의 길을 지나치거나 미치지 못하는 자, 그 누구도 중용의 맛을 알지 못한다. 중용의 진정한 의미를 모른다는 말이다.

공자는 이를 음식 맛에 비유하였다. 음식을 먹는 근본적인 이유는 너무나 간단하다. 설탕처럼 달콤한 맛, 미각만을 즐기기 위해 음식을 먹는 것이 절대 아니다. 그것은 부차적인 문제다. 음식을 섭취하는 진짜 이유는 생명력을 유지하고 삶의 가치를 추구하기 위해서다. 우리 몸에 에너지원인 영양을 공급하여 신진대사를 원활히 하고, 그것을 바탕으로 인간으로서 도덕 가치를 발휘하기 위해서다. 도덕 가치를 생명으로 내건 인간의 일상생활이 다름 아닌 중용의 실현이다.

제5장

공자가 말하였다.
"중용의 길이 참으로 행해지기 힘들겠구나!"

제5장은 딱 한 문장으로 하나의 장을 이루었다. 이에 대해 주자는 제4장에서 중용의 길이 실천되지 않는 단서를 들어, 중용이라는 인간의

길이 이행되지 않음을 여기에서 다시 강조한 것이라고 해석한다. 즉 제 4장에서 "중용의 길이 왜 이행되지 않는지, 그 이유를 나는 안다."라는 구절을 거듭 강조하여 탄식한 것이다.

이 짧은 한 마디 속에 중용이 이행되지 않음에 대한 엄청난 실망감, 삶에 대한 공자의 회의가 담겨 있다. 그렇다고 공자가 일상의 건전한 삶인 '중용'을 완전히 포기한 것은 아닌 듯하다. "다시는 중용의 길이 실천되기 어렵겠다!"라는 부정적 언표로 개탄한 것처럼 보이기도 하지만 일말의 희망은 남겨 놓은 것 같다.

이 한 마디 구절을 곱씹어 보기 위해 공자가 제4장에서 음식의 맛을 비유로 들었던 구절을 돌이켜 볼 필요가 있다. 그래야만 여기서 "중용의 길이 참으로 행해지기 힘들겠구나!"라는 한 마디로 심경을 토로한 이유를 확인할 수 있을 듯하다.

"사람은 누구나 음식을 먹고 산다. 그러나 음식의 참맛을 아는 사람은 적다!"

이 구절의 의미는 명확히 알지 못하고 분명하게 파악되지 않은 데서는 중용이 이행되지 않음을 나타낸 것이다. 그 이유는 자각이 없다는 점과 그 맛을 알지 못한다는 사실에 있다. 알지 못한다는 사실에서 이행되지 않는다는 사실이 나온다. 때문에 공자는 이행되지 않는다는 사실을 단서로 하여 아래의 제6장, 제7장, 제8장에서 순임금과 제자 안회 등의 구체적인 사례를 들어 중용이 어떠해야 하는지 분명하게 알아야 함을 제시한다.

제6장

공자가 말하였다.

"순임금은 참으로 큰 지혜를 지닌 사람이다. 순임금은 다른 사람에게 묻기를 좋아하였다. 평범하고 하찮은 말에도 조심하는 것을 좋아하였다. 그러나 다른 사람의 단점은 숨겨 주고 장점은 드날려 주었다. 사람사이에 서로 대립되는 견해는 양쪽을 저울질하여 국민들에게 알맞게사용하였다. 이것이 바로 순임금이 순임금다운 점이다."

앞 장에서 공자는 누누이 중용의 길이 제대로 밝혀지지 않고 실천되지 않음을 한탄하였다. 여기서는 순임금이 중용의 길을 정말 제대로 알고 실천한 사례를 들었다. 특히 순임금의 실천적 행보는 유교적 사유 위에 자리한 삶의 실천을 전형적으로 보여 준다.

순임금이 보여 준 유교적 지혜의 모범은 세 가지로 간략하게 정돈된다. 첫째, 인간 존중, 둘째, 마음 씀씀이, 셋째, 다른 의견에 대한 헤아림과 실천이다. 인간 존중은 다른 사람에게 묻고 말을 들어 주는 데서 시작되고, 마음 씀씀이는 단점은 숨겨 주고 장점을 드러내 주는 데서 나타난다. 그리고 대립되는 의견의 조율을 통해 모든 사람에게 중용의 길을 열어 주는 것에 다른 의견에 대한 헤아림과 실천이 있다.

순임금이 큰 지혜를 지닌 사람으로 평가받는 것은 다른 사람과의 관계에서 드러난다. 순임금은 자신의 지식이나 지혜만을 믿고 자만에 찬행동을 하지 않았다. 대신 남의 지식이나 지혜를 끊임없이 받아들였다. 세상의 지식과 지혜를 흡수하고 통합하여 자신의 지식이나 지혜로 녹여 넣었다. 지식의 용융, 융합과 복합, 통섭을 추구한 것이다.

뿐만 아니라 순임금은 남에게 묻는 것을 절대 부끄럽게 여기지 않았다. 오히려 좋아하였다. 평범한 수다들, 별 볼일 없는 듯한 말 한 마디도 소홀히 여기지 않고 끝까지 음미하였다. 그것은 삶의 습관 형성에 결정적 영향을 미쳤다. 순임금은 남의 착한 언행을 절대 놓치는 일이 없었다. 때문에 어떤 사람의 착한 언행도 모두 자기의 것으로 녹여 넣을 수 있었다. 더 중요한 마음씨는 그 다음에 발현된다. 다른 사람의 언행 가운데 좋지 않은 부분들은 소문내지 않고 숨겨 주었다. 반면에 좋은 점은 숨기지 않고 사람들에게 널리 퍼트렸다. 이런 타자 존중의 자세는 세상에 금방 알려졌다. 그러니 순임금에게 착한 언행을 전하지 않으려는 사람이 어디 있겠는가? 모든 사람들이 순임금의 주변으로 모여들게 마련이다.

이러한 순임금의 지식과 지혜를 흡수하는 방식은 중용의 실천에서 완성된다. 여러 사람이 논쟁을 하고 있을 때, 특히 의견이 대립되고 양보가 없을 경우, 그것은 논의가 심해질수록 농축되어 이것 아니면 저것이라는 흑백논리의 양극단으로 치닫기 쉽다. 양극단은 대개 작은 것과 큰 것, 두꺼운 것과 얇은 것, 지나침과 미치지 않음의 형태로 드러난다. 그러한 양극단에서 중용을 찾기란 쉽지 않다.

그러나 순임금은 양극단을 두고 끊임없이 묻고 고민하고 생각하고 고려하면서 저울질을 하였다. 중은 단순히 양극단의 가운데거나 기계적이고 물리적인 가운데 지점을 가리키는 것이 결코 아니다. 그것은 저울질하고 헤아려 본 후에 하나의 적당한 곳, 올바른 곳을 가리키게 된다. 한쪽은 두껍고 한쪽은 얇다고 하자. 적당한 곳이나 올바른 곳, 중용은 절대 두껍지도 않고 얇지도 않은 중간 지점을 의미하는 것이 아니다. 어떤 경우에는 마땅히 두꺼워야 하기에 두꺼운 것이 알맞을 수 있고, 어떤 경우에는 마땅히 얇아야 하기에 얇은 것이 알맞다. 이런 저울질과 헤아림을 이른바 '권도(權道)'라고 한다.

순임금은 묻고 살피고 저울질하며, 모든 수단을 써서 자신의 지식과 지혜를 확보하려고 했다. 그것은 착한 언행으로 가기 위한 전제조건이다. 이런 착한 언행에도 또한 양극단이 있게 마련이다. 순임금은 그 양극단을 헤아려 알맞음을 발견하고, 그것을 잡고 그것을 바탕으로 그 알맞음을 국민에게 적용하였다. 그런 정치적 리더십이 바로 알맞음을 선택하여 타당성을 인정받고 그 결과를 실천에 반영하여 완전한 성공을 이루는 '중용'의 모습이다.

제7장

공자가 말하였다.

"사람들이 모두 나를 '슬기롭다! 지혜롭다!'라고 말한다. 하지만 가만히 보면 욕심에 얽매여 그물이나 덫, 함정 속으로 빠져들어 간다. 그러면서도 그런 화를 피할 줄도 모른다. 사람들이 모두 나를 '슬기롭다! 지혜롭다!'라고 말한다. 하지만 일상생활의 합리성을 도모하는 인간의 길, 중용을 선택하여 한 달도 제대로 지키지 못한다. 이게 나다."

이 장은 앞 장인 제6장과 뒷장인 제8장을 염두에 두고 논리적으로 읽을 필요가 있다. 그렇게 볼 때 제6장에서 순임금의 '큰 지혜'와 대비하여 공자 자신의 지식과 지혜, 중용의 실천에 대해 겸손하게 말하는 대목으로 드러난다. 제8장은 공자의 수제자인 안회가 중용에 관한 지식을 소중하게 받아들여 가슴에 간직하고 있음을 강조하였다. 이런 차원에서 보면, 6-7-8장은 순임금의 중용 실천-공자의 중용에 대한 고려-안회의 중용에 대한 이해 순으로 중용의 중요성을 강조한 것으로 판단된다.

한나라 때의 정현을 비롯하여 주자는 이 대목을 "사람들은 모두 '나는 슬기롭다! 지혜롭다!'라고 말한다. 하지만 가만히 보면 그런 사람들은 저마다 욕심에 얽매여 그물이나 덫, 함정 속으로 빠져들어 간다. 그러면서도 그런 화를 피할 줄도 모른다. 사람들은 모두 '나는 슬기롭다! 지혜롭다!'라고 말한다. 하지만 일상생활의 합리성을 도모하는 인간의 길, 중용을 선택하여 한 달도 제대로 지키지 못한다."라고 풀이하여, 진정한 지식이나 지혜가 결핍되어 있는 조무래기들의 전형을 보여 주는 것으로 이해하였다.

하지만 공자는 『논어』 「술이」에서 "완전한 사람이나 열린 마음으로 사람을 사랑하는 사람, 이런 경지를 내가 감히 어찌 바라겠는가? 기껏해야 그것을 추구하는 데 싫증내지 않고 사람을 가르치는 데 게으르지 않으리라고 말할 뿐이다."라고 자평하였고, 『논어』 「자한」에도 "내가 아는 것이 있는가? 아는 것이 별로 없다. 그러나 이러한 나에게 천박하고 무식한 사람이 진정성을 가지고 물어 오면, 나는 내가 아는 것을 모두 털어서 알려 주리라."라고 하여 지식과 지혜에 대한 자신의 견해를 피력하였다.

이런 점에서 볼 때, 공자는 사람들이 아무리 자신에 대해 '지혜롭고 슬기롭다.'라고 해도 일상생활에서 저지르는 실수, 중용 실천의 어려움 등을 솔직하게 토로하고 있는 듯하다. 어떤 측면에서는 자신의 삶도 일반 사람들과 별반 다르지 않다고 겸손해 하면서, 앞장에서 언급한 순임금의 큰 지혜를 부각시키려는 의도를 지닌 대목이기도 한다.

논리적 맥락상 연결이 부족하긴 하지만, 정현이나 주자의 풀이대로 한다면 이런 의도가 담겨 있을 수 있다. 새나 짐승을 그물이나 우리, 함정으로 몰아 넣으면 새나 짐승은 피할 줄 모르고 그냥 쓱 들어간다. 이는 자신에게 닥칠 화를 미처 알지 못하기 때문이다. 인간은 누구나 자기에게 닥칠 화가 무엇인지, 또 그것이 닥쳐올 것을 미리 알고 있다고 '착각'할 때가 많다. 그러나 막상 화에 대비할 지식을 아무리 많이 가지고 있다고 해도, 그 화가 닥치면 제대로 피하지 못하는 경우가 태반이다. 이런 경우에 무슨 지혜와 슬기를 논할 수 있겠는가? 그런데도 세상 사람들은 자기가 똑똑하고 슬기롭고 지혜롭다고 떠들어 댄다. 아무리 언행의 양극단에서 중용을 실천할 만한 지식이 있다 하더라도 한 달 동안, 즉 어느 정도는 지속해야 지혜롭고 슬기롭다고 할 만하다.

제8장

공자가 말하였다.

"안회는 중용을 선택하여 한 가지 착한 것을 얻으면, 받들어서 가슴에 꼭 간직하여 잃지 않았다."

앞에서 간략하게 언급하였지만, 제6장 '순임금의 큰 지혜'에 관한 언급에서는 순임금의 행위와 그 실천에 대한 내용이 주를 이루고 있다. 여기서는 제7장 공자의 겸손에 이어, 제자 안회의 앎에 대한 내용이 핵심을 이룬다. 알맞음, 적절함인 중(中)을 얻어서 사람들에게 제대로 적용한 사람은 순임금이다. 그런데 안회는 한 가지 착한 일을 얻으면 이것을 가슴에 꼭 지니고 놓아 버리지 않았다. 이는 순임금의 실천 행위보다는 순임금의 지혜를 인식하는 앎의 수준에 머문다. 역설적으로 말하면, 공자는 그 중간에 위치하므로 중용에 관한 지식과 실천을 모두 겸비한 위대한 인간으로 숭앙된다.

공자가 보기에 젊은 안회는 중용에 관한 인식을 소중하게 받들고 가슴에 간직하는 제자였다. 32세라는 젊은 나이에 안빈낙도하다가 일찍이 세상을 떠나 안타깝기는 했지만, 안회는 공자의 문하생 중에 가장 학문을 좋아한 사람이었다. 안회의 학문은 일차적으로 제6장에서 언급한 순임금의 행위와 그 실천 내용을 배우는 데 있었다. 아울러 중용을 제대로 선택하여 고이고이 간직하며 진정으로 지키는 것이 목적이었다.

안회는 지식과 지혜의 실천 요건을 알았던 것 같다. 선택하는 것을 제대로 자세하게 하지 않으면 알맞음을 얻을 수 없고, 지키기를 진정으로 하지 않으면 그것이 아무리 하나라도 할지언정 몸에 지니기 힘들다. 그런데 그것을 어떻게 쓸 수 있겠는가! 여기에서 안회는 먼저 제대로 파악하여 가슴에 간직하는 것이 중요하다는 지적 차원의 자세를 보여준다.

제9장

공자가 말하였다.

"온 세상이나 한 나라, 한 가문을 평화롭고 공평하게 잘 다스린 사람도 있었고, 누구나 탐내는 높은 벼슬자리나 봉급을 사양한 사람도 있었으며, 날카로운 칼날을 밟을 수 있는 용맹스러운 사람도 있었다. 하지만, 이들이라고 하여 중용을 제대로 잘 실천할 수는 없다."

지금까지 앞 장에서 지속적으로 중용의 실천에 난점이 있음을 강조해 왔다. 이 장에서도 그것을 이어 중용이 일상생활에서 펼쳐지는 당연한 도리이자 마음 씀씀이기는 하지만, 그것을 인식하거나 실천하는 작업은 실제로 매우 어려운 것임을 세 가지 일을 들어 다시 강조하였다.

주자에 의하면, 온 세상과 나라, 가문을 경영하는 정치 지도자, 높은 벼슬이나 녹봉이 주어지는 관직을 사퇴하는 일, 시퍼런 칼날 위를 밟을 수 있을 정도의 용맹함은 『중용』 제20장에 나오는 지(智), 인(仁), 용(勇)에 해당하는 것이라고 하였다. 평범한 사람들의 입장에서 볼 때, 이에 해당하는 실천을 하는 것은 매우 어렵다. 때문에 어느 하나라도 달성하기 위해 안간힘을 쓰게 되고, 그럴 경우 한 쪽으로 치우치게 된다. 하지만 태어날 때부터 바탕이 '지인용' 중 어느 하나에 가깝고 그것을 위해 힘쓰는 사람이라면 전혀 못 해낼 일은 아니다. 노력하면 가능하다.

그러나 중용의 실천은 다른 문제다. 얼핏 보면 중용은 일상의 도리이기에 지인용만큼 어렵지 않은 듯하다. 중용은 실제로 지인용 가운데 인(仁)이 성숙하고 그 의리가 자세하게 드러나 사사로운 욕망이 없는 사람이 아니면 해낼 수가 없다. 그런 점에서 지인용, 이 세 가지는 어려우면서도 쉽다. 하지만 중용은 쉬우면서도 어렵다. 때문에 중용을 행할 수 있는 사람이 드물다는 것이다. 이 지점에서 오해하지 말아야 할 것이 있다. 지인용, 이 세 가지 이외에 별도의 특별한 중용이 있다고 생각해서는 안 된다. 이 세 가지를 적절하게 알맞게 실천하는 일, 그것이 다름 아닌 중용이다.

다음의 제10장을 요청하는 이유가 여기에 있다. 제10장에서는 삶에서 힘을 발휘하는 '굳셈'에 대해 설명하고 있는데, 중용을 제대로 실천하기 위해서는 상당한 의지력과 실천력을 지닌 굳센 사람이 되어야 하기 때문이다.

제10장

공자의 수제자인 자로가 물었다.

"선생님, 사람들이 '굳세다.'라고 하는 데, 무엇을 말합니까?"

공자가 말하였다.

"'굳세다.'라고 하는 것도 여러 가지다. 자네가 물은 '굳세다.'라고 하는 것이, 남쪽 지방 사람들의 굳셈인가? 북쪽 지방 사람들의 굳셈인가? 아니면 자네 같은 지성인이 지녀야 할 굳셈인가?

너그럽고 부드러운 태도로 가르치고 의리도 없고, 도리를 지키지 않으며 법도가 없는 행위를 하는 사람일지라도 그에게 보복을 하지 않는 것은 남쪽 지방 사람들의 굳셈이다. 교양을 갖춘 지성인은 이렇게 산다.

창을 들고 갑옷을 입고 싸우다가 죽어도 후회하지 않는 것은 북쪽 지방 사람들의 굳셈이다. 무력이 센 강포한 사람들이 이렇게 산다.

그러므로 사람다운 사람인 인격자는 사람마다 서로 응하여 남에게 휩쓸리지 않는다. 이 얼마나 굳세고 꿋꿋한가! 알맞은 곳에 서서 치우치지 않는다. 이 얼마나 굳세고 꿋꿋한가! 나라가 잘 다스려져서 벼슬하고 봉급을 받아도 곤궁할 때의 생활태도나 절개를 변하지 않고 유지한다. 이 얼마나 굳세고 꿋꿋한 삶의 태도인가! 나라가 혼란스럽게 되어 벼슬에서 물러나더라도, 나라를 사랑하고 사람을 아끼는 마음 변하지 않고 지킨다. 이 얼마나 굳세고 꿋꿋한 인생인가!"

이 지점에서 우리는 공자의 수제자인 '안회'와 '자로', 두 사람을 다시 점검할 필요가 있다.

앞의 제8장에서 언급한 안회는 노나라 사람으로, 자는 자연이다. 그러기에 안연이라고도 한다. 공자보다 나이가 30세 적었으나 공자보다 먼저 죽었다. 빈곤한 생활 가운데 학문을 좋아하고 한결같이 몸을 닦아 공자에게 가장 신뢰받는 제자가 되었기에, 공자는 안회가 죽자 『논어』 「선진」에서 "아! 하늘이 나를 버리는구나!"라고 통곡하였다고 한다. 또한 같은 공자의 문하에서 안회와 동료였던 증삼은 『논어』 「태백」에서 "유능하면서도 유능하지 않는 사람에게 묻고, 높은 학식을 지니고 있으면서도 학식이 낮은 사람에게 물으며, 도덕적이면서도 그렇지 않은 척하고, 덕망이 꽉 차 있으면서도 텅 빈 듯이 하며, 다른 사람이 팔을 걷으며 덤벼들어도 그와 맞서지 않는다."라고 안회를 평가하였다. 이는 공자 제자 중에서 열린 마음을 가지고 사람을 사랑하는 인(仁)의 상징으로 안회를 꼽았다는 의미다.

여기에 등장하는 자로는 노나라 사람으로, 이름은 중용이고 자는 계로이다. 공자보다 나이가 9세 적었고, 과단성 있는 성격의 소유자로 정치적 재능이 뛰어났다. 그러기에 『논어』 「안연」에서 공자는 "한 마디 짧은 말로써 재판에서 판결을 내릴 수 있는 사람은 자로밖에 없을 것이다. 자로는 승낙한 것을 미루는 일이 없었다."라고 칭찬하였고, 『논어』 「공야장」에서는 "자로는 이전에 가르침 받았던 내용을 아직까지 실행하지 못하고 있으면 새로운 가르침을 더 듣게 될까 봐 두려워하였다."라고 하여 그의 학문 태도와 학자로서의 자질을 높이 평가하였다. 더구나 자로가 위나라 내란에서 죽자 공자는 "아, 하늘이 너의 운명을 빼앗았구나!"라며, 안회가 죽었을 때 이상으로 안타까워했다고 한다. 자로는 자타가 공인하듯이 공자의 제자 중에서 용(勇)의 상징으로 추켜세워졌음에 분명하다.

공자의 두 수제자 안회와 자로. 안회가 독실하고 겸허한 구도자로서의 특성을 지녔다면 자로는 외향적이면서도 열렬한 실천가였다. 어찌 보면 인과 용을 지닌 두 제자는 공자의 양면을 대표하는 제자들이다. 공자는 안회와 자로를 마치 자신의 두 분신처럼 변주한다.

『논어』 「술이」에 그 모습이 적나라하게 드러나는데, 공자가 안회에게 말하였다. "한 나라의 지도자가 등용해 주면 나가서 바른 정치를 행하고, 등용되지 않으면 물러나 은거해야 한다. 살아온 이력으로 보건대 나와 너만이 그렇게 할 수 있을 게다." 옆에 있던 자로는 자신의 굳셈을 바탕으로 스승에게 묻는다. "선생님께서는 군대를 대동하여 출정하신다면 누구와 함께하시겠습니까?" 공자는 조용하게 일러 준다. "맨주먹으로 호랑이를 사로잡으려 하거나 맨발로 강물을 건너려다가 죽어도 뉘우치지 않는 무모한 자와 함께 갈 수 없지. 반드시 일을 처리하기에 앞서 실패하면 어떻게 할 것인지 조심하고 계획을 잘 세워서 일을 성사시키려고 노력하는 사람과 함께 해야지." 이런 가르침은 공자가 자로의 과단성 있는 용맹에 대해 은근히 기대하며, 자로를 지성인으로 육성하려는 의지를 담고 있는 듯하다. 이처럼 안회와 자로는 공자 학문에서 수레의 두 바퀴처럼 공자의 문하생 중에서도 공자의 가르침을 제대로 확장했다.

제20장에서 자세히 등장하지만, 중용의 세 가지 보편적 덕목인 '지인용'의 차원에서 이 두 번째 단락을 볼 필요가 있다. '순임금의 큰 지혜'를 언급한 제6장에서 '굳셈'을 말한 제10장에 이르기까지 중용을 논의한 구조를 다시 살펴보면, 제6장의 순임금과 제7장의 공자는 지인용 중에서 지를 중심으로 다루고 있고, 제8장의 안회는 인의 차원에서 말한 것이다. 그리고 제9장에서 지인용을 전체적으로 점검한 후, 중용을 실천할 가장 강력한 힘인 용을 제10장에서 요청한 것으로 판단된다. 즉 순임금과 공자의 지(여기에는 인과 용도 이미 녹아 있다고 보아야 한다.)를 핵심으로 하는 중용을 바탕으로, 안회의 인과 자로의 용을 말하여 지인용의 덕목을 온전하게 갖추려고 하였다. 주자도 다음에 나오는 제11장의 풀이에서 이런 견해를 밝혔다. "이 편의 큰 뜻은 지인용 세 가지 보편적 덕목을 가지고 중용의 길에 들어가는 문턱으로 삼았다. 순임금의 경우 지를 밝히고, 안연의 경우에는 인을 밝히고 자로의 경우에는 용을 밝힌 것이다. 이 세 가지 중에서 하나만 제대로 이행하지 않아도 중용의 길에 이르지 못한다."

이런 체제를 바탕으로 제10장의 내용을 다시 보자. 남쪽 지방의 사람과 북쪽 지방 사람의 굳셈에 대해서는 여러 가지 학설이 있다. 일반적으로 남쪽은 유약하고 패배적이고, 북쪽은 야만적이고 전투적 성향이 강한 것으로 설명한다. 다시 말하면 중국의 남쪽 지방은 그 기풍이 유약하므로 포용력이나 인내력으로 사람을 대하는 것을 굳센 것으로 인식하였고, 이에 비해 그 기풍이 강건한 북쪽 지방은 싸움에서 죽는 것도 두려워하지 않는 용감한 힘, 과감한 힘으로 사람을 누르는 것을 굳셈으로 내세웠다.

그런데 공자가 내세우는 굳셈은 남쪽도 북쪽도 아닌 교양인, 또는 지성인으로서의 굳셈이다. 그것은 사람다운 사람으로서 갖추어야 할 중용의 자세에 다름 아니다. 조화와 균형, 주체성, 알맞음, 강인한 정신력, 절조 등 일상생활에서 올바른 덕을 과감하게 실천하는 일이다.

제11장

공자가 말하였다.

"어떤 사람은 별난 일을 찾아내고 괴이한 짓을 행한다. 후세에 그런 것을 칭찬하고 계승하는 사람이 있겠지만, 나는 그런 이상한 짓은 하지 않는다.

교양을 갖추었다는 사람들은 처음에는 인간의 올바른 길을 찾아 행한다. 그러다 도중에 그만두는 경우가 있다. 그러나 나는 결코 그렇게 하지 않으리라.

사람다운 사람인 인격자는 중용에 의지하여 실천하며, 세상에서 물러나 숨어 살면서 사람들에게 알려지지 않아도 후회하지 않는다. 이런 삶은 최고의 인격자만이 제대로 누릴 수 있다."

이 장은 두 번째 단락의 마지막 장이다. 두 번째 단락은 중용을 총괄적으로 설명한 것인데, 마지막 11장에서는 중용의 의미와 중용을 실현하려는 공자의 굳건한 결심, 중용의 삶을 구현한 최고의 인격자에 대해 순차적으로 묘사하고 있다.

다시 강조하지만, 중용은 절대 일상생활을 벗어난 '별난 일'이나 '괴이한 짓'이 아니다. 어떤 차원에서는 보편성을 지니고 있는 동시에 평범한 것이다. 별난 일이나 괴이한 짓거리는 지적 측면에서 보면 지식의 지나침이고 착한 것을 선택한 것이 아니며, 행위의 측면에서 보아도 과도하고 적절하지 않다. 그것은 일반적 지식에서 벗어난 특수한 이치를 찾는 작업이고 세상의 이목을 집중시키기 위한 특별한 언동이다. 공자는 일상생활에서 보편적 지식과 행위의 합리성을 추구하지 결코 일상생활을 벗어난 특별한 삶을 추구하지 않는다. 그러므로 공자는 아무리 후세에 이름을 드날릴 수 있는 일일지라도 일상에서 인간의 길을 실천하는 중용의 도리가 아닌 한 실천하지 않으리라고 다짐한다.

위에서 말한 '별난 일'이나 '괴이한 짓'은, 중용의 입장에서 보면 지나친 경우다. 그런데 인간의 길을 추구하다가 도중에 중지하고 넘어지는 것은 미치지 못함이다. 교양을 갖추었다는 사람들은 그래도 인간의 길을 찾아 나선다. 인간의 길이 무엇인지를 알고 있다. 문제는 실천력이 미흡하다는 것이다. 이는 지적 측면에서 보면 중용의 의미에 충분히 다다랐다. 그러나 행위의 측면에서 보면 힘이 부족하여 미치지 못하고 있는 경우다. 어떤 사람은 힘이 충분한데도 불구하고 어떤 요인에 의해 스스로 못하겠다고 한계를 긋는 수도 있다. 지성인으로서 활발하게 움직이고 있기는 하나 지속적인 실천성은 담보하지 못한 상태다. 그런데 공자의 생각은 다르다. 의식적으로 혹은 의지를 갖고서가 아니라, 자연스럽게 사명감을 갖고, 끝까지 인간의 도리를 찾고 실천해 가겠다고 한다.

그러면서도 공자는 자신이 중용을 실현하는 최고의 인격자라고 자인하지는 않는다. 겸손하다. 대신 '최고의 인격자만이 중용을 제대로 실천할 수 있다!'라는 말에 빗대어 그것을 염원하는 듯하다.

제2단락에서 설명하고 있는 중용은 인간의 일생생활과 윤리도덕, 삶의 가치를 제시한다는 점에서 인간의 근원적 존재방식을 묻고 있다. 가장 아름답고 이상적인 완전한 인간 삶의 모습을 나타낸다. 그런 삶은 현실적으로 불가능할 수도 있다. 세상 그 자체가 모순이요 혼란일 때, 중용이 설 자리는 없다. 그렇다면 세상에서 숨어 사는 한이 있더라도, 아무도 알아주지 않는다 하더라도 후회하지 않고 중용을 실천하려는, 삶의 궁극적 지향이 담겨 있는 장이 바로 제2단락이다.

제3단락

드러남과 숨겨짐의 동시성

제3단락은 『중용』의 세 번째 단락으로 제12장에서 제19장까지 여덟 개의 장으로 구성되어 있다. 여기에서는 중용의 실천이 그 작용상 매우 광범위하고 크게 드러나지만 그 본체는 은밀하게 숨겨져 있어 잘 드러나지 않음을 보여 준다. 제12장은 자사의 말로 제1장에서 언급한 "인간의 길은 일상생활을 잠시도 떠나지 못하는 것이다."라는 내용을 다시 부연 설명한 것이고, 제13장은 제12장에 이어 "인간의 길은 일상생활을 잠시도 떠나지 못하는 것이다. 떠날 수 있다면 그것은 인간의 길이 아니다."라는 내용을 거듭하여 부연 설명하였다. 제14장은 중용의 길을 반드시 이행해야 하는 당위성을 강조하였고, 제15장은 중용의 실천을 사례로 들었는데 효도와 공경, 집안을 제대로 다스리는 것이 나라를 다스리고 온 세상을 평화롭게 만드는 바탕임을 강조하였다. 제16장은 가고 오며 구부리고 펴는 작용을 통해 만물을 생장하고 사멸케 하는 귀(鬼)와 신(神)이 중용의 상황임을 말하였고, 제17장은 순임금이 효도의 모범으로서 최고지도자가 된 사례를 들고, 중용의 온전한 모습을 증명하였다. 제18장은 주나라 개국의 주역들인 문왕과 무왕, 그리고 주공의 정치, 문화, 사람다움을 실례로 들어 중용의 모습을 일러 주었고, 제19장은 무왕과 주공의 효도를 다시 강조하면서 일상에서 중용의 실천 사례를 정리하고 있다.

제12장

　사람다운 사람인 인격자의 삶, 그 중용의 길은 그 작용이 밝아서 쓰임이 넓고 그 본체는 은미하게 숨겨져 잘 드러나지 않는다.

　중용의 길은 평범한 부부가 함께 생활하며 자식을 낳고 기르는 일상 가운데서도 알 수 있다. 그러나 중용의 핵심에 대해서는 최고 인격자라고 할지라도 세세하게 모두 다 알지 못하는 부분이 있다. 평범한 부부처럼 잘나지 못한 사람도 중용을 잘 실천할 수 있다. 그러나 중용의 핵심에 대해서는 최고 인격자라고 할지라도 세세하게 모두 다 실천하지 못하는 부분이 있다. 우주 자연의 질서는 너무나 위대하다. 사람은 그 위대한 우주 자연의 질서를 모두 파악하지 못하기에 늘 불안하고 걱정이 많다. 그러므로 교육받은 지성인이 아무리 큰 틀에서 중용을 말하더라도 세상 사물의 중용을 모두 담지는 못하고, 아무리 작은 틀에서 중용을 말하더라도 보이지 않는 중용의 틀을 깨트릴 수는 없다.

『시경』「대아」〈한록〉편에서는 "솔개는 하늘 높이 훨훨 날고, 물고기는 연못에서 파닥이누나!"라고 읊조렸다. 이 노래는 우주 자연의 질서가 하늘과 땅에서 정확하게 드러남을 보여 주었다.

교양을 갖춘 사람, 그가 실천할 삶의 단서는 평범한 부부 생활에서 비롯된다. 그 정확한 모습은 우주 자연의 질서를 통해 드러나리라.

이 장은 중용의 작용과 본체에 대해 오묘하게 형용한다. 중용의 쓰임은 엄청나게 광대하다고 하면서 그 본바탕은 은밀하게 숨겨져 있어 드러나지 않는다고 한다. 어찌 보면 논리적 모순 같기도 하다. 드러나면 드러나는 것이고 숨겨져 있으면 숨겨져 있는 것이지, 서로 다른 것이 동시에 언급되어 묘한 여운을 남기는 대목이다. 있는 듯 없고 없는 듯 있다!

일상생활에서 인간의 길, 중용의 길은 아무리 우매하고 아둔한 부부라고 할지라도 그것을 실천할 수 있는 능력이 있다. 부부 간의 애정, 자식 양육과 사랑 등 일상의 아름다운 모습을 연출할 수가 있다. 하지만 최고 인격자이자 완전한 사람이라고 한들, 일상의 모든 사안을 언제나 합당하게 처리할 수 있겠는가? 모든 일에 중용의 실천으로 대처할 수 있겠는가? 중용의 길은 무한하다. 반면 인간의 사고와 실천, 삶의 양태는 유한하다. 인식의 한계와 제약이 존재한다.

중용의 길은 가깝게는 한 방에 거처하는 부부의 일상사로부터 멀게는 저 광활한 우주 자연의 질서에까지 스며들어 있다. 가까운 것은 잘 드러나고 보이지만, 멀리 있는 것은 잘 드러나 보이지 않는다. 우주 자연의 질서는 그 크기가 클 때는 밖이 없을 정도로 크고 작을 때는 안이 없을 정도로 작다. 바깥을 헤아릴 수 없도록 크고 안을 헤아릴 수 없도록 작다. 너무 크고 너무 작기에 오히려 볼 수가 없다. 하지만 그 속에는 세세한 일들이 항상 움직이고 있다. 인간을 비롯한 모든 사물은 아주 구체적으로 자기를 명백하게 나타낸다.

날짐승은 날고 길짐승은 기며 풀은 땅에서 새싹을 틔우고 고기는 물에서 노닌다. 이런 자연스러운 모습이 중용을 대변한다. 있는 그대로, 우주 자연의 질서다. 그런 점에서 중용의 길은 언제 어디서나 무소부재하고 어떤 일에서건 적용되지 않는 곳이 없다.

그런데 삶에서 중용의 도리, 그 길이 부부로부터 시작된다는 선언은 지극히 인간적이다. 부부는 인간의 윤리 가운데 가장 친밀한 관계. 부부의 사랑으로 잉태되는 것이 인간이다. 부부 관계는 인간 탄생의 근원이기에 모든 윤리의 중심에 자리한다. 우주 자연의 질서가 늘 짝으로 소통하고 사귀듯이, 이상적인 부부는 새의 두 날개처럼 균형과 조화를 이루어 서로가 서로에게 호응한다. 일종의 온전한 화해를 열망한다. 그것은 일상생활을 순조롭게 유도하고 그 가운데 합당한 마음 씀씀이인 중용의 길을 예고한다.

제13장

공자가 말하였다.

"중용의 길은 인간의 삶과 멀리 떨어져 있지 않다. 사람이 일상을 살아가면서 삶에 필요한 합당한 도리를 멀리하면 그것은 인간의 길이라고 할 수 없다."

『시경』「빈풍」〈벌가〉에 이런 노래가 있다.

"도끼자루를 베는구나, 도끼자루를 베는구나. 그 방법은 멀지 않네!"

도끼자루를 새로 만들려고 할 때, 사람들은 기존에 사용하던 도끼의
자루를 잡고 새로 만들 도끼의 자루를 벤다. 그런데 그 장면을 눈을 흘
겨 바라보며, 가장 가까이에서 똑같은 도끼 자루를 베면서도, 도끼자루
만드는 방법이 멀리 있다고 한다. 때문에 정치 지도자는 그 사람이 타고
난 본성을 기준으로 사람을 다스리다가, 사람다운 사람으로 되돌아오면
거기서 멈춘다.

자기 마음을 다하는 충실과 남을 이해해 주는 배려는 중용의 길과
멀리 떨어져 있지 않다. 자신에게 베풀어서 원하지 않는 것을 또한 남에
게 베풀지 말라!

사람다운 사람인 인격자, 그 인생의 길에 네 가지가 있다. 그 가운데
공자는 하나도 제대로 하지 못했다. 아들에게 효도해 주기를 바라면서
부모를 제대로 섬기지 못하고, 아래 참모나 보좌관에게 맡은 일 다해 주
기를 바라면서 위의 최고지도자를 제대로 섬기지 못하며, 아우에게는
존중해 줄 것을 바라면서 형을 제대로 섬기지 못하고, 벗에게 우정과 신
뢰가 있기를 바라면서 먼저 그에게 제대로 베풀지 않았다. 평범한 덕을
실천하고 평범한 말에 조심하며, 행실에 부족함이 있으면 애써 고치려
고 노력해야 한다. 행실을 충분하게 실천하였다면 지나치게 더할 필요는
없다. 이때 말은 행실을 돌아보며, 행실은 말을 돌아보아야 한다. 그러니
교양을 갖춘 지성인으로서 어찌 착실하지 않을 수 있겠는가?

중용의 길은 제1장에서 말한 것처럼, 우주 자연의 섭리에 의해 타고난 본성을 따른 것에 지나지 않는다. 본성은 인간에게 내면 깊숙하게 내재한다. 때문에 인간에게서 가장 가깝고 친근한 것으로 모든 사람들이 알 수 있고 실천할 수 있다. 이것이 일상생활에서 중용이 인간으로부터 떨어질 수 없는 이유다. 일상의 합당한 도리인 중용은 언제나 인간의 삶과 함께한다. 문제는 삶이 우리와 너무나 밀착되어 있기에 삶의 핵심 가치를 이루는 중용의 길을 인식하지 못하는 데 있다. 공기로 숨을 쉬고 있으면서도 공기의 소중함을 느끼지 못하는 것처럼 말이다.

그런 상황의 지속은 『시경』의 인용에서도 볼 수 있다. 한 사람이 도끼자루를 만들기 위해 도끼로 나무를 자르고 있다. 사실 도끼자루는 도끼를 들고 있는 손에 이미 들려 있다. 자기 손에 도끼자루가 쥐여져 있는 데도 그 사람은 그것을 제대로 깨닫지 못한다. 도끼자루의 길이나 만드는 방법을 다른 먼 곳에서 구하려고 한다. 참으로 어리석다. 새로 만들려는 도끼자루의 모델은 사실 자신의 손에 쥐어져 있는 그 도끼자루에 있다. 가장 가까이에 있다. 자기가 쥐고 있던 도끼자루를 보면 도끼자루 만드는 법칙을 모조리 알 수 있으련만. 중용의 실천에 미숙한 우리네 삶이 그러하다.

도끼자루를 통해 새로운 도끼자루를 보는 이런 노래는 인간의 삶에서 모든 사람에게 해당하는 보편적이고 평범한 법칙이 이미 우리 속에 존재함을 암시한다. 때문에 우리는 우리가 지닌 본성을 통해 타자를 보고 타자를 통해 나를 본다. 타자는 나의 거울이요 나는 타자의 거울이다. 이런 점에서 인간은 서로가 서로를 비추어 주는 거대한 거울이다.

서로가 거울이 되기 때문에 유교는 자기 마음을 다하고, 그것을 바탕으로 타자를 이해하는 의식을 지닌다. 그것이 이른바 공자의 일관된 삶이었던 충서(忠恕)의 태도다. 충은 사랑하는 마음과 열린 마음으로 대변되는 인(仁)의 적극적 차원이고 서는 소극적 차원이다. 이 자기 충실과 타자 배려를 통해 서로에게 삼투되는 그런 삶, 충서라는 당연한 이치가 중용 실천의 핵심이다. 최선을 다하고 충실한 마음을 가지고 다른 사람의 마음을 미루어 헤아리는 작업은 너와 나 사이의 밀착을 향한다. 때문에 중용의 길은 사람으로부터 결코 멀지 않고 절대 떨어질 수 없다. 이런 상황은 일상에서 부모와 자식, 지도자와 참모, 형제자매, 친구 사이의 언행에서 실감나게 드러난다. 때문에 중용은 늘 일상을 가로지른다. 한시도 멈추지 않고 호흡하고 있는 우리의 몸처럼, 우리 삶에 녹아 있다.

제14장

교양을 갖춘 지성인은 자신의 현재 위치에 따라 행동하고, 분수에 벗어나는 일은 하지 않는다.

자신이 부귀를 확보하고 있다면 부귀를 지닌 만큼 그 자리에 알맞게 해당하는 일을 실천한다. 빈천한 처지에 있다면 빈천한 대로 그 자리에 알맞게 해당하는 일을 실천한다. 문화가 다른 나라에서 살게 되었다면, 문화가 다른 만큼 그 자리에 알맞게 해당하는 일을 실천한다. 근심과 재난을 맞닥뜨렸다면, 걱정 근심을 주의하면서 그 자리에 알맞게 해당하는 일을 실천한다. 이와 같이 지성인은 어떤 상황에서나 자신의 본분에 따라 알맞게 처리한다.

높은 자리에 있다고 해서 낮은 자리에 있는 사람을 업신여기지 않는다. 낮은 자리에 있다고 해서 높은 자리에 있는 사람에게 빌붙거나 의지하지 않는다. 자신을 바르게 하고 남에게 바라지 않으면 아무런 원망이 없다. 위로 하늘을 원망하지 않으며 아래로 사람을 탓하지도 않는다.

그러므로 교양을 갖춘 사람은 자연스럽게 처신하며 운명을 기다리고, 교양이 없는 조무래기들은 위험한 짓거리를 하면서 요행을 바란다.

공자가 말하였다.

"활쏘기를 할 때의 예법이 지성인의 삶의 방식과 유사한 부분이 있다. 화살을 과녁에 정확하게 맞히지 못하면, 돌이켜 자신의 언행에 잘못이 있는지를 반성하고 그 원인을 자기에게서 찾는다."

본 장의 맨 앞부분에 '공자가 말하였다'라는 특별한 언표가 없는 것으로 볼 때, 『중용』의 작자인 자사가 직접 쓴 글로 보인다. 다시 강조하지만 중용은 일상생활에서의 합당한 도리를 구현하여 삶을 합리적으로 운용하는 것이라고 하였다. 이는 그때그때 당면하는 상황을 중시하는 강력한 현실주의적 성향을 지닌다. 그러므로 사람은 자신이 닥친 현실의 입장을 중시하여, 중용의 길을 실천하는 것이 중요하다.

이는 관념적으로 혹은 공상적으로 알맞음이나 적절함, 균형과 조화를 추구하는 일이 결코 아니다. 그러기 위해서는 현실에서 자신이 처한 위치나 본분을 알고 그것에 만족하며 즐길 줄 알아야 한다. 『논어』에서 공자가 다양한 형태로 삶을 즐겼고, 안회가 안빈낙도(安貧樂道)하였듯이 말이다. 자기만족을 통해 인생을 즐기는 사람은 외부 환경에 구애받지 않고 묵묵히 혹은 유유히 삶을 주도한다. 합리적이고 객관적인 태도를 품고 주체적으로 자신을 이끌어 나간다.

때문에 자신에게 주어진 본분에 충실할 뿐, 다른 부분이나 타인의 영역에 간섭을 하거나 큰 의미를 두지 않는다. 강력한 책임감과 책무성으로 무장하면서, 어떤 사물이나 다른 사람을 핑계대면서 일하지 않는다. 단지 평범한 일상에 충실하면서 결과를 기다릴 뿐이다. 흔히 말하는 진인사대천명(盡人事待天命)이다! 자기의 분수에 맞게 무리하지 않고, 가장 알맞은 자리에 스스로를 자리매김한다. 이것이 중용의 실천이요 일상의 건전함이다.

중용과 반대되는 '반중용'은 조무래기들이 요행을 바라는 행동에서 극단적으로 드러난다. 현재의 위치에 만족하여 즐길 줄 모르고 불만투성이다. 자신의 자리와 능력에 맞게 자연스럽게 행동하기보다는 남들보다 튀고 나대며 과시하기에 여념이 없다. 열심히 노력한 결과 차분히 결과를 기다리기보다는 의외의 요행을 바란다. 투기나 사행심을 조장하기도 하고 불로소득을 노리며 한탕주의에 빠지기도 한다. 그런 조무래기들은 늘 불안하고 걱정 근심이 몸에 배어 있다. 마음의 평정을 잃고 혼란 속에서 버둥거리는 모습을 보인다.

제15장

지성인의 일상을 다음과 같이 비유할 수 있겠다.

'먼 곳을 가려면 반드시 가까운 곳에서 출발하고, 높은 곳을 오르려

면 반드시 낮은 곳에서 시작해야 한다.'

『시경』「소아」〈상체〉에 다음과 같이 노래하였다.

"아내와 자식들이 사랑하고 화합함이 거문고와 비파가 화음을 내는 듯하며, 형제자매가 늘 화합하여 즐겁고, 그대의 집안 화목하고 의가 좋아, 그대의 아내와 자식도 즐거워하는구나!"

공자가 말하였다.

"그런 자식을 둔 부모는 참으로 마음이 편하고 즐겁겠다."

제14장에 이어서 이 장은 중용의 길이 일상의 어디에나 존재하는 것과 그 길을 나서는 데 반드시 순서가 있음을 밝히고 있다. 특히 『시경』을 들어 가정이라는 일상사의 모습을 한 사례로 보여 준다. 『시경』「소아」〈상체〉는 형제들이 잔치를 할 때 부른 노래라고도 하고, 주나라 무왕의 형제인 관숙과 채숙이 올바른 도리, 이른바 중용에서 벗어남을 가엽게 여겨 지은 시라고도 한다. 시의 내용을 보면, 대개 집안에서 형제의 우애를 강조한다. 시 전문을 보면 다음과 같다.

"아가위 꽃송이 울긋불긋 하네/모든 사람들 중 형제자매보다 더한 이는 없어/장례 같은 두려운 일에 형제자매를 가장 생각하네/들판과 진펄에 나가도 형제자매를 서로 찾네/할미새 호들갑을 떨듯 급하고 어려울 때 형제자매가 서로 돕네/좋은 벗 있다 해도 긴 탄식만 이어 줄 뿐/형제자매가 집안에서 다투다 외부 침해가 있으면 함께 대적하네/좋은 벗 있다 해도 서로 돕지는 못하는 법/장례 마치고 어려움 안정되고 편안해진 뒤/형제자매가 있다 해도 벗만 못하게 되지/성찬을 벌여 놓고 배부르게 먹고 마실 때/형제자매가 다 있어야만 오래도록 화락할 수 있지/아내와 자식들이 사랑하고 화합함이 거문고와 비파가 화음을 내는 듯하며/형제자매가 늘 화합하여 즐겁고 그대의 집안 화목하고 의가 좋아/그대의 아내와 자식도 즐거워하는구나!"

여기에서 인용한 시의 끝 대목은 한 가정에서 아내와 자식이 서로 사랑하고 좋아하는 모습을 거문고와 비파가 연주되어 조화를 이루는 것에 비유하였다. 이런 화목함은 가정의 평화를 상징한다. 이 평화가 다름 아닌 일상에서 이루어지는 가정생활에서의 중용이다.

앞에서 언급한 '먼 곳을 가려면 반드시 가까운 곳에서 출발하고, 높은 곳을 오르려면 반드시 낮은 곳에서 시작해야 한다.'는 비유는 가정의 경우 화목함은 자식으로부터, 즉 아래 사람으로부터 시작되어야 하기에 형제자매애가 강조되었다.

일상의 모든 일도 마찬가지다. 쉬운 것에서 어려운 것으로, 단순한 것에서 복잡한 것으로, 작은 것에서 큰 것으로, 가장 상식적인 차원에서 순차적으로 진행하는 것도 중용 실천의 기준을 잘 일러 준다.

제16장

공자가 말하였다.

"우주 자연이 굽혔다 폈다하며 작용하는 조화의 힘은 참으로 대단하다."

우주 자연의 움직임은 그 형상을 보려고 해도 보이지 않고, 그 소리를 들으려 해도 들리지 않는다. 하지만 모든 사물이 존재하는 근간이 되므로 그 기능과 작용이 빠질 수 없다.

세상 사람들에게 정결한 마음가짐으로 의복을 단정하게 입고 경건하게 우주 자연의 조화 작용에 존중을 표하면, 그 신령스러운 기운이 우리 몸을 휘감으며 강물처럼 넘실대듯 하리라.

『시경』「대아」〈억〉에 다음과 같은 노래가 있다.

"신령스러운 기운이 우리 몸으로 들어올 때, 헤아릴 수 없도다. 이미 우리 몸에 휘감겨 있는데 어찌 꺼리거나 싫어할 수 있겠는가!"

이 장면이 다름 아닌, 보이지 않고 숨겨져 있던 은미함이 나타나는 것이다. 우주 자연의 진실함, 그 자연스러움을 덮을 수 없음이 이와 같다.

이 장이 그 유명한 '귀신(鬼神)'에 관한 대목이다. 이 '귀신' 장은 『중용』에서 제1장에 버금갈 만큼 중요한 내용을 담고 있다. 왜냐하면 유학에서 보는 우주 자연에 대한 인식이 농축되어 있기 때문이다. 일반적으로 '귀신'이라고 하면 신(god), 혼령(ghost), 영혼(spirit) 등으로 생각하기 쉽지만 여기서 말하는 귀신은 그것이 아니다. 귀신은 우주 자연의 작용이요 조화이며, 음양의 기운이 갈마들며 구부리고 펴는 어떤 힘을 말한다. 이것은 자연의 공용(功用) 그 자체이다.

두 기운의 차원에서 보면 귀는 음(陰)의 생명력을 지닌 것이고, 신은 양(陽)의 생명력을 지닌 것이다. 한 기운의 차원에서 보면 귀는 되돌아와서 구부리는 것이고, 신은 다하여 펴는 것이다. 그렇지만 귀와 신은 실제로 하나의 본질에 나타나는 두 가지 현상이기도 하다. 예를 들어 하루 중에 밤낮, 한 손을 쥐었다 펴는 일, 눈을 떴다 감았다 하는 일, 숨을 들이마시고 내쉬는 일, 창문을 열고 닫는 일 등 일상에서 움직이는 모든 우주 자연의 섭리가 그것이다.

우주 자연의 이법과 이치는 인간의 작위적 행위에 의해 만들어지는 것이 결코 아니다. 의도적으로 안배해서 되는 것이 아니다. 예컨대, 하루 낮 가운데 오전은 신이고 오후는 귀다. 초목의 성장으로 보면 싹이 트기 시작할 때는 신이고 그것이 시들어 마를 때는 귀다. 계절로 보면 봄과 여름은 신이고 가을과 겨울은 귀다. 사람의 성숙으로 보면 어려서부터 청장년으로 성숙하는 것은 신이고 늙어서 노쇠해 가는 것은 귀에 해당한다. 삶과 죽음으로 볼 때 삶은 신, 죽음은 귀다. 말을 하고 있을 때 대화하는 것은 신이고 입을 다물고 있는 침묵은 귀다. 이런 점에서 우주 자연에 존재하는 만물만사가 귀신이 아닌 것이 없다.

귀신의 작용! 우주 자연의 운동 과정에서 모든 존재는 자기 나름대로의 농밀화 과정을 거치며 응집한다. 응집하여 생기는 것이 사물이다. 이 사물을 낳게 하는 전체의 과정을 조화라고 부른다. 그 조화의 작용은 신묘하다. 이 신묘한 조화를 파악하게 해 주는 자취가 바로 귀신이다. 궤적과 현상이 없다면 우리는 우주 자연의 섭리와 오묘한 작용을 파악하지 못한다. 오고 가는 저 모든 것, 그 귀신을 존중하는 일이 다름 아닌 우주 자연의 신비에 대한 경건함이다.

그것은 보아도 보이지 않고 들어도 들리지 않는다. 형체도 소리도 없고 냄새도 맛도 없다. 하지만 어떤 사물에도 빠지지 않고 녹아들어 존재한다. 때문에 모든 사물의 존재 이유이자 근거가 된다. 귀신은 모든 사물의 내면에 깊숙이 삼투되어 있다. 이 장에서 인용한 『시경』의 노래는 그것에 대한 공경이요 경외감이다.

귀신의 궤적을 그려 가는 우주 자연의 공능(功能), 그 자연스러움이

다름 아닌 진실한 세계, 존재의 참모습이다. 그것을 『중용』에서는 흔히 '정성스럽다', '성실하다', '진실하다'라고 표현하는 '성(誠)'으로 묘사한다. 엄밀하게 말하면 성은 이 세상에서 '가장 자연스러운 것'의 상징이다. 자연스러움 그 자체. 그 첫 번째가 우주 자연이 생명력을 드러내며 꿈틀거리는 조화의 세계다.

『중용』에서는 자연과 인간의 화해, 합일을 꿈꾼다. 성 자체인 우주 자연을 모델로 하여 그것을 닮으려는 인간의 몸부림을 그린다.

제17장

공자가 말하였다.

"순임금이야말로 정말 세상에서 가장 큰 효도를 한 사람이다. 덕망으로 보면 최고 인격자가 되었고, 지위로 보면 최고지도자가 되었으며, 부유함으로 보면 세상의 모든 것을 가졌다. 살아 있을 때는 선조들을 종묘에 받들어 모셨고, 죽은 후에는 후손들이 또 받들어 모시게 하여, 자손들이 잘 보존되고 대대로 복록을 누리게 하였다."

때문에 큰 덕망을 지닌 사람은 반드시 그에 걸맞은 지위를 얻으며, 반드시 그에 어울리는 복록을 얻으며, 반드시 그에 합당한 명성을 얻으며, 반드시 그만큼 장수를 누리게 된다.

때문에 우주 자연은 모든 사물을 생성할 때, 반드시 저마다의 재질에 따라 속성을 부여한다. 따라서 뿌리를 박고 위로 자라나려는 것은 북돋아 주고, 기울어져 넘어지려는 것은 덮어 준다.

『시경』「대아」〈가락〉에 다음과 같은 노래가 있다.

"좋구나! 최고지도자의 훌륭한 덕이 온 사람을 흐뭇하게 하는구나! 저절로 복록이 쏟아져 사는데 도움을 주고, 자연스럽게 세상이 끊임없이 돌봐 주는구나."

그러므로 큰 덕망을 지닌 사람은 반드시 최고지도자가 되어 사람들을 잘 살게 하라는 지상 명령을 받는다.

이 장에서부터 제18장, 제19장은 순임금과 문왕, 무왕, 주공의 효도를 통해 일상의 최고 가치인 중용을 설명한다. 효도는 일상생활에서 사람들이 실천해야 할 합당한 행위의 기본이다. 부모-자식이 어울려 사는 전통 사회의 일상에서 그것은 오히려 지극히 평범한 삶의 양태일 수 있다.

『효경』에 의하면 효는 가정적 차원의 덕행에서 시작하여 가문과 나라, 온 세상을 도덕적 세계로 만드는 덕치로 확대된다. 처음 단계에서는 부모를 잘 모시고, 중간 단계에서는 가문이나 나라와 같은 공동체의 지도자에게 충실하며, 마지막 단계에서는 세상에 나가 자신을 내세우는 '입신(立身)'의 양식으로 드러난다. 현대적 의미에서 인류 공영에 이바지하는 것이다. 때문에 효도라는 일상의 길은 정치의 바탕이 되어 세상을 다스리는 덕망에 나타난다. 이는 중용의 실천이 그 작용상 매우 광범위하고 크게 드러나지만, 본체는 일상의 가정에서 벌어지는 효도처럼 은밀하게 숨겨져 있어 잘 드러나지 않은 데 있음을 보여 준다.

주지하다시피 순임금은 고수의 아들이다. 그런데 아버지 고수는 미련했고 새어머니는 말이 많았으며, 이복동생인 상은 매우 거만하였다. 임금이 되기 전 젊은 시절에는 이런 집안 식구들에게 때로는 지붕 위에서,

때로는 우물 속에서 죽을 뻔한 곤욕을 치렀다. 하지만 젊은 순은 효도를 통해 한 집안을 평화로운 분위기로 만들었고 드디어 요임금의 인정을 받아 최고지도자의 자리에 올랐다. 그래서 순임금을 '큰 효도를 한 훌륭한 인격자'로 보아 '대효(大孝)'라고 한다. 순은 대효를 바탕으로 최고 인격자로서 대우를 받았고, 그것은 자연스럽게 최고지도자의 자리에 앉아 세상을 다스리며 자손 대대로 부귀영화를 누릴 수 있는 계기가 되었다.

엄밀히 말해 순임금이 아는 것, 젊은 시절부터 몰두했던 것은 효도뿐이었다고 해도 과언이 아니다. 최고지도자의 자리나 복록, 명성, 장수는 순임금이 마음에서부터 간절히 의도한 것은 아니었다. 자연스럽게 뒤따라 온, 이른바 '하늘이 내려 준' 것이었다. 『서경』 「순전」에 보면 순임금은 110세까지 살았다고 한다. 그 긴 세월 동안 순임금은 효도라는 커다란 덕 하나로 삶을 무장하여 여러 측면에서 최고의 자리에까지 올랐다. 일상에서 효도라는 마땅한 행위, 중용의 실천이 얼마나 중요한지를 여실히 보여 주는 대목이다.

순임금에 의해 인간이 일상에서 지켜야 할 주요한 의무가 효도가 되었다. 우주 자연은 이를 사물이 타고난 자질에 비유한다. 우주 자연에서 태어나 살아가는 만물은 저마다의 재질, 이른바 소질이나 자질이 있다. 어떤 것은 두껍게 어떤 것은 얇게 자신의 정체성을 확보한다. 식물을 예로 들면 그 뿌리가 굳은 것은 비나 이슬을 내려 주어 반드시 적셔 주고, 그 뿌리가 기울어진 것은 바람을 일으키고 비를 내려 주어 반드시 쓰러뜨린다. 식물의 속성과 자라는 형태, 자연 상태 그대로 말이다. 뿌리가 굳은 것에 흙을 북돋아 준다고 그 식물에게만 은혜를 베푸는 것도 아니고, 땅 위를 기어가는 넝쿨을 쓰러뜨린다고 그 식물만을 해치는 것도 아니다. 자연의 섭리와 이치에 따라 그럴 뿐이다. 이 우주 자연의 이치 가운데 중용이 서려 있다.

제18장

공자가 말하였다.

"아무런 걱정도 근심도 없는 사람은 오직 주나라의 문왕이리라. 왕계를 아버지로 모셨고, 무왕을 아들로 두었다. 아버지는 사업을 일으켰고, 아들은 그것을 계승하여 발전시켰다!"

무왕이 태왕-왕계-문왕의 계통을 이어받아, 군사를 일으켜 포악무도한 은나라의 주왕을 타도하고 세상을 평정하였다. 그리고 세상 사람들이 존경해 주는 만큼 빛나는 명성을 잃지 않았다. 최고지도자가 되었고, 부귀를 누리며 세상의 모든 것을 가졌다. 선조들을 종묘에 받들어 모셨고, 자손들이 대대로 부귀영화를 누리게 하였다.

사실 무왕은 말년에 가서야 최고지도자가 되었다. 이때 아우인 주공이 아버지 문왕과 형 무왕의 덕망을 정돈하여 마무리하였다. 그리고 할아버지인 태왕과 왕계를 최고지도자로 모시고, 그 윗대 선조들도 최고지도자로 예우하여 제사를 잘 지냈다.

주공이 만든 이 제도는 당시 각계각층의 정치 지도자들은 물론, 하급 관리나 서민들에게도 통용되었다.

아버지가 고위급 관료이고 아들이 하급 관리라면 장사는 고위급 관료에 해당하는 의식으로 치르고 제사는 하급 관리에 해당하는 의식으로 지냈다. 아버지가 하급 관리이고 아들이 고위급 관료라면 장사는 하급 관리에 해당하는 의식으로 치르고 제사는 고위급 관료에 해당하는 의식으로 지냈다.

장례식의 경우 1년의 상례는 중간급 지도자까지 통용되게 하였고, 3년의 상례는 최고지도자에게까지 통용되게 하였다. 부모에 대한 상례는 지위가 높은 사람이나 낮은 사람에 관계없이 똑같이 소중한 일이다.

이 장은 주나라 문왕과 그의 아들 무왕, 주공의 행적에 관한 기록이다. 주나라는 공자를 비롯하여 유학에서 가장 이상적인 모델로 삼는 왕조다. 왜냐하면 우주 자연의 질서를 바탕으로 사람을 사랑하는 덕치를 펴고 문화적으로 예악(禮樂)과 교화를 확립한 왕조였기 때문이다.

첫 대목에서 공자가 "아무런 걱정도 근심도 없는 사람은 오직 주나라의 문왕이리라."라고 한 것은 의미심장한 구절이다. 사실 유학의 도통에서 최고 인격자는 문왕 이전의 요임금과 순임금, 우임금이다. 그럼에도 불구하고 요임금과 순임금, 우임금은 문왕과 같은 행복을 누리지 못하였다. 순임금의 아버지는 고수이고, 우임금의 아버지는 곤이다. 요임금의 아들은 주이고 순임금의 아들은 균이다. 이들은 미련하거나 포악하여 사람으로서 도리를 제대로 하지 못하여 흔히 말하는 인간미가 없고 덕치를 행할 만한 인물이 못되었다. 하지만 문왕은 그와는 질적으로 달랐다. 훌륭한 아버지에 현명한 자식을 두었기에 행복한 사람으로 묘사되었다.

문왕과 무왕, 그리고 주공의 사적을 제대로 인식하기 위해서는 그들의 가계를 이해할 필요가 있다. 『사기』「본기」에 의하면, 이 장에서 말하는 문왕의 할아버지, 즉 태왕은 '고공단보'다. 고공단보에게는 태백, 우중, 계력이라는 세 아들이 있었다. 이 가운데 계력의 아들로 창이 태어났다. 계력은 문왕의 아버지인 왕계의 이름이고, 창은 문왕의 어릴 때 이름이다. 태왕은 '우리 집안을 일으킬 아이는 손자인 창이다.'라고 생각하여, 셋째 아들이던 계력에게 적장자의 대를 물려주고, 가문을 계승할 의도를 지니고 있었다. 그러자 계력의 형 태백과 우중은 아버지의 계획을 알아차리고 미리 오나라로 망명하였다. 이후 계력이 가문을 계승하였다.

이러한 사실 때문인지 『서경』에 의하면, 주나라의 왕업은 태왕이 기(岐) 땅으로 옮길 때부터 시작되었다고 본다. 당시 기 땅은 일종의 갈림길이었고 교통의 요지로서 사람들이 하나둘씩 모여들어 큰 시장을 형성하였다. 이때부터 태왕-왕계-문왕으로 계승된 가문은 사람들에게 많은 인정을 베풀었다. 그리고 인심을 얻은 만큼 나라를 건설할 수 있을 만한 바탕을 마련할 수 있었다.

엄밀하게 말하면, 무왕은 아버지 문왕이 최고지도자로서 인정을 받기 시작하면서 11년 되던 해에 맹진에서 군대를 일으켰다. 그리고 2년 뒤인 13년에 은나라를 쳤다. 무왕의 생각은 간단했다. 단 한 사람이라도 무도한 사람이 세상을 횡행하는 일, 이만큼 부끄러운 일이 없다! 그것이 무왕의 용맹이었고 정벌의 이유였다.

문왕에게는 무왕과 주공이라는 훌륭한 두 아들이 있었다. 『예기』「문왕세자」에 보면, 무왕은 문왕이 죽은 후, 60세 무렵에 최고지도자 자리에 올랐다고 한다. 60세면 상당히 노쇠한 몸이고 인생의 말년이나 다름 없다. 그 후 4여 년이나 은나라의 폭군인 주를 정벌하는 데 시간을 보냈다. 주를 멸망시키고 난 후, 최고지도자 자리에 있은 지 2년 만에 죽었다. 어찌 보면 젊은 시절부터 아버지를 보필하여 포악무도한 무리들과 대항하며 온갖 고생을 하다가, 왕위에 오르기는 했으나 말년에 잠깐 최고의 자리에 머물었던 인물이었다.

주공은 무왕의 아우 단이다. 무왕이 93세에 죽자 무왕의 아들이자 주공의 조카인 어린 성왕이 최고지도자가 되었다. 문제는 당시의 상황이었다. 성왕은 나이가 어렸고, 이제 막 은나라를 멸망시킨 주나라는 혁명 직후의 혼란스러운 상황이었다. 이때부터 주공의 능력이 탁월하게 드러난다. 주공은 어린 조카 성왕을 대신하여 국사를 대신하였다. 먼저 은나라의 남은 무리들의 반란을 평정하고, 저 멀리 동쪽의 여러 나라들을 정복한 후 다시 돌아와 나라의 예악, 문물제도를 전반적으로 정돈하였다. 그리고 수도를 낙양으로 옮긴 후 7년 만에, 성왕에게 최고지도자의 역할을 하도록 정권을 돌려주었다고 한다.

이런 주공의 공적은, 태왕 이래로 주나라 선조들의 사업 전통을 집대성하여 주나라의 예악제도를 완성한 것으로 칭송된다. 특히, 최고지도자의 자리에 오래 머물지 못한 형 무왕을 대신하여 위대한 업적을 이룬 것이다. 공자는 이런 점을 높이 평가한 것 같다. 그런 까닭인지 주공은 공자가 가장 존경하는 인물로 부각되기도 한다.

주공이 제정한 제도의 정점에 상례가 있다. 이는 앞 장에서 다루었던 효도와 직결된다. 『맹자』「등문공」 상에 의하면, 최고지도자로부터 서민에 이르기까지 상례는 삼년상에 베로 만든 상복을 입고 묽은 죽을 먹는 것으로 동일하다. 이는 하·은·주 삼대 동안 변하지 않은 제도로 소개되고 있다. 그러나 중국 고대 사회에서 삼년상을 보편적으로 행했는지는 알기 어렵다. 『논어』에서 공자 제자들 사이에 삼년상을 단축시키려는 움직임이 포착되기도 한다. 그러나 공자는 『논어』 「양화」에서 자식이 태어난 후 3년이 되어야 부모의 품속에서 겨우 벗어날 수 있다고 말한다. 이에 맞게 부모가 돌아가신 후 3년 동안 상례를 치르는 것이 세상의 보편적 도리라며 자신의 생각을 피력하였다. 이러한 사고는 '일년상이냐 삼년상이냐'라는 논란을 일으키기도 하였다. 하지만 상례는 주공이 제도를 정비하면서, 선조에 대한 자손들의 효성과 연결되어 일상의 도리를 다하는 중용의 자세로 강조되었다고 생각된다.

제19장

공자가 말하였다.

"무왕과 주공의 효도는 세상 사람들이 모두 인정할 정도의 지극한 효성이었다."

효도라는 것은 조상의 뜻을 잘 계승하고, 대대로 내려오는 사업을 제대로 이룩하는 작업이다.

봄과 가을에는 선조들의 종묘인 사당을 수리하고, 대대로 내려오는 기물을 진열하며, 조상의 유물인 의복을 펼쳐 조상의 신위 곁에 있는 시동에게 걸치게 하고, 계절마다 나오는 신선한 음식을 제사상에 올렸다.

종묘에서 행하는 의식은 아버지 세대와 자식 세대의 구별을 위해 조상들 사이에 세대 간 차이를 두는 소와 목의 서열이나 순차를 바르게 세우기 위해서다.

공, 후, 경, 대부 등 관직의 계급에 따라 서열을 매기는 것은 신분상 귀한 사람과 천한 사람을 구분하기 위해서다.

제사를 지낼 때에 담당한 직책에 따라 서열을 매기는 것은 지혜가 있고 덕행이 뛰어난 사람을 분별하기 위해서다.

제사를 지낸 후, 내빈과 더불어 연회를 하며 음복주를 마실 때 아랫사람이 윗사람에게 술잔을 권하는 것은 미천한 사람도 모두 제사의 의미를 알고 겸허하게 참여할 수 있도록 기회를 주기 위해서다.

제사가 끝나고 내빈들이 모두 돌아간 후 동족끼리 간단히 연회를 할 때, 모발의 색깔에 따라 자리를 정하는 것은 일가친척 간에 연령별로 서열을 재확인하고 가문의 질서를 바로잡기 위해서다.

선조의 자리에 올라서는 선조가 행하던 예식을 행하고, 선조가 즐겨하던 음악을 연주하며, 선조가 존중하던 것을 존중하고, 선조가 친애하던 사람을 친애한다. 돌아가신 분을 살아 있는 분 모시는 것처럼 하며, 없어진 분을 남아 있는 분 섬기듯 하는 것이 효도를 다하는 일이다.

최고지도자가 하늘에 제사 지내는 의식과 그 아래 정치 지도자들이 땅에 제사 지내는 의식은 최고의 신령을 섬기는 일이다. 종묘의 의식은 한 가문의 선조들을 모시어 제사 지내는 것이다. 최고의 신령을 섬기는 일과 가문의 선조들을 모시는 일을 잘 알아서 성실하게 실행할 수 있으면, 나라 다스리는 일은 내가 내 손바닥 보듯이 제대로 처리할 수 있다.

앞의 제17장에서 순임금을 '대효(大孝)'라고 하였는데, 이 장에서는 무왕과 주공에 대해 '달효(達孝)'라고 하였다. 달효는 '최고의 경지에 도달한 효도'라는 의미다. 어떤 차원에서 보면 '대효'와 별 차이가 없는 것처럼 보인다. 하지만 달효는 가정에서 부모를 잘 모시는 것만이 아니라, 그것을 넘어 선조의 뜻을 받들고 집안 대대로 전해오는 사업을 잘 계승하였다는 뜻도 포함되어 있다. 이것을 세상 모든 사람들에게 보편적으로 실행할 수 있도록 길을 열어 준 사람이 무왕과 주공이라는 의미를 담고 있기도 하다.

제18장에서는 태왕, 왕계, 문왕이 최고지도자로서 사업을 일으킨 것을 계승하여 무왕이 세상을 다스렸다. 또한 주공이 선조들의 업적을 정돈하여 문왕과 무왕의 공적에 활력을 불어넣었다. 이는 선조들의 뜻을 제대로 계승하고 사업을 잘 펼쳐나갔음을 상징적으로 보여 준다. 이 장에서는 무왕과 주공이 제정한 제사 의식으로서 세상의 상하 계급, 계층의 모두를 통틀어 마땅히 해야 할 일을 논의하였다. 그 핵심은 종묘를 중심으로 조상이 물려준 전통을 대대로 계승하여 발전시켜 나가는 효도 의식이다.

고대 중국인들에게 종묘는 삶에서 목숨과도 같은 그 무엇이었다. 우리에게 익숙한 종족(宗族)이라는 말은 중국 특유의 대가족을 뜻한다. 이때 종(宗)이라는 말은 엄청난 힘을 지니고 있다. 그것은 종묘의 구조에서 구현된다. 종묘는 맨 앞쪽에 첫 번째 선조의 자리인 태묘가 있다. 이른바 태조의 자리다. 그 다음부터는 남쪽을 향해 볼 때, 왼쪽이 소이고 오른쪽이 목의 자리다. 소와 목의 순서로 선조의 묘가 2열로 나란히 되어 있다. 이 엄격한 소목의 구별은 매우 중요한 의미를 담고 있다. 혈통의 계통과 질서, 대가족의 단결, 친화 등 죽은 자로부터 살아 있는 자들에 이르기까지 효(孝)의식으로 똘똘 뭉치게 하는, 인간의 자기 존재의 근거다.

이 장은 종묘의 제사를 기록함으로써 가문이 대대로 뜻을 계속하고 업적을 이어받는 종통의식이 효도임을 강조한다. 이는 중용을 실천하는 결정적 씨앗이다. 이런 점에서 유학의 일상은 제사로 환원될 수밖에 없었다. 그리고 효도를 통해 인간의 가치를 확장하며 효의식을 중심으로 정치를 실천하였다. 그것이 효치(孝治)다.

제4단락

우주 자연의 질서와
인간 사회의 법칙

제4단락은 중용의 네 번째 단락으로 제20장에서 제26장까지 일곱 개의 장으로 구성되어 있다. 여기에서는 우주 자연 자체를 형용하는 성(誠)이 중용의 근본을 이루는 것에 대해 본질적으로 논구한다. 제20장은 『중용』 33장 가운데 가장 긴 내용을 담고 있다. 정치와 도덕, 수신과 학문의 문제 등 인간이 중용에 맞게 처신하는 방법적 차원을 강력하게 제시한다. 제21장은 우주 자연의 질서와 인간의 사회법칙의 기준에 대해 구체적으로 밝혀 놓았다. 이 장은 이후의 우주 자연의 질서와 인간의 사회법칙을 인식하는 표준이 된다. 제22장은 우주 자연의 질서와 하나가 된 최고의 인격자가 중용을 실천할 수 있음을 밝혔고, 제23장은 최고의 인격자는 아니지만 그보다 약간 낮은 수준의 사람들도 성실한 태도로 임하면 중용의 실천에 동참할 수 있음을 말하였다. 제24장은 최고의 자연스러움이 우주 자연의 질서가 지닌 생명력임을 서술하였고, 제25장은 중용의 본질에 해당하는 성(誠)에 대해 구체적으로 묘사하였다. 제26장은 성의 에너지가 끊임없이 펼쳐지며 장관을 이루는 장면을 연출하였다.

제20장

공자의 인생 말년인 70대 무렵, 노나라의 최고지도자 애공이 정치하는 방법에 대해 공자에게 자문을 구하였다.

이에 공자가 말하였다.

"옛날 주나라를 창건한 문왕과 무왕의 정치에 관한 기록이 역사책에 실려 있습니다. 그 당시처럼 덕망이 있는 최고지도자와 그를 보좌하는 참모들이 있으면 그에 맞는 정치가 이루어집니다. 그런 덕망 있는 사람이 없으면 사람들이 잘 살 수 있는 정치도 실행되지 않습니다.

사람으로서 힘써야 할 길은 정치를 어떻게 하느냐에 잘 드러납니다. 그것은 식물을 자라게 하는 근원인 땅이 수목에 민감하게 나타나는 것과 같습니다. 이런 점에서 정치라는 것은 물가에서 쉽게 나고 잘 자라는 창포나 갈대와도 같습니다.

때문에 정치를 잘하고 못하는 것은 사람에게 달려 있습니다. 어떤 사람을 참모로 쓰거나 보좌관으로 임명하는 일은 최고지도자가 직접 하지요? 그러니까 최고지도자는 직접 인재를 등용하여 써야 하기 때문에 인간의 길이 무엇인지 그 합당한 도리를 분명하게 밝혀야 합니다. 인간의 길을 밝힐 때는 진정 사람을 사랑하는 열린 마음으로 해야 합니다.

열린 마음은 사람 사이에서 그들을 상대로 하는 일입니다. 그러다 보니 나와 가장 가까운 혈육인 친인척에 대해 친절하게 하는 것이 하나의 잣대가 되고 중요한 일이 됩니다. 사람의 도리는 마땅히 해야 하는 일을 말합니다. 그것은 지혜롭고 똑똑한 사람을 존중하는 것에서 비롯되기에 이 일이 가장 중요한 것이 됩니다. 친인척을 사랑하는 데도 차이가 있고, 똑똑한 사람을 존중하는 데도 차등이 있습니다. 그러기에 예의와 예절이 생기는 것입니다.

그러므로 한 나라의 최고지도자는 정치를 잘하기 위해 스스로 수양을 하지 않을 수 없습니다. 자신이 제대로 수양하려면 먼저 부모를 모시고 효도를 다해야 합니다. 부모를 모시고 친인척을 제대로 섬기고 받들려면 먼저 사람을 제대로 파악하여 현명한 참모를 가려서 써야 합니다. 이렇게 인간 사회의 법칙 속에서 사람을 제대로 파악하려면, 우주 자연의 질서가 어떻게 돌아가는지 그 이치를 정확하게 아는 데까지 이르러야 합니다."

인간 사회에는 모든 사람에게 두루 통하는 보편적인 길, 사람의 도리에 해당하는 것이 다섯 가지가 있다. 그것을 실천하게 만드는 근거는 세 가지다. 최고지도자와 참모, 부모와 자식, 남편과 아내, 형제자매, 친구 사이의 사귐, 이 다섯 가지가 일상생활에서 마땅히 실천해야 하는 보편적인 사람의 도리다. 지, 인, 용의 세 가지는 모든 사람에게 두루 통하는 보편적인 덕목인데 그것을 실천하게 만드는 바탕은 하나다.

어떤 사람은 태어나면서부터 그 길을 알고, 어떤 사람은 배워서 알게 되며, 어떤 사람은 엄청나게 노력해서 알게 되기도 한다. 하지만 사람의 도리를 알게 된다는 차원에서는 동일하다. 어떤 사람은 힘들이지 않고 편안하게 그 길을 실천하고, 어떤 사람은 잘해서 이롭게 하여 실천하게 되며, 어떤 사람은 애써서 강하게 하여 실천하게 되기도 한다. 하지만 실천하여 성공한다는 차원에서는 동일하다.

배우기를 좋아하는 것은 지에 가깝고, 실천하는 데 힘쓰는 것은 인에 가까우며, 부끄러움을 아는 것은 용에 가깝다.

지·인·용! 이 세 가지를 알면 자신이 왜 수양을 하는지 그 근거를 알게 되고, 자기 수양의 근거를 알게 되면, 왜 다른 사람을 다스려야 하는지 그 근거를 알게 된다. 다른 사람을 다스리는 근거를 알게 되면, 자신이 속한 집안과 나라, 나아가 온 세상을 왜, 어떻게 다스려야 하는지 그 이유를 알게 된다.

온 세상과 나라, 집안을 다스리는 데 필요하여 당연히 해야 할 아홉 가지 기준이 있다. 그것은 첫째, 자기 수양, 둘째, 지혜로운 사람에 대한 존중, 셋째, 부모 및 친인척에 대한 사랑, 넷째, 고위급 관리에 대한 존경, 다섯째, 참모나 보좌관들에 대한 보살핌, 여섯째, 서민들에 대한 자식 같은 내리사랑, 일곱째, 모든 업종의 기술자들에 대한 우대, 여덟째, 이방인이나 객지에 있는 사람들에 대한 배려, 아홉째, 정치 지도자들에 대한 예우 등이다.

최고지도자가 자기 수양을 하면 인간으로서 가야 할 길이 확립된다.

지혜로운 사람을 존중하면 의혹이 없어진다. 부모 및 친인척을 사랑하면 친인척 형제자매 사이에 서로 원망하지 않는다. 고위급 관리를 존경하면 정치 질서가 바르게 된다. 참모나 보좌관들을 보살피면 관리들이 본분에 충실하여 열심히 일하게 된다. 서민을 자식처럼 사랑하면 사람들이 서로 잘 살자고 권장한다. 모든 업종의 기술자들을 우대하면 생산성이 높아져서 나라의 재물이 풍족해진다. 이방인이나 객지에 있는 사람들을 배려하면 다른 나라에서 귀한 손님들이 몰려올 것이다. 정치 지도자들을 품어 주고 그에 맞게 예우해 주면 세상의 모든 사람들이 존경을 표할 것이다.

최고지도자가 안으로는 순수하고 맑은 마음을 지니고 겉으로는 단정한 차림으로 하여, 예의가 아니면 움직이지 않는 것은 수양의 기초다. 남을 해치지 않고 색욕을 멀리하며 재물을 지나치게 밝히지 않고 덕망 있는 사람을 소중하게 여기는 것은 지혜로운 사람이 활동할 수 있게 하는 바탕이다. 집안사람 중에서 높은 자리에 있는 사람을 대우해 주고 봉급을 그 자리에 맞게 챙겨 주며, 좋아하고 싫어하는 것을 함께하는 것은 가까운 일가친척을 사랑하도록 권장하는 바탕이다. 여러 관리들에게 일을 맡길 수 있도록 자율성을 부여하는 것은 고위급 관리들이 자부심을 갖게 하는 기초다. 본분에 충실하고 신뢰감을 주며 봉급을 그에 맞게 주는 것은 하급 관리들이 자긍심을 갖게 하는 기초다. 때에 맞추어 일을 부리고 세금을 적게 거두어들이는 것은 서민들을 잘 살게 하는 바탕이다. 매일 혹은 월별로 수시로 살펴 일에 맞게 봉급을 주는 것은 여러 기술자들에게 생산력을 높이게 하는 바탕이다. 떠나가는 사람을 잘 보내고 찾아오는 사람을 잘 맞이하며 잘하는 사람을 칭찬해 주고 능력이 좀 떨어지는 사람을 격려해 주는 것은 이방인이나 객지 사람들에게 동기를 부여해 주는 일이다. 대가 끊어진 집안의 대를 이어 주고, 망해 가는 나라를 돌봐 주며, 혼란스러운 것을 바로잡아 주고, 위태로운 것을 막아 주도록 하며, 보고를 받는 조회와 사람을 맞이하는 초빙을 때에 맞게 하고, 물건을 보낼 때는 두껍게 하고 가져올 때는 얇게 하는 것은 정치 지도자들이 활동하는 활력소가 된다.

온 세상과 나라, 집안을 다스리는 데 필요하여 당연히 해야 할 아홉 가지 기준이 있다. 그러나 그것을 실천하게 만드는 바탕은 한 가지다.

모든 일은 미리 준비하면 잘 이루어지고 미리 준비하지 못하면 제대로 되지 않는다. 말이 미리 정해져 있으면 막히지 않고, 일이 미리 정해져 있으면 당황하지 않게 된다. 행동이 미리 정해져 있으면 탈이 생기지 않고, 사람의 길이 미리 정해져 있으면 어떤 길을 가더라도 궁색하지 않게 된다.

아랫자리에 있으면서 윗사람에게 신임을 얻지 못하면 사람을 다스릴 수 없게 된다. 윗사람에게 신임을 얻는 데도 방법이 있다. 친구들에게 신뢰를 얻지 못하면 윗사람에게 신임을 얻지 못할 것이다. 친구에게 신뢰를 얻는 데도 방법이 있다. 부모에게 효도하고 순종하지 못하면 친구에게 신뢰를 얻지 못할 것이다. 부모에게 효도하고 순종하는 데도 방법이 있다. 자기 스스로 돌아보아 성실하지 않으면 부모에게 효도하고 순종하지 못할 것이다. 자기 스스로 돌아보아 자연스럽게 인간의 도리를 실천하게 하는 것에 방법이 있다. 착한 일이 무엇인지 제대로 알지 않으면 스스로 자연스럽게 인간의 도리를 실천하지 못할 것이다.

자연스러운 것은 우주 자연의 길이고, 자연스럽게 사람의 도리를 이행하려는 것은 인간의 길이다. 자연스러운 사람은 어떤 일이건 애써 힘들이지 않아도 척척 들어맞고, 생각하지 않아도 마음에 터득되며, 저절로 자기 길을 찾는다. 이것이 최고의 인격자다. 자연스럽게 사람의 도리를 이행하려는 인간은 착한 것을 선택하여 굳게 잡는 사람이다.

자연스럽게 사람의 도리를 이행하기 위해서는 넓게 많은 것을 배우고, 자세하고 세밀하게 물으며, 신중하게 깊이 생각하고, 분명하고 바르게 판단하며, 확실하게 최선을 다하여 실천해야 한다.

자연스럽게 사람의 도리를 이행하는 법, 그 중용의 길에 대해 배우지 않을 수도 있다. 그러나 배운다면 능통하기 전에는 그만두지 말아야 한다. 묻지 않을 수도 있다. 그러나 묻는다면 알기 전에는 그만두지 말아야 한다. 생각하지 않을 수도 있다. 그러나 생각한다면 얻기 전에는 그만두지 말아야 한다. 판단하지 않을 수도 있다. 그러나 판단한다면 분명하게 밝혀지기 전에는 그만두지 말아야 한다. 실천하지 않을 수도 있다. 그러나 실천한다면 확실해지기 전에는 그만두지 말아야 한다. 다른 사람이 한 번에 잘하게 되면 자기는 백 번을 하고, 다른 사람이 열 번에 잘하게 되면 자기는 천 번을 해야 한다.

진정으로 이 다섯 가지 공부를 제대로 할 수 있다면 어리석은 사람일지라도 반드시 총명해질 것이고, 유약한 사람일지라도 반드시 굳센 사람이 될 것이리라!

주자는 제20장에 대해 다음과 같이 마무리하였다.

"이 장은 공자의 말을 인용하여 위대한 순임금, 문왕, 무왕, 주공이 지닌 덕망을 바탕으로 그들이 전해 내려온 유학의 도통을 일러 주었다. 그것을 실천하면 그들과 같은 인격자가 될 수 있음을 밝힌 것이다."

이는 궁극적으로 중용의 시작과 끝이 무엇인지를 일러 준다. 그것은 다름 아닌 성(誠)이다.

성은 중용의 정곡을 찌르는 핵심 용어다. 하지만 주자는 『중용혹문』에서 참으로 말하기 어려운 것이 성이라는 점을 실토한다.

"명분으로 말하면 '진실하고 거짓이 없는 것'이 성이다. 모든 사물에 이치가 존재하고 저마다 고유한 이름을 지니고 있는 것은 '모두 진실하고 거짓이 없다.'는 뜻에서 그렇게 취한 것일 뿐이다.

우주 자연의 이치에서 말하면 성은 자연의 섭리, 질서다. 그것만이 진실하고 거짓이 없다. 때문에 우주 자연의 질서 자체가 성이라는 이름을 얻는다. 우주 자연의 질서는 앞에서 언급했던 귀신의 조화와 같다.

인간의 덕망으로 말하면 사람 가운데 최고 인격자의 마음만이 진실하고 거짓이 없다. 때문에 최고 인격자는 성이라는 이름을 얻는다. 이른바 '어떤 일이건 애써 힘들이지 않아도 척척 들어맞고, 생각하지 않아도 마음에 터득되며, 저절로 자기 길을 찾는다.'는 것이다.

일을 가지고 말하면, 한 가지 마음의 실상도 성이고 한 가지 행동도 또한 성이다. 그것은 크고 작음에 따라 차이가 있지만, 이치로 보면 처음부터 실제가 아닌 것이 없다. 성은 그러한 자연스러움이다."

『성리대전』에서는 성자(字)를 다음과 같이 적시하고 있다.

"우주 자연의 질서에서 논의한다면 오직 우주 자연의 섭리가 조화로워 그치지 않는 것이다. 우주 자연의 흐름은 옛날부터 지금까지 조금도 흐트러짐이 없다. 더운 여름이 가면 추운 겨울이 오고, 해가 지면 달이 뜨고, 봄에 싹이 나고 여름에 무성하게 자라며 가을에 열매 맺고 겨울에는 움츠리고 다음 봄을 준비한다. 봄, 여름, 가을, 겨울의 계절이 끊임없이 순환하여 늘 이와 같다. 이것은 진실한 우주 자연의 섭리 때문이다.

하늘은 하루 낮 하루 밤을 움직여 일주하고, 한 도수를 지나가며, 해와 달과 별자리의 운행도 예나 지금이나 변함없이 성실하다. 우주 자연의 질서와 이법(理法)이 이와 같다. 과일 또한 단 것은 늘 단맛이고, 쓴 것은 늘 쓴맛이며, 푸른 것은 늘 푸른빛을 띠고, 흰 것은 늘 흰빛을 띠며, 붉은 것은 늘 붉은빛을 띠고, 보랏빛의 것은 늘 보랏빛을 띠며, 둥근 것은 늘 둥근 모양이고, 비딱한 것은 늘 비딱한 모양이다. 하나의 꽃과 잎사귀가 무늬 결을 같이하여 늘 그렇게 변함이 없으므로 사람의 힘으로 안배해서 될 일이 아니다. 이 모두가 우주 자연의 섭리이자 질서로 저절로 그러할 뿐이다."

이런 차원에서 보면 성은 자연스러움 그 자체다! 그것이 우주 자연과 인간의 일상에서 중용의 본질이다. 일상생활의 자연스러움을 연출하는 일이다.

제21장

우주 자연의 본연인 자연스러움에 근거하여 본래 환하게 드러나는 것을 사물의 본성이라고 한다. 본래 환하게 드러난 덕성에 근거하여 자연스럽게 사람의 도리를 이행하려는 것은 교육을 어떻게 하느냐에 달려 있다. 자연스러우면 환하고 알차게 드러나고, 환하고 알차게 드러나면 우주 자연의 질서처럼 자연스럽게 된다.

앞에서 우주 자연의 본연으로서 자연스러운 것을 성(誠)이라고 하였다. 봄-여름-가을-겨울의 계절이 섭리와 질서를 좇아 순환하듯이, 그것은 자연의 질서 자체로서 실제다. 거짓 없이 진실하면서도 마치 꽉 차있는 알맹이 같다. 따라서 우주 자연에 존재하는 모든 사물의 결 가운데 구체적으로 구현되어 있다. 흔히 말하는 사물의 이치나 도리로서 자기 정체성을 지닌다. 그런데 이 우주 자연의 섭리이자 자연의 정체성은 스스로 환하게 밝은 상태다. 자연이 지닌 마음이라고나 할까? 그것을 명(明)이라고 이름하였다.

문제는 우주 자연의 질서를 인간 사회의 법칙으로 전이하면서 통일하려는 노력에서 발생한다. 원래 우주 자연의 질서는 환하게 밝은 자연의 마음을 본질적으로 지니고 운행한다. 엄밀하게 말하면 인간도 우주 자연의 하나다. 자연의 모든 것이 압축적으로 구현되어 있는 존재이기에 때로는 소우주라고도 하였다. 그러나 자연스러움을 본질적으로 간직한 우주 자연의 질서를 인위적인 문화를 구성하여 살아가는 인간의 사회법칙에 연결하여 유기체적으로 적용하려는 사유를 펼치다 보니, 그것을 통섭하려는 논리적 체계가 요청되었다.

자연스러운 운행의 질서와 환하게 밝은 자연의 마음은 하나일 뿐이다. 그런데 이것을 인간에게 적용하려고 시도하는 과정에서 적절한 도입 시스템이 필요해졌다. 그것을 논리적으로 귀결하기 위해서 자연스러움을 의미하는 성(誠), 환하게 밝음을 상징하는 명(明), 사물의 본성이나 사람의 덕성인 본성(性), 가르침이나 교육, 학문을 의미하는 교(敎) 등의 장치를 제시하였다.

이 장의 논리적 구조는 다음과 같다. 일차적으로 자연스러움이라고 하는 성(誠)이 근원적으로 존재한다. 그 성을 바탕으로 이차적으로 환하게 밝은 상태인 명(明)이 성립된다. 다시 강조하면, 우주 자연의 섭리로서 성은 자연스럽게 있다. 그것은 환하게 밝은 상태로 드러나면서 사람의 마음으로 전환한다.

이처럼 성과 명은 본래 존재하는 사람과 그 사람에게 있는 마음처럼, 하나로 달라붙어 있는 유기체다. 그것은 우주 자연과 인간 사회의 연관, 인간의 문명화를 구명하기 위해, 언어로 설명하는 과정에서, 성과 명으로 분석하고 있을 뿐이다. 즉 성과 명의 상태는, 자연스러움이라는 근원적인 덕성 위에 환하게 밝은 상태라는 명덕(明德)이 있다고 가정하였다. 따라서 자연스러움을 근거로 인간은 지적 판단을 하였고, 그 인식작용의 결과로 모든 사물의 본성이 드러난다. 그 가운데 인간의 덕성도 포함된다. 이런 점에서 자연스러움의 성(誠)은 환하게 밝은 상황을 속성으로 하여 사물의 본성인 성(性)으로 전환된다. 따라서 성(誠)은 성(性)과 동일하다. 이것이 『맹자』「진심」상에서 "자신이 지니고 있는 본래 마음을 충분히 드러내어 사람의 본성이 착하다는 것을 알면, 우주 자연의 마음도 알 수 있다."라는 자연의 마음과 인간의 마음을 연결해 주는 그 은밀한 대화와 상통한다.

때문에 환하게 밝은 상태인 명(明), 당당한 생명력을 간직한 자연의 마음은 인간의 지적 판단과 인식 작용에 힘입어 모든 사물의 본성으로 재탄생하였다. 이때 환하게 밝은 자연의 마음은 선(善)이다. 이것이 유학이 전통적으로 강조해 온 성선설의 근거가 된다. 그러기에 사람은 교육을 통해 선을 명확히 인식하고, 그 선을 삶의 실제 상황인 일상생활에서 실천하려고 한다. 이것이 다름 아닌 중용의 염원이다.

다시 정돈해 보자.

인간의 본성인 성(性)은 우주 자연의 마음인 성(誠)을 자연스럽게 이어받았다. 이때 자연의 마음인 성은 본래 환하게 밝은 상태인 명(明)이기에, 인간의 본성도 환하게 밝은 것이 된다. 따라서 인간의 본성인 성(性)은 우주 자연의 성(誠)이 명(明)을 통해 자연스럽게 이전되어, 최고 인격자의 덕성을 지닐 수 있다. 최고 인격자는 우주 자연의 자연스러운 섭리를 체득한 사람이다. 이런 점에서 성(誠)-명(明)-성(性)은 맥락을 살펴보지 않아도 그 성질이 동일하다. 그리고 이러한 인식을 바탕으로 교육을 통해 그 지속성을 담보하려고 한다. 모든 사람이 성, 선한 마음을 간직하며 살아갈 수 없다는 것보다 다양한 요인에 의해 탁해질 수 있는 성을 지켜내야 하기 때문에 교육이 필요하다.

자연의 본질과 인간의 욕구가 모순되는 지점에서 인간은 삶의 맛과 멋을 구가하는 사람다운 사람의 세상, 이른바 중용이 실현되는 삶을 갈망한다. 그것은 교육에 의해서 성취될 수밖에 없다. 앞의 제20장에서 남보다 열배 백배의 노력을 하며 눈물겹도록 애써 성을 배우려는 취지가 거기에 있다.

제22장

세상에서 우주 자연의 섭리를 가장 자연스럽게 체득한 사람만이 그 본성을 모조리 발휘할 수 있다. 그 본성을 모조리 발휘할 수 있으면 인간의 본성에서 나오는 사람의 도리를 다할 수 있다. 사람의 본성을 모조리 발휘할 수 있으면 다른 사물의 본성을 이해하고 그 사물의 이치를 파악하여 처리할 수 있다. 사물의 본성과 이치를 모두 파악하게 되면, 우주 자연의 모든 존재가 조화를 이루고 어울려 사는 데 일조할 수 있다. 이렇게 되면 우주 자연의 조화에 일조할 뿐만 아니라 우주 자연의 질서에 동참하여 함께 살 수 있다.

이 장은 한 마디로 자연스러움 그 자체인 성(誠)을 강조한 것이다. 자연스러움 그 자체로 밝혀지는 우주 자연의 질서는 인간에게 전수되어 최고의 인격자를 탄생시키고, 그가 가야할 길로 재생된다. 그러므로 앞 장인 제21장에 이어서 최고의 자연스러운 덕성을 체득한 사람이, 덕을 베풀어 나가는 삶의 소중함을 설명하였다.

인간 사회에서 최고의 덕성을 갖춘 사람은 최고지도자이며, 정치적으로 말하면 통치자다. 그 한 사람이 우주 자연의 질서를 체득하여 자연스러워질 때 최고의 덕화(德化)를 기대할 수 있고, 모든 사람도 그를 따라 우주 자연의 질서를 좇을 수 있게 된다. 그런 확장성은 다른 사물에게도 동일하게 적용되고, 종국에는 우주 자연이 하나의 거대한 오케스트라를 형성하여 거대한 울림으로 드러날 수 있다. 그것이 모든 존재가 함께 어울려 살아가는 아름다운 모습이요, 생명력을 구가하는 미학의 절정이다.

세상에서 가장 자연스러운 사람은 어떤 모습을 할까? 어떤 것에도 구애받지 않고 어떤 일을 하더라도 저절로 이루어지는 그런 존재가 있기는 한가? 유학의 시선에서 보면 그는 완전한 인간으로서 최고 인격자, 이른바 성인(聖人)이다. 이런 최고 인격자의 덕성에 대해 '실제적이고 알맹이가 꽉 찼다.'라고 형용한 것은 그보다 더 찬미할 만한 언어적 표현이 없기 때문이다.

그러한 최고 인격자의 '본성을 모조리 발휘할 수 있다.'라는 말은 다음과 같은 의도를 지닌다. 그런 덕성은 어디까지나 속이 꽉 차 있다. 진짜 알맹이로만 직조되어 있다. 하지만 겉으로 얼핏 보아서는 사사로운 욕심을 지닌 알차지 못한 쭉정이와 정확하게 분별되지 않는다. 때문에 우주 자연의 질서로부터 본받은 알찬 본성을 철저히 성찰하여 알찬 것을 보존해야 한다. 거시적인 차원이건 미시적인 차원이건, 거칠고 조잡한 일이건 자세하고 정밀한 일이건 관계없이 어떤 일에서나 힘을 다해야 한다. 어쩌면 알찬 존재에게는 '있는 힘을 다해 애쓴다.'는 말 자체가 적절한 표현이 아닐 수도 있다. 왜냐하면 '이미 알찬 상태인데 뭘 더 알차게 한다는 말이냐?'라고 반문할 수도 있기 때문이다.

사실 최고 인격자는 본성 자체가 이미 진실한 도리를 담고 있는 자연의 마음을 체득하고 있다. 그러므로 자연스러움을 터득하기 위해 진실을 향한 의식적인 몸부림을 할 필요가 없다. 자연의 필연성을 통해 본성을 모두 발휘할 뿐이다. 따라서 '본성을 모조리 발휘할 수 있다!'라든지 '모두 펼쳐 나가야 한다!'라는 언표는 노력을 의미하는 수사법이 아니다. 우주 자연의 질서를 체현한 최고 인격자만이 그것을 실제로 구현할 수 있다는 가능성의 표출이다. 최고 인격자의 감화 이후에 인간은 자기의 본성을 다 발휘하여 타인의 본성도 다 발휘할 수 있게끔 상호 영향력을 미친다. 그리고 그러한 논리는 모든 사물의 본성을 구가할 수 있는 것으로 확장된다.

'모조리 다 발휘한다.'는 언표는 어떤 일을 분명하게 인식하고 명백하게 파악하여, 그에 타당하게 처리하고 합리적으로 대처하는 작업이다. 모든 존재의 본성을 올바르게 충분히 발휘하는 일이다. 이렇게 '모조리 다함'은 나의 본성, 너의 본성, 우리 모두의 본성, 나아가 모든 사물의 본성을 연쇄적이고 유기체적인 그물망처럼 짜 나간다. 이때 본성은 모든 사람 사이에, 심지어 모든 사물 사이에도, 본질적으로 온전히 평등하고 동일하다. 단지 본성 속에 부여된 개체적 기질의 차원에서만 차이가 있을 뿐이다.

이러한 본성들, 나와 너, 우리, 모든 사물의 본성을 각자가 저마다 발휘할 수 있다면 어떠한 사태가 발생하는가? 우주 자연의 세계는 요동친다. 인간 사회도 복잡하게 꿈틀댄다. 그것은 부정적인 죽음이나 혼란의 요동이 아니라 긍정적인 살림, 생명력의 약동이다. 이런 존재가 바로 우주 자연의 신진대사를 돕고 삶에 활력을 불어넣는다. 이런 삶의 지혜가 『중용』 제1장의 마지막 구절에도 드러나듯이 "우주 자연과 인간 사회의 질서가 알맞게 되고 모든 사물 사이의 작용이 호응하게 되면, 우주 자연과 인간 사회가 기본 질서를 유지하고 인간을 비롯한 모든 사물이 저마다의 삶을 완수하리라."라는 염원과 상통한다.

제23장

세상에서 우주 자연의 섭리를 가장 자연스럽게 체득한 사람의 다음 단계, 즉 그것을 배워서 알고 마침내 자연스러움에 도달하는 사람은 사소한 부분에 최선을 다하고 자질구레한 일에 대해서도 부분적이나마 그 덕성을 이룬다. 자질구레한 일의 한 구석에도 자연스럽게 알맹이가 차도록 할 수 있어야 한다. 속으로 자연스럽게 알맹이가 차면 밖으로 드러난다. 밖으로 드러나면 그 모습이 뚜렷하게 보인다. 모습이 뚜렷하게 보이면 그 사물의 본질이 밝게 빛난다. 사물의 본질이 밝게 빛나면 그것에 근거하여 적극적으로 움직인다. 사물이 움직이면 다른 사물에 적절하게 응하며 변한다. 이렇게 적절하게 여러 사물과 마주하며 변해가면, 다른 사물도 함께 느껴져서 자연스럽게 모든 사물이 제자리를 찾아 자신의 삶을 영위할 수 있다. 이 세상의 가장 자연스러운 사람만이 인간 사회를 문명화하여 더불어 살게 할 수 있다.

이 장은 모든 사물이 자연스러움을 근거로 하여, 어떻게 충실하게 발전되어 갈 수 있는지를 말하고 있다. 특히 제22장이 우주 자연의 질서를 말하였다면, 그것을 계승하여 자연스럽게 사람의 도리를 이행하려는 인간의 길을 보여 준다. 그 길은 최고 인격자 다음가는 존재인 교양을 갖춘 지성인으로서 군자(君子)나 현인(賢人)이 주도한다. 군자나 현인은 인격의 체득 경지로 볼 때, 성인의 다음 단계다.

그런데 유학은 중요한 가정을 설정한다. 모든 것을 완벽하게 구비한 최고의 인격자인 성인을 제외하고, 사람은 본성상 모두가 같다. 개체마다 기질이 다를 뿐이다. 때문에 최고의 인격자만이 자신의 본성을 제대로 자기답게 할 수 있다. 그 이외의 모든 인간은 반드시 선을 단서로 지니고 있는 본성을 발판으로 노력해야만 제각기 선한 본성을 회복할 수 있다. 그것은 다음과 같이 『맹자』「공손추」에서 구체적으로 일러 준다.

"가슴 쓰라리게 불쌍한 마음이 없다거나, 착하지 않음을 부끄러워하는 마음이 없다거나, 자기를 떠나서 남에게 양보하는 마음이 없다거나, 선함을 옳게 여기고 악함을 그르게 여기는 마음이 없다면 사람이 아니다. 측은지심(惻隱之心)은 인(仁)의 실마리요, 수오지심(羞惡之心)은 의(義)의 실마리요, 사양지심(辭讓之心)은 예(禮)의 실마리요, 시비지심(是非之心)은 지(智)의 실마리다. 사람이 이 사단(四端)을 지니고 있는 것은 몸에 팔다리를 지니고 있는 것과 같다. 이 사단을 지니고 있으면서도 스스로 인의를 행할 수 없다고 말하는 자는 자신을 해치는 자요, 자기 군주가 인의를 행할 수 없다고 말하는 자는 군주를 해치는 자다. 사단이 나에게 있는 것을 모두 넓혀서 채울 줄 알면, 불이 처음 타오르고 샘물이 처음 솟아 나오는 것과 같을 것이다. 이를 제대로 채울 수 있다면 온 세상을 보호할 수 있고, 제대로 채우지 못한다면 부모조차도 섬길 수 없으리라."

맹자는 선천적으로 갖추어진 선의 실마리를 후천적 수양에 의해 확충해 나가야 한다고 보았다. 선의 단서는 모든 인간이 지닌 선할 수 있는 잠재 능력의 다른 표현이다. 인간은 잠재적인 선의 실마리가 성숙하여 완전한 도덕적 인간의 경지에 이를 수 있기를 갈구한다. 여기에 기여하는 것이 교육이다. 그래서 유학에서 교육받은 인간, 지성인이나 교양인은 인의예지라는 인간 관계망의 도덕적 준칙을 갖추어야 했다. 이는 인간의 내재적 가치를 한껏 발휘하여 자아실현으로 나아가는 길이기도 하다.

그렇다면 완벽한 인간이 미처 되지 못한 존재들과, 온전하게 자신의 본성을 모조리 발휘할 수 없는 사람들과, 기질의 방해를 받아 착한 본성을 구가할 수 없는 사람들은 어떻게 해야 하는가? 이 장은 그 방법의 일단을 열어 준다. 사소한 일이나 개개의 사물에도 그것이 지닌 본성 그대로 할 수 있도록 최선을 다하라! 하나하나 성취해 가려고 노력하라! 세상의 구석구석, 하나하나의 사물이 자연스럽게 될 때, 세상은 건실해진다!

그것은 여기에서 일러 주는 대로, 본성이 존재하면 그것은 반드시 드러난다. 내면에서 축적된 본성의 자연스러움은 반드시 외면으로 발현된다. 외면으로 발현되면 그 모습은 점차 형체로 드러나고, 그 형체는 점점 분명해진다. 분명한 형체로 드러났을 때, 그것은 자신의 존재 가치를 발한다. 예를 들면 사람은 각자 자신의 재간을 드러내며 좋은 의지를 보여 주며, 초목은 초목이 갖고 있는 싱그러운 재질을 아름답게 드러내며 사물로서의 본질을 밖으로 드러내는 것과 같다.

본성이 그렇게 드러날 때 사람이나 사물은 그에 따라 움직이고 감동하는 힘을 갖게 된다. 예를 들면 물이 논밭으로 흘러 들어가 농사를 하는 기초가 되고, 나무가 재목으로 자라면서 각종 도구를 만드는 목재가 되며, 사람이 나름의 자리에 앉아 사업을 하는 것처럼 각각의 사물이 적극적으로 활동하는 것을 말한다. 그런 힘은 개개의 사물을 완성할 뿐만 아니라 다른 물건에 영향을 미치며 적극적으로 감화 작용을 한다. 이것이 변화의 궁극 지점이다.

이런 점에서 중용은 사물의 생성 변화를 기본 문제로 삼고 있다. 그러나 그것은 무에서 유를 창출하는 것이 아니라 본성에서 우러나오는 점진적이고 점층적인 울림이다. 내면의 소리가 외면의 노래로 울려 퍼지는 것과 같다.

한편의 구석에서 세상의 변화에 이르기까지 아주 조그마하고 미세한 선의 실천을 통해 본성을 다지고, 그런 아름다운 본성을 통하여 타인까지도 근본적으로 선으로 변화시키는 삶.

개인마다 다르게 타고난 기질에 의해 알찬 본성의 활동이 구속되기도 한다. 하지만 본성은 절대 지워지거나 상실되는 것이 아니다. 스스로 중단하지 않고 자기실현을 감행한다. 미미하지만 선의 실현을 점차적으로 진행해 가면서, 마침내 본성의 전체적 실현을 꿈꾼다. 중용은 이런 삶의 추동력이자 노력을 요청하며 감행하는 은밀한 일상의 기획이다.

제24장

가장 자연스러운 우주 자연의 길, 일상생활에 합당한 인간 사회의 도리는 배우고 묻고 생각하고 판단하며 실천하는 공부를 통하여 사전에 알 수 있다. 한 나라나 집안이 흥하려 할 때는 반드시 복이 올 조짐이 있고, 한 나라나 집안이 망하려 할 때는 반드시 불길한 징조가 있다. 때문에 이것이 점괘에 보여지기도 하고 사람의 행동에 드러나기도 한다. 불행이나 행복이 오려고 할 때도 마찬가지다. 행복한 일도 반드시 먼저 알게 되고 불행한 일도 반드시 먼저 알게 되기 마련이다. 그러므로 가장 자연스러운 우주 자연의 길, 일상생활에 합당한 인간 사회의 도리는 불가사의한 작용처럼 은밀하게 펼쳐져 있지만 온전하고 분명하게 알 수 있는 사안이다.

이 장에서는 다시 가장 자연스러운 우주 자연의 질서를 논의하고 있다. 그렇다고 우주 자연 자체만을 언급한 것은 아니다. 우주 자연의 질서를 체현한 최고 인격자의 측면에서 인간 사회의 자연스러운 법칙인 합당한 도리가 어떻게 드러날 수 있는지를 조용하게 보여 준다.

사실 우주 자연의 섭리를 체현한 최고 인격자의 경우, 이미 다가올 일을 알 정도로 명철한 지혜를 확보하고 있다. 미래에 대한 예지력은 이미 지니고 있는 것이다. 따라서 이 장에서 말하는 미래 예측이나 미래에 대한 지혜는 최고 인격자의 길이 어떠한지를 미리 아는 것이 아니다. 최고의 인격자가 인간 사회의 제 법칙과 실현에 대해 미리 아는 것이다.

예를 들면, 나라와 집안에 큰 변화가 있을 때 그 변화가 발생하기에 앞서 어떤 변화가 예측되는지 고려한다. 변화에 앞서 그 징조가 나타나기 때문에 최고의 인격자는 가능한 한 빨리 그 징조를 파악하여 큰일이 어떻게 일어나는지 미리 알 수 있게 된다. 일반적으로 복이 다가올 조짐이 보이거나 화가 나타날 징조는 점을 쳐 보면 대강의 윤곽이 드러난다. 때로는 점을 치지 않아도 특별한 예감이나 묘한 기분을 통해서 감지할 때도 있다. 정신분석의 영역에서는 꿈의 해석이나 최면 요법을 통해 그것을 고민하기도 한다.

우주 자연의 질서를 제대로 체득하지 못한 존재들은 아직 이런 징조나 조짐의 의미를 미리 파악하여 해득할 능력이 없다. 대부분의 사람이 그러하다. 그것이 어떤 사안에 대해 미리 대비하지 못하는 일종의 어리석음이다. 우주질서를 제대로 체득한 최고 인격자는 그것을 정확하게 파악할 수 있다. 수양과 경험의 정도에 따라 달라질 수 있지만, 일반적으로 재앙이나 운수대통인 때는 흔히 말하듯이 '감, 느낌'이 온다. 뭔가 기분이 우울해지기도 하고 자신도 모르는 사이에 형언하기 어려운 힘이

솟구치기도 한다. 그런 점에서 미래에 대한 예측은 상당한 수준에서 가능하다.

이와 같은 것은 모두 사물의 이치가 미리 단서를 보이며 발현한 것이다. 『주역』에 흔히 말하는 '기미'에 지나지 않는다. 『주역』「계사」하에 의하면, 최고의 인격자인 성인에게는 사리사욕이나 거짓을 이행하려는 생각이 전혀 없다. 마음이나 시각이 밝기 때문에 언제 무슨 일이 일어나는지 그 기미들을 분명히 볼 수 있다. 참 불가사의하다. 어떻게 그것을 쉽게 볼 수 있는가? 공자의 생각은 이러했다. 기미나 징조를 안다는 것은 그야말로 최고의 경지에 이르렀다는 의미다. 흔히 말하는 입신(入神)의 경지이다. 지성인이나 교양인은 윗자리에 있는 사람들과도 함께 어울리지만 아첨하지 않는다. 아랫자리에 있는 사람들과도 함께 어울리며 사귀지만 천박하게 더럽혀지지 않는다. 기미라고 하는 것은 사물의 움직임이 매우 미세한 징조로, 거기에는 이미 길흉의 단서가 드러나 있다. 이때 지성인은 미세한 것도 알고 드러난 것도 안다.

중용의 최고 인격자가 고독한 이유, 삶의 여러 차원이 녹록치만은 않은 까닭을 여기에서 찾을 수 있다.

제25장

우주 자연의 질서는 모든 사물이 저절로 이루어지는 바탕이다. 인간 사회의 길은 인간 자신이 바른 일을 하며 마땅히 가야할 도리다.

우주 자연의 질서는 모든 사물의 존재 근거이고, 최고의 인격자는 모든 인간의 존재 근거다. 때문에 우주 자연의 질서나 최고 인격자의 본성이 제대로 구비되지 않으면 모든 사물은 존재 근거를 상실한다. 때문에 지성인이나 교양인은 만물의 존재 근거인 우주 자연의 섭리, 자연스럽게 알찬 본성을 귀중하게 여긴다.

우주 자연의 섭리나 알찬 본성은 자기를 완성하는 데서 끝나지 않는다. 만물을 완성하는 바탕임을 자임한다. 자기를 완성하는 것은 타자에게로 달려갈 사랑과 열린 마음을 갖추는 일이고, 타자를 완성하는 것은 타자와 함께 어울리려는 지혜다. 이는 사람의 본성이 지닌 덕성으로서 나의 마음과 너의 마음, 우리 모든 사람이 만나서 더불어 살아가는 삶의 길이다. 그러므로 때에 따라 가장 알맞게 쓰고 적절하게 조치해야 한다.

이 장은 우주 자연의 질서가 어떤 특징을 지니고 있는지, 그 핵심을 이해하는 데 중요하다. 요점은 다음과 같다.

첫째, 우주 자연의 이치를 체득한 인간의 본성이나 인간 사회의 도리, 그 근원은 우주 자연이다. 때문에 사람의 인위적인 행동을 거치지 않고 저절로 이루어지고 행해진다.

둘째, 우주 자연의 이치는 모든 사물의 존재 근거다. 때문에 그것이 없으면 사물도 없다.

셋째, 우주 자연의 질서는 자기만을 완성하는 데 그치지 않고, 다른 사물을 완성하는 길로 확장해 나간다. 그것은 필연이다.

그리하여 우주 자연은 에너지를 지니게 되고 생명력을 얻는다.

우주 자연의 질서는 이런 단순한 구도적 특징을 지닌다. 너무나도 간단하고 단순한 이 시스템을 인간 사회의 법칙으로 끌어들이면 다음과 같이 정돈된다.

우주 자연의 섭리를 자연스럽게 체현한 최고의 인격자가 가지고 있는 본성은 선하다. 그런 본성을 구현하는 인간의 사회는 일상생활의 모든 것이 합당한 이치에 따라 자연스럽게 전개된다. 최고 인격자의 본성은 모든 인간이 그것을 본받고 그것에 의거하여 행동해야 할 삶의 근거다. 최고의 인격자는 자기의 완성만을 고려하지 않는다. 아니, 자기는 이미 완벽하다. 다른 사람과 함께 손잡고 건실한 사회를 만들려고 한다. 그것은 사명이다. 이렇게 만들어진 아름다운 인간의 삶이 중용의 실현이다.

다시 강조하면, 우주 자연의 섭리이자 질서인 성(誠)은 사물이 저절로 성취되는, 스스로 그렇게 되는 원리다. 인간이 억지로 만들어 내지 않은 것이다. 아니, 작위적으로 만들어 낼 수 없다. 우주 자연의 질서 그 자체이며, 그 섭리와 이법, 이치에 따라 성취하는 것이다. 인간은 이 길을 모델로 인간 스스로 해야 할 당위를 찾는다.

자연에는 수많은 초목이 있다. 그 초목들은 스스로 땅에 뿌리를 박고 가지와 잎사귀를 피우고 있다. 그것은 누가 시키지 않아도 자연스럽게 저절로 이루어진다. 인간도 마찬가지다. 인간도 이런 자연을 닮았다. 귀, 눈, 코, 입, 손발 등 모든 감각, 운동, 신경 기관은 땅에 식물이 뿌리를 박고 있듯이 저절로 존재한다. 그리고 누가 시키지 않아도 자연스러운 의식 작용을 통해 가지와 이파리가 자라듯이 인간 고유의 실천을 통해서 스스로 성취해 나간다.

이런 점에서 가장 자연스러운 것의 생명력은 어떤 다른 사물의 힘을 빌리지 않고 스스로 성취하여 그 자신이 절대적인 힘을 구비하고 있다는 점이다. 가장 자연스럽게, 일상에서 합당한 도리를 추구하는 중용의 길은 스스로의 존재와 가치를 현현하는 데 어떠한 다른 사물의 힘을 필요로 하지 않는다. 모든 사물 사이, 인간 삶의 균형을 찾아가는 근원적 힘으로서 그 나름의 절대적 차원을 보여 준다. 이런 점에서 중용은 형이상학적 특성을 보이기도 한다.

제26장

때문에 가장 자연스러운 우주 자연의 질서는 쉬지 않는다. 그침이 없다!

쉬지 않으므로 오래 지속하게 되고, 오래 지속하게 되므로 모든 사물에 영향력을 미쳐 효과를 나타낸다.

사물에 영향을 미쳐 효과를 나타내면서 저 멀리까지 사방에 더 큰 효력이 미친다. 멀리까지 사방에 효력이 미치게 되면서, 땅은 보다 넓고 두꺼워진다. 땅이 넓고 두꺼워지면서 하늘은 그만큼 높고 밝게 된다.

넓고 두꺼운 것, 땅은 모든 사물을 싣는 바탕이다. 높고 밝은 것, 하늘은 모든 사물을 덮는 바탕이다. 하늘과 땅이 멀리까지 사방에 효력이 두루 미치는 것은 모든 사물을 이루는 근거다.

넓고 두꺼운 것은 모든 사물을 싣는 바탕으로서 땅과 같다. 높고 밝은 것은 모든 사물을 덮는 바탕으로서 하늘과 같다. 멀리까지 사방에 효력이 두루 미치는 것은 모든 사물을 이루는 근거로서 시간적으로나 공간적으로 무궁무진하게 나타난다.

이와 같은 우주 자연의 질서는 보이지 않아도 나타나고, 움직이지 않아도 바뀌며 하는 것이 없어도 이루어진다.

하늘과 땅, 우주 자연의 길은 딱 한 마디 말로 정돈할 수 있다. 만물을 낳고 기른다는 측면에서 하늘과 땅은 제각각의 역할과 기능이 있지만, 그것은 서로 다른 두 가지의 차원에서 논의할 수 없다. 가장 아름다운 우주 자연의 질서! 딱 한 가지일 뿐이다. 그러기에 만물을 생성하는 작업이 어느 정도인지 헤아릴 수 없다.

하늘과 땅, 그 우주 자연의 길은 넓게 퍼지고 두껍게 쌓이고 높게 오르고 밝게 빛나며 멀리 뻗어 나가고 오래 지속하리라.

지금 우리가 마주하고 있는 저 하늘은 반짝거리며 빛나는 투명한 공간이 넓게 펼쳐진 곳이다. 그 끝없는 세계에 이르러서는 해와 달, 수많은 별과 별자리가 매달려 있고, 만물을 덮어 주고 있다. 지금 우리가 마주하고 있는 저 땅은, 한 줌의 흙이 엄청나게 쌓이고 쌓인 것이다. 그 넓고 두꺼운 차원에서 보면 화산이나 악산과 같은 큰 산악이 우뚝 솟아 있어도 무겁지 않고, 강과 바다가 철철 넘치며 흘러가도 물이 새지 않으며 만물을 실어 주고 있다. 지금 우리가 마주하고 있는 저 산은 한 주먹만한 돌이 많이 모여 이루어진 것이다. 그 넓고 큰 가치의 차원에서 보면 온갖 초목이 자라고 온갖 짐승들이 살고 있으며 수많은 지하자원이 생산된다. 지금 우리가 마주하고 있는 저 강물은 한 잔의 물이 헤아릴 수 없이 많이 모인 것이다. 그 측량하기 힘든 가치의 차원에서 보면 온갖 물고기를 비롯하여 자라와 거북이, 악어 등이 살고 있어 재물이 번식하는 곳이다.

『시경』「주송」〈유천지명〉에 "우주 자연의 법칙이 심오하고 원대하여 그침이 없도다!"라고 하였다. 이는 우주 자연을 왜 우주 자연이라고 하는지 그 까닭을 말한 것이다. 그리고 또 "아아! 뚜렷이 나타나지 않았는가. 문왕의 덕이 이렇게 순수하심이여!"라고 하였다. 이는 문왕이 문왕으로 자리매김 되는 까닭이 순수한 덕이 끝이 없는 데 있음을 말한 것이다.

이 장은 앞에서 누차 설명한 우주 자연의 질서에 대한 결정판이다. 가장 자연스러운 우주 자연의 질서가 어떤 효과와 효력을 구체적으로 드러내는지 그 공효를 논의하고 있다. 그것은 자연의 질서 자체가 인간 삶의 바탕이고, 인간의 일상생활에서 잘 쓰일 수 있는 중용의 근거임을 보여 준다.

우주 자연의 질서는 참되고 알차고 거짓이 없는, 흔히 말하는 '진실무망(眞實無妄)'으로 표현된다. 이를 한 마디로 형용하면 '실제적'이고 '알맹이로 꽉 차 있는' 것이다. 허구가 전혀 없는 완벽한 상태로, 그 움직임은 부족함이 없고 넘치는 것도 없으면서 쉬지 않고 순환한다. 그러니까 우주 자연의 질서는 그 자체가 중용이다.

우주 자연의 질서가 쉬지 않고 그침 없이 운행하면서 나타나는 결과는 어마어마하다! 상상을 초월하기에 인간의 인식 영역을 벗어나 있다.

그 핵심 효과는 다섯 가지로 정돈된다. 이 장에서 글의 논리적 순서로 보면 오래 지속하고, 사물에 영향력을 미쳐 효과를 나타내며 멀리까지 사방에 더 큰 효력이 미치고, 보다 넓고 두꺼워지며 높고 밝게 되는 것이다. 오래 지속하는 것은 시간의 영원함을 일러 주고, 사물에 영향력을 미쳐 효과를 나타내는 것은 다른 사물로 확장되는 차원이며, 멀리까지 사방에 더 큰 효력이 미치는 것은 공간적으로 확대되는 차원이고, 보다 넓고 두꺼워지는 것은 대지의 기능을 말하는 것이며, 높고 밝게 되는 것은 하늘의 역할을 형용한다. 이는 위아래로 땅과 하늘을 두고 그 사이 세계에서 시간과 공간을 무한 확장하는 논리다.

여기에서 오해하지 않아야 할 부분이 있다. '오래 지속함에서 높고 밝게 이름'의 순서를 더 좋은 방향이나 덕을 성취하는 점진적인 단계로 이해해서는 곤란하다는 점이다. 왜냐하면 이 다섯 가지 효과는 차례차례로 나아가 '높고 밝게 되는 것'에서 종결되기보다는 하나하나가 모두 우주 자연이 주는 공능의 효력이기 때문이다. 즉 우주 자연의 질서는 쉬지 않기 때문에 오래 지속하는 효력을 드러내고, 사물에 영향력을 미쳐 효과를 나타내며, 멀리까지 사방에 더 큰 효력이 미치고, 더 넓고 두꺼워지며, 높고 밝게 되는 효력을 펼치는 것이다. 이는 제 각각의 효력이기도 하지만, 동시에 통섭되기도 하고 서로 포괄되기도 하면서 우주 자연의 에너지를 발산한다.

그 힘의 원천은 하늘과 땅이다. 하늘은 하늘로서 역할과 기능에 충실하고, 땅은 땅의 역할과 기능에 충실하다. 그러나 그것은 별개가 아니라 우주 자연의 길, 중용의 차원에서 보면 균형과 조화, 서로 짝이 되어 알맞게 쓰이는 자연의 합당한 도리요 이치에 불과하다. 그래서 딱 한 마디, '가장 아름다운 우주 자연의 질서!'로 단언하였다.

그 하늘과 땅 사이에 사람이 거주한다. 가장 아름다운 우주 자연의 질서를 무대로 우리 인간은 시공(時空)을 가로지르며 삶의 노래를 목청껏 부른다. 거기에서 우리는 희로애락을 발산하며 서로서로를 포용하며 호응을 통한 화해의 손길 가운데 중용을 맛보려고 한다.

제5단락

인간의 도리와 자연의 운행 질서

제5단락은 중용의 다섯 번째 단락으로 제27장에서 제32장까지 여섯 개의 장으로 구성되어 있다. 여기에서는 인간의 도리와 자연의 질서를 말하고 있다. 앞의 3장인 제27장, 제28장, 제29장은 인간이 지키고 행해야 할 도리에 대하여 언급하였고, 뒤의 3장인 제30장, 제31장, 제32장은 모든 사물에 생명력을 부여하는 자연의 질서와 운행에 대하여 강조하였다. 제27장은 최고지도자가 우주 자연의 원리, 덕성을 바탕으로 복잡한 문물제도를 일구어 정치를 펴는 차원을 언급하였고, 제28장은 주나라를 모델로 하여 최고지도자나 최고 인격자가 인간의 문명과 문화 창출에 기여하는 측면을 제시하였으며, 제29장은 최고지도자나 교양을 갖춘 지성인이 예법과 제도 등을 몸소 실천하여 사람들을 잘 살게 하는 정치 행위를 설명하였다. 제30장은 우주 자연의 운행과 조화가 끝이 없음을 말하였고, 제31장은 최고지도자나 최고 인격자를 우주 자연의 법칙과 질서에 짝하여 설명하였으며, 제32장은 우주 자연의 질서를 체득한 최고지도자, 최고 인격자의 자연스러움에 대하여 서술하였다.

제27장

최고 인격자의 덕성, 그 길은 참으로 원대하다!

온 세상에 끝없이 흘러 퍼지고, 만물이 스스로 성장하여 생명력을 펼칠 수 있게 하니, 그 높고 크기가 하늘에 닿을 듯하다.

참으로 넉넉하고 크다! 최고지도자는 인간관계의 규범 300조목, 사람의 행동 지침인 3,000조목을 제정하였다. 이런 최고의 인격자가 있어야 반듯한 정치가 제대로 시행되리라. 때문에 옛날부터 "진정으로 최고의 인격이나 덕성을 갖춘 사람이 아니면, 인간의 삶을 합리적으로 이끌어 가는 최고의 윤리 도덕을 실현할 수 없다!"라고 하였다.

그러므로 교양을 갖춘 지성인은 선천적으로 갖춘 착한 덕성인 본성을 자각하고 존중하여, 그 자연스러움에 대해 배우고 묻는 것을 자신의 길로 인식한다. 그 길이 넓고 큰 것을 알아 사물을 마주하여 처리할 때 자세하고 은미한 것까지도 모두 파악한다. 그 길이 높고 밝은 것을 끝까지 구명하여 일상에서 알맞게 운용되도록 중용의 길을 따른다. 옛날의 학문을 익히면서 새것을 안다. 최고지도자, 인격자로서의 덕성을 더욱 두껍게 함양하여 자신은 물론 사람들이 예의범절을 실천할 수 있게 한다.

때문에 지성인은 위의 높은 자리에 있어도 교만하지 않고, 아랫사람이 되어서는 배반하지 않는다. 나라가 잘 다스려져 안정된 시기에 그는 정치적 전략 전술 계획을 주도하여 충분히 나라를 흥성하게 한다. 나라가 제대로 다스려지지 않는 혼란의 시기에 그는 은퇴하여 침묵하며 덕성을 보존하며 사람들에게 희망을 줄 수 있다.

『시경』「대아」〈증민〉에 "사람이 밝고 슬기로워야 그 몸을 보존한다."라고 노래하였는데, 이것이 바로 지성인의 처신을 말한 것이리라.

이 장은 제26장의 마지막 부분에서 문왕에 대해 언급한 대목인 "우주 자연의 법칙이 심오하고 원대하여 그침이 없도다!", "아아! 뚜렷이 나타나지 않았는가. 문왕의 덕이 이렇게 순수하심이여!"라는 대목을 이어받아, 최고지도자나 최고의 인격자 또는 지성인이 어떻게 자신의 언행을 전개해 나가는지를 말하고 있다.

앞부분에서 최고지도자의 길이 '온 세상에 끝없이 흘러 퍼지고, 만물이 스스로 성장하여 생명력을 펼칠 수 있게 한다.'라는 말은 봄에 싹을 틔우고 여름에 성장하게 하며 가을에 거둬들이고 겨울에 다시 새봄을 준비하며 저장하듯이, 자연스러운 우주의 섭리처럼 인간 세상도 그렇게 열어 간다는 의미다. 그것은 인간관계의 규범인 예의(禮儀)와 사람의 구체적 행동 지침인 위의(威儀)를 갖추어 구체적으로 실천된다. 예의는 『예기』「예기(禮器)」에 보면, "예에는 큰 것도 있고 작은 것도 있다. 분명하게 드러난 것도 있고 은미하게 가려져 있는 것도 있다. 큰 것도 손상시킬 수 없고 작은 것도 더 보탤 수 없다. 분명하게 드러난 것은 가릴 수 없고 은미하게 가려져 있는 것도 크게 만들 수 없다. 때문에 경례(經禮)는 300, 곡례(曲禮)는 3,000가지 정도로 만들었지만 그 이치는 오직 하나다."라고 하였다. 300, 3,000가지로 예의와 위의를 조목화한 것은 그만큼 인간 사회의 복잡다단한 형식을 알맞게 조화하여 나아가기가 어려움을 시사한다. 이것이 인간 사회의 건전한 삶을 조절하기 위해 온전한 인격자를 지닌 최고지도자나 지성인이 요청되는 이유이기도 하다.

여기에서 지성인의 공부 태도는 다섯 가지로 제시된다.

첫째가 그 유명한 '존덕성 도문학(尊德性 道問學)'이다. 이는 우주 자연의 질서를 체득한 본성을 스스로 깨달아 그것을 정확하게 인식하는 공부다.

둘째는 '치광대 진정미(致廣大 盡精微)'다. 이는 우주 자연과 인간의 본성을 이해하는 작업이 엄청나게 넓고 큰 것이라는 사실을 파악하고, 세상의 사물을 다룰 때 정밀하게 숨겨진 부분까지도 세세하게 아는 공부다.

셋째는 '극고명 도중용(極高明 道中庸)'이다. 이는 우주 자연과 인간의 본성이 아주 높고 밝은 차원이라는 점을 끝까지 캐묻고, 인간의 삶에서 가장 합리적으로 구현될 수 있도록 노력하는 공부다.

넷째는 우리에게 매우 익숙한 '온고 지신(溫故 知新)'이다. 이는 전통적으로 보편성을 획득한 사람의 지혜를 터득하는 동시에 새롭게 다가오는 현실을 인식하는 공부다.

마지막 다섯째는 '돈후 숭례(敦厚 崇禮)'다. 이는 우주 자연의 질서를 체득한 최고 인격자 혹은 지성인이 자신의 본성을 더욱 두껍게 간직하며 덕성을 함양하고, 인간 사회의 기준으로서 예의범절을 실천하는 공부다.

이런 점에서 중용은 지성인으로서 자기 공부를 얼마나 철저히 이행하느냐의 여부에 달려 있다고 해도 과언이 아니다. 중용은 사람다움을 끊임없이 고민하는 공부다. 그것은 궁극적으로 일상생활을 담보하는 정치적 행위를 통해 증명된다.

제28장

공자가 말하였다.

"인간의 도리가 무엇인지도 모르는 우매한 자는 무턱대고 자기의 그릇된 주장이나 편견이 사람들에게 받아들여지고 그것이 쓰이기를 좋아한다. 낮은 자리에 있는 비천한 자는 혼자서 제멋대로 일을 처리하기 좋아한다. 지금 세상에 태어나 살면서 옛날의 생활 방식으로 돌아가려는 자도 있다. 이렇게 하는 자들은 재앙이 그의 몸에 미치리라."

이 세상에서 최고의 인격을 갖춘 최고지도자가 아니면 함부로 사람이 살아가는 데 필요한 예절이나 규범을 논의하지 못하고, 사회의 여러 가지 문물제도와 법률을 제정하지 못하며, 나라의 문서나 기록을 통일된 문자로 정돈하지 못한다.

지금 세상은 주나라의 최고지도자가 제정한 제도에 따라 수레의 바퀴를 비롯하여 다양한 도량형이 통일되고, 문자나 문장이 통일되어 있으며, 사회의 윤리 규범이 통일되어 있다.

최고지도자의 자리에 있으나 진정으로 그 자리에 어울리는 덕망이 없으면, 함부로 사회를 운용할 수 있는 문물제도와 법률을 제정하지 못한다. 최고 인격자로서 덕망이 있으나 진정으로 그 덕망에 어울리는 자리가 없으면, 또한 함부로 사회를 운용할 수 있는 문물제도나 생활 지침을 제정하지 못한다.

공자가 말하였다.

"나는 하나라의 예법에 대해 말할 수 있다. 하지만 하나라의 후예인 기나라가 오늘날 그 증거를 제대로 갖고 있지 않아 그것에 대해 확실하게 말하기는 어렵다. 나는 은나라의 예법에 대해 배웠다. 하지만 은나라의 후손이 세운 송나라가 지금 존재하고 있어도 그 분명한 증거를 찾기가 쉽지 않다. 나는 지금 주나라의 예법도 배웠다. 그런데 오늘날에도 여전히 주나라의 예법이 쓰이고 있다. 때문에 나는 주공이 정비해 놓은 주나라의 예법을 따를 것이다."

이 장은 공자의 삶에 대한 자세, 중용의 태도가 드러나는 대목이다. 그것은 인간에 대한 이해와 시대정신을 어떻게 구명하느냐와 관련된다. 특히 자신을 어떤 차원에서 이해하고, 어떤 삶의 자세를 견지하느냐에 따라 역사의식과 인간 이해가 두드러지게 나타난다.

공자는 사람들이 자신의 처지를 정확히 파악하여 행동할 것을 주문한다. 도덕적 덕성을 제대로 갖추지 못한 어리석은 자나 지위가 없거나 낮은 비천한 자, 현재를 살면서 자신에게 가장 가까운 일들은 내버려 두고 먼 과거에서 삶의 지침을 구하는 자, 이들은 자기가 어떤 상황에서 어떤 삶을 살고 있는지 제대로 알지 못한다. 뿐만 아니라 현실을 제대로 파악하지 못하고 있어 실수를 저지르기 일쑤다. 이런 사람에게는 반드시 재앙이 닥치게 마련이다. 현실의 일상생활을 합리적으로 처리하려는 중용의 입장에서 보면 완전히 반대되는 삶을 지향하기 때문이다.

자사는 공자의 이런 점을 눈여겨보았다. 그리고 반중용의 삶을 경계하는 동시에 현실에서 중용의 자세가 어떠해야 하는지 진지하게 고려한다. 누누이 강조하였지만, 중용의 하이라이트, 그 조건은 아주 단순하다. 최고지도자가 최고 인격자로서 일상의 운영을 담보하고 모든 사람들이 그에 맞게 살아가는 일이다. 따라서 자사는 최고지도자의 자리에서 그 덕망을 갖춘 사람들만이 한 사회를 이끌어 갈 문물제도, 법률, 삶의 지침 등을 제대로 갖출 수 있다는 점을 재확인한다. 그리고 공자의 말을 통해 현실에서의 중용을 재점검한다.

공자는 하나라에서 은나라, 그리고 주나라로 이어지는 역사 전통을 소중히 하였다. 제27장에서 '온고 지신'이라고 하였듯이, 역사와 전통, 그리고 현대성을 철저하게 유기적으로 결합하였다. 그것은 『예기』「예운」과 『논어』「팔일」에 다음과 같이 기록되어 있다. "내가 하나라의 예법을 보기 위하여 그 후예인 기나라에 간 일이 있었다. 그러나 당시 유행하고 있던 기나라의 문물제도가 하나라의 전통을 그대로 이어 오지 못하고 다른 문물들과 혼합되었기에 하나라 전통 예법을 고스란히 증명할 만한 것이 못되었다. 그래도 이때 하나라의 것을 추측할 수는 있었다. 내가 은나라의 예법을 보기 위하여 그 후예인 송나라에 간 일이 있었다.

그러나 송나라에서 유행하고 있던 문물제도가 은나라의 전통 예법을 고스란히 증명할 만한 것은 못되었다. 그래도 이때 은나라의 역법에 대해 알 수 있는 기회를 얻었다."

또한 『논어』의 「위정」과 「팔일」에는 하-은-주의 건국 전통을 구체적으로 언급하며 주나라를 따르려는 의지를 밝히기도 한다. "은나라는 하나라 제도를 바탕으로 건국하였다. 그러하기에 하나라와 은나라를 비교해 보면 은나라가 어떤 부분에서 영향을 받았고, 어떤 부분에서 배척하였는지 그 빼고 더함을 알 수 있다. 주나라는 은나라의 제도를 바탕으로 건국하였다. 그러하기에 은나라와 주나라를 비교해 보면 주나라가 어떤 부분에서 영향을 받았고, 어떤 부분에서 배척하였는지 그 빼고 더함을 알 수 있다.", "주나라는 하나라와 은나라, 두 나라의 예악 문화를 비판적으로 계승하고 발전시켜서 찬란한 문화를 이룩하였다. 따라서 나는 주나라의 빛나는 문화를 따르려고 한다."

공자가 주나라를 따르려는 이유는 명확하다. 첫째는 자신의 지위와 관련되고, 둘째는 그의 현실주의적 시각과 연관된다. 예악이나 문물제도, 법률, 생활 지침 등을 만들 수 있는 사람은 최고지도자의 자리에 있는 사람만이 할 수 있다. 그러나 공자는 그 자리에 있지 못했다. 때문에 공자는 이미 만들어진 문물제도 가운데 가장 완벽한 것을 찾았다. 그것이 주공이 만든 주나라의 예법이었다. 더 중요한 사실은 공자 당대에 주나라의 예법이 실제로 실천되고 있다는 현실적 차원이다. 공자는 구체적으로 증명되고 많은 사람들에게 일상에서 보편적으로 행해지는 윤리 도덕에 주목하였다.

주나라의 예법은 최고지도자가 제정하였다는 점에서 우주의 질서를 담지하고 있고, 현실에서 실천되고 있다는 점에서 보편성을 획득하였다. 특히 일상생활에서 사람들이 합리적으로 운용하고 실제적으로 쓰이고 있다는 사실이 중요하다. 그것이 다름 아닌 중용의 실천이다.

제29장

이 세상을 제대로 다스리기 위해서는 세 가지 중요한 조건이 있다. 그 세 가지는 의례와 제도와 정사 기록이다. 이 세 가지를 제대로 갖추어 실천하면 실수가 적으리라.

옛날의 예법은 그것이 아무리 훌륭한 것이라 할지라도 증명할 방법이 없다. 증명할 방법이 없기 때문에 그것을 믿고 받들 수 없다. 믿고 받들 수 없기 때문에 사람들이 따르지 않는다. 요즘 시대의 최고 인격자이면서도 그에 어울리지 않게 아랫자리에 있는 사람은 예법을 잘 알고는 있으나 예법을 논의하고 제정할 만한 최고지도자의 자리에 오르지는 못하였다. 최고지도자의 자리에 있지 않으므로 그 사람을 믿지 않았고, 믿지 않으니 사람들이 따르지 않았다.

때문에 최고지도자가 세상을 다스리는 방법은 자신의 덕행을 바탕으로 사람들에게 실제로 그 효과가 나타나게 해야 한다. 하나라, 은나라, 주나라 세 왕조의 예법에 비추어 보아도 뒤지지 않고, 우주 자연의 이법에 비추어 보아서도 어긋나지 않으며, 구부리고 펴는 귀신의 이치에 비추어 보아도 딱 들어맞아야 한다. 이렇게 된다면 그것은 어떤 시대에 내놓아도 의심받지 않는 올바른 방법으로 통하리라.

구부리고 펴는 귀신의 이치에 비추어 보아 딱 들어맞는 것은 우주 자연의 질서를 아는 것이다. 어떤 시대에 내놓아도 의심받지 않는 올바른 방법이 되는 것은 사람의 도리를 아는 일이다.

때문에 최고지도자가 이 세상에서 어떤 언행을 하게 되면, 그것은 사람들이 합리적으로 살아가는 삶의 도리가 된다. 행동으로 옮기면 그것은 세상의 법도가 되고, 말을 하게 되면 그것은 세상의 본보기가 된다. 따라서 멀리 있는 나라의 사람들도 그런 최고지도자를 우러러보고, 가까이 있는 이웃 나라 사람들도 싫어하지 않는다.

『시경』「주송」〈진로〉에 "저쪽에서도 미워함이 없고, 이쪽에서도 싫어함이 없다. 바라건대 밤낮으로 애써서 영원히 영예로움 간직하기를."이라고 노래하였는데, 최고지도자 가운데 이와 같이 하지 않고 세상에 이름을 남긴 사람은 아직까지 없었다.

주자의 『중용장구』에 의하면, 이 장은 제27장에서 언급한 '위의 높은 자리에 있어도 교만하지 말라!'라는 말을 풀이한 것이라고 한다. 그것은 결국 최고지도자의 올바른 정치를 구현하는 조건을 말하는 차원이다.

지도자가 되기 위한 세 가지 조건이 있다. 그것은 의례(儀禮)와 제도(制度)와 고문(考文)이다. 다시 말하면, 사람들을 이끌어 갈 수 있는 한 사회의 이념이나 목표가 있어야 하고, 그것을 추동해 나갈 생활양식이 있어야 하며, 그것은 역사 기록을 통해 성찰되어야 한다. 이러한 기본적인 정치적 소양을 가지고 정치를 할 때, 그 지도자는 실수를 적게 하고 자신의 정치적 소신을 펼 수 있게 된다.

그 정치적 소신은 모든 사람들에게 공인받을 만한 착한 정치다. 착한 정치가 시행되지 않으면 불신을 낳고 불신은 사람들의 삶의 질을 떨어뜨린다. 반대로 착한 정치를 통해 신뢰를 얻게 되면, 존경의 대상이 되어 떠받들어진다. 그것이 최고지도자의 진면목이다. 그런 지도자의 언행은 세상 사람들의 행동규범이 되어 시간상으로나 공간상으로 영원성을 인정받는다.

문제는 유학에서 최고의 인격자인 공자에 대한 구명이다. 공자는 예법 전문가로서 이론적으로 탁월한 지식을 보유한 사람이었다. 그러나 그가 처한 상황은 정치 지도자로서 최고의 자리가 아니었다. 예법을 실제로 제정할 수 있는 실권자가 아니었다. 그것은 귀천을 따지는 자리싸움에서 존귀함을 얻지 못하는 결정적 요인이 되었다. 존귀함을 통해 사람들의 일상을 건전하게 인도하는 것이 현실정치이고 중용의 실천이다.

그런 점에서 공자는 온전한 현실정치도, 중용도 제대로 실현하지 못하였다. 대신 중용을 염원하는 마음을 담아 그 명실상부한 조화와 화해를 끈질기게 모색하였다. 우주 자연의 질서와 인간 사회의 법칙은 어떻게 맞닥뜨려야 하는가? 자연의 굽힘과 폄이 동시에 있는 것처럼 인간 사회의 상황 법칙도 그러한가? 등등 수많은 삶의 이론과 실천 사례를 정돈하여 제시하면서 중용의 이론 틀을 갖추어 나간다.

다시 말하면 그는 중용을 향한 학문적 노력에 심혈을 기울였다. 춘추 시대의 수많은 정치 지도자들이 펼쳤던 정치적 노력이 아니라 연구와 저술 편찬, 그리고 교육을 통하여 사람들이 중용을 예비할 수 있도록 기여하였다.

제30장

공자는, 저 멀리로는 요임금과 순임금이 걸어갔던 길을 근거로 삶의 도리를 계승하고 발전시켰다. 가까이로는 주나라의 문왕과 무왕의 길을 모범으로 삼고 그것을 추어올렸다. 사계절의 순환, 지형과 지리, 기후와 풍토, 토양과 수질 등 하늘과 땅의 '호응 작용'을 바탕으로 하는 우주 자연의 질서에 순응하는 삶을 고민하였다.

그것은 비유하면 하늘과 땅이 만물을 실어 주어 살아가게 하고, 덮어 주어 살아가게 하는 것과 같다. 또한 일년의 사계절이 변화하고 해와 달이 낮과 밤을 교대로 밝혀 주는 것과 같다.

이 광활한 우주에는 만물이 어울려 자라나면서도 서로 방해하지 않는다. 우주 자연의 이치와 인간 사회의 법칙이 함께 행해져도 서로 어긋나지 않는다. 작은 덕은 냇물이 저마다 흐르는 것과 같고, 큰 덕은 우주 자연의 질서에 따라 만물이 조화를 이루며 어울려 살아가는 것과 같다. 이것이 우주 자연이 위대한 이유다.

공자는 자신의 철학과 사상을 전개하면서, 요임금과 순임금으로부터 문왕과 무왕에 이르는 도통을 스스로 잇고 있다고 자임한다. 거기에 우주 자연의 상황을 인간의 모범으로 전이하여 이입시킨다. 이 둘의 역사성과 사회성, 시간과 공간이 투영되면서 인간 사회의 길과 우주 자연의 길은 하나로 통합된다. 우주 자연의 도리에 근거하여 인간 사회의 도리를 체현하는 일! 이는 유학의 이상이자 궁극적인 목표다. 그것이 자연과 인간의 통일인 천인합일(天人合一)이다.

다시 하늘과 땅, 우주 자연의 당연한 이치를 정돈하면 다음과 같다.

하늘은 모든 사물을 덮고 있다. 땅은 모든 사물을 싣고 있다. 그 사이 세계에서 만물이 함께 뒤섞이면서 어울려 자라고 있다. 크고 작은 사물들, 아름답고 추한 사물들, 그 천태만상, 형형색색의 모습은 서로 어깨를 나란히 해서 존재한다. 그러나 어떤 사물도 제각기 자신의 길을 갈 뿐, 서로가 방해하거나 방해받지 않는다. 그것이 우주 자연의 길이다. 이 우주 자연에는 천태만상의 수만큼이나 헤아릴 수 없는 길이 있다. 사계절이나 해와 달, 별은 제각기 운행하고 있으면서도 서로가 추호의 일그러짐도 없다. 각자의 빛을 발하고 있을 뿐이다.

천태만상의 사물은 아무리 작을지라도 자기만의 덕성을 지닌다. 그 작은 덕성은 제각기 시냇물이 흘러가듯이 자신을 드러내고, 전체의 일부분으로서 각각의 빛을 발하면서 하모니를 이룬다. 그 하모니는 처음에는 일부분이었으나 소리가 어울려 퍼지면 퍼질수록, 그 조그마한 덕성은 점점 울려 퍼지고 조화를 이루면서 우주 자연 전체의 덕성을 이룬다. 다시 말하면, 조그마한 덕인 소덕(小德)은 큰 덕인 대덕(大德)과 다른 것이 아니다. 큰 덕의 포용 속에 큰 덕의 근원으로서 조그마한 덕이 존재한다. 한 가지의 근원이 여러 가지 현상을 낳고 그 현상이 모여서 큰 덕을 이루기 때문에 작은 덕은 전체의 일부분이고 만 가지 사물의 근본이다.

이처럼 조그마한 덕성을 지닌 모든 사물이 함께 자라고 함께 어울리는 까닭은 우주 자연의 섭리일 뿐이다. 그 근거나 이유는 없다. 그냥 그러할 뿐이다. 천태만상의 특수한 변화는 조그마한 덕성의 근거다. 큰 덕의 바탕으로서 최초의 알맹이다. 조그마한 알갱이들이 호응에 호응을 거듭하여 사귀며 조화를 이루어 끝내 그 덕성은 충실하고 큰 알맹이가 된다. 그 최후의 모습이 대우주로서 자연의 질서다.

우주 자연의 법칙은 이처럼 근원적으로나 현상적으로나 성대하다. 하늘과 땅, 모든 사이 세계를 가로지르며 전체를 포용하는 위대한 생명력을 지니고 있다.

제31장

이 세상에서 최고지도자만이 총명과 예지의 덕성을 지니고 있으면서 사람들에게 제대로 된 올바른 정치를 베풀 수 있다. 너그럽고 넉넉하며 온화하고 부드러운 태도로 사람들을 포용할 수 있다. 사물의 사이 세계에 재빠르게 호응하고 쉬지 않고 힘쓰며 의연한 태도로 정의를 굳게 잡을 수 있다. 단정하고 씩씩하며 알맞고 바르게 하는 태도로 모든 사람에게 공경할 수 있다. 모든 일에 절도 있고 조리가 있으며, 치밀하게 탐구하여 사물의 이치를 충분히 제대로 살필 수 있다.

최고지도자의 지혜와 덕망은 온 세상을 두루 돌고 넓게 퍼지며, 고요하고 깊은 샘이 솟듯이 졸졸 흘러나오면서도 때에 맞추어 적절하게 나타난다.

온 세상에 두루 돌고 넓게 퍼질 때 그 넓기는 우주 자연의 광활함과 같고, 고요하고 깊은 샘이 솟듯이 졸졸 흘러나올 때 그 깊이는 큰 연못에 물이 고여 바닥을 알 수가 없는 것과 같다. 이러한 최고지도자의 지혜와 덕망이 밖으로 드러나면 사람들 모두가 공경하게 된다. 말로 하면

사람들 모두가 믿고 따른다. 행동으로 나타나면 사람들 모두가 기뻐하
게 된다.

이러므로 최고지도자의 명성은 이 세상의 중심부는 물론 주변의 나
라까지도 퍼져서 드날리게 되고, 저 멀리 변방의 오랑캐나 야만족이 사
는 지역까지도 뻗어 나가 영향을 미치게 된다. 배나 수레로 갈 수 있는
바다나 육지, 사람의 힘으로 갈 수 있는 모든 곳, 하늘과 땅 사이에 해
와 달이 비치고 서리와 이슬이 내리는 곳, 이 모든 곳에 사는 인간은 모
두 그 최고의 인격자를 존경하고 친애하게 된다. 때문에 최고의 지도자,
최고의 인격자, 최고의 지성인은 우주 자연과 짝을 이룬다고 말하는 것
이리라.

이 장은 앞의 제31장을 이어받아 '작은 덕은 냇물이 저마다 흐르는
것과 같음'을 다시 강조하였다.

장의 구조상 '이 세상에서 최고지도자만이 총명과 예지의 덕성을 지
니고 있으면서, 사람들에게 제대로 된 올바른 정치를 베풀 수 있다.'라
는 첫 번째 구절은 그 아래의 네 구절을 포괄한다.

아래 네 구절은 인의예지(仁義禮智)로 나누어 말한 것이다. 즉 너그럽
고 넉넉하며 온화하고 부드러운 태도로 사람들을 포용하는 것은 인이
고, 사물에 재빠르게 호응하고 쉬지 않고 힘쓰며 의연한 태도로 정의를
굳게 잡는 일은 의에 해당한다. 그리고 단정하고 씩씩하며 알맞고 바르
게 하는 태도로 공경하는 일은 예이고, 모든 일에 절도 있고 조리가 있
으며 치밀하게 탐구하여 사물의 이치를 충분히 제대로 살피는 작업은
지에 해당한다.

최고의 인격자는 이러한 인의예지를 내면 가득히 지니고 있다. 우주 자연과 같이 두루 넓고 광대하며 샘물과 같이 깊숙한 곳에서 솟아나는 확신을 안고 있다. 그런 덕성의 충실함, 알맹이는 최고조에 이르러 봉숭아 꽃씨가 톡 터지는 것처럼 외면으로 표출된다. 자신에게서 출발하여 다른 사람에게 미치지 않음이 없다. 그것이 유학이 지향하는 수기치인(修己治人)이나 내성외왕(內聖外王), 성기성물(成己成物)의 전형적 모습이다.

이러한 최고의 지성인은 그 빛나는 명성을 온 나라에 떨친다. 뿐만 아니라, 사방의 끝에 있는 미개한 사람들에게까지 미친다. 사람의 발자취가 있는 지상의 끝에 이르기까지 그는 우주 자연이 자연스럽게 질서를 보여 주는 것처럼 스스로의 존재 이유를 드러낸다. 그래서 최고지도자의 덕성은 우주 자연의 섭리와 일체감을 이룬다. 우주 자연의 이법을 내면으로 받아들여 즐겁게 호흡한다.

제32장

이 세상에서 우주 자연의 질서를 가장 자연스럽게 간직한 사람만이 세상을 다스리는 법칙인 오륜을 세워 그것을 경영하고 처리할 수 있다. 우주 자연과 인간 사회가 본래 그러하듯이 원래 있는 기본 질서를 세울 수 있다. 또한 우주 자연의 조화 가운데 만물이 자라나 생명력을 얻게 됨을 알 수 있다. 어찌 다른 것에 의존해서 그렇게 될 수 있겠는가? 가장 자연스러운 우주 자연의 질서, 그 공용의 결과일 뿐이다.

자연스럽고 알찬 저 열린 마음으로 세상을 경영하고, 고요하고 깊은 저 연못 같은 덕망으로 기본 질서를 세우며, 높고 넓은 저 하늘 같은 지혜와 덕성으로 온 세상을 감화하리라.

진정으로 총명하고 지혜로워서 우주 자연의 섭리에 통달한 사람이 아니면, 그 누가 제대로 알아서 잘 다스릴 수가 있겠는가?

이 장은 앞의 제31장과 제32장을 이어 '큰 덕은 우주 자연의 질서에 따라 만물이 조화를 이루며 어울려 살아가는 것과 같음'을 다시 강조한 것이다. 따라서 이 장은 최고지도자, 혹은 최고 인격자와 우주 자연의 질서를 구명한 종결자이자 확정판이다.

최고의 지도자이자 인격자인 성인(聖人)은 조금도 결함이 없는 알맹이 자체다. 때문에 우주 자연의 작용이 조화롭다는 것을 인지하고 마음을 차분하게 가라앉혀 인간 사회에 가장 합리적인 삶의 길을 자연스럽게 제시한다. 그것이 다름 아닌 오륜이다. 최고의 인격을 지닌 사람은 이 오륜을 의식적으로 행하려고 하지 않아도 저절로 실천되고, 마음 가운데에서 스스로 흘러나온다. 이것이 제20장에서 언급하였던 다섯 가지 보편적 도리다.

제31장과의 관계에서 보면, 앞의 제31장이 최고지도자의 덕망이나 덕성에 대해 말하였다면, 제32장에서는 가장 자연스러운 인간 사회의 합당한 도리를 말하였다. 이 둘의 관계, 즉 최고지도자의 덕망은 인간 사회의 합당한 도리의 근거다. 그 도리는 최고지도자의 덕망을 지니지 않으면 실천될 수 없다. 때문에 그것은 하나로 통일된다.

제6단락

다시 중용, 그 무성무취의 삶

제6단락은 중용의 여섯 번째 단락으로 제33장의 끝 장이다. 이 단락은 중용의 마지막 단락으로 중용의 전체 내용을 총결하는 결론 장에 해당한다. 여기서는 다시 제1장의 뜻을 강조하여 말하였다. 핵심 내용은 몇 가지로 간추릴 수 있다. 첫째, 위로 통달하기 위해서는 아래에서 시작하여 차근차근 밟아 올라가야 한다는 하학상달(下學上達), 둘째, 겉으로 보이는 명리를 위해서가 아니라 자기를 위해서 공부할 것, 셋째, 그 모든 것의 근저에 홀로 있을 때를 삼가는 신독(愼獨)을 둘 것 등이다. 이제 중용은 이 지점에서 재출발한다. 제1장은 '우주 자연의 질서에 따라 타고난 것을 인간의 본성이라 하고'에서 출발하여, '모든 사물이 저마다의 삶을 완수하는'데서 마무리하였다. 이는 내면의 세계에서 외부의 세계로 확산해 가는 설명 방식이었다. 반면에 중용 최후의 장인 제33장은 외부의 세계에서 내면의 세계로 조금씩 수렴하는 설명 방식을 취한다. 그것은 여덟 편의 시를 인용하여 마무리되는데, 내면의 극치는 '소리도 없고 냄새도 없다.'라는 무성무취(無聲無臭)에서 절정을 이룬다.

제33장

『시경』 「위풍」 〈석인〉과 「정풍」 〈봉편〉에 "비단옷을 입고 홑옷을 덧입
는다."라고 노래하였는데, 이것은 비단옷이 번쩍거리며 드러나는 것을
싫어했기 때문이다. 그러므로 교양을 갖춘 지성인의 길은 어두운 것 같
으면서도 날로 빛나고, 교양 없는 조무래기의 길은 밝게 반짝이는 것 같
지만 날로 사그라들며 꺼져간다. 교양을 갖춘 지성인의 길은 싱거우면
서도 싫지 않고, 간결하면서도 세련미가 있으며, 온화하면서도 조리가
바르다. 먼 데에 있는 것은 가까운 데서 시작됨을 알고, 바람이 어디에
서 불어오는지 그 근원을 알며, 은미하게 숨겨진 것이 뚜렷하게 드러남
을 안다. 이런 차원을 제대로 알아야 인간으로서 어떻게 살아야 하는
지, 덕망을 닦는 경지로 들어갈 수 있다.

『시경』 「소아」 〈정월〉에 "물고기가 물속에 아무리 잠겨 엎드려 있어도

매우 밝게 드러나 보인다."라고 노래하였다. 그러므로 교양을 갖춘 지성인은 내면으로 자신을 반성하여 잘못을 없게 하고 마음에 부끄러움을 없게 한다. 교양을 제대로 갖추지 못한 보통 사람들은 지성인을 따라오지 못한다. 왜냐하면 지성인은 사람들이 보지 않는 곳에서도 스스로 삼가는데 보통 사람은 그렇지 못하기 때문이다.

『시경』「대아」〈억〉에 "그대가 방에 있는 것을 보았는데, 골방에 있어도 부끄럽지 않으리라."라고 노래하였다. 그러므로 교양을 갖춘 지성인은 움직이지 않아도 남들이 공경하고, 말하지 않아도 남들이 믿는다.

『시경』「상송」〈열조〉에 "제단 앞에 나아가 말없이 신령에게 빌어 다투거나 예의를 어기는 일이 없도다."라고 노래하였다. 그러므로 지도자가 보상을 해 주지 않아도 사람들이 스스로 부지런히 일하고, 특별히 화를 내지 않아도 사람들이 형벌을 주는 것보다 두려워한다.

『시경』「주송」〈열문〉에 "최고지도자의 드러나지 않은 덕망을 모든 정치 지도자가 본받고 따른다."라고 노래하였다. 그러므로 최고지도자가 최선을 다하여 공경하는 마음으로 사람을 대하면, 그 마음이 드러나 보이지 않아도 세상은 평화롭게 잘 다스려진다.

『시경』「대아」〈황의〉에 "나는 그대의 착한 마음을 높게 여긴다. 큰소리 내지 않고 낯빛을 꾸미지 않기에 좋다."라고 노래하였다. 이 노래에 대해 공자가 말하였다. "자신을 자랑하며 잘 보이려고 하는 것으로 사람을 교화하거나 감화하는 일은 낮은 단계의 정치 방법이다." 그리고 『시경』「대아」〈증민〉에 "덕성은 가볍기가 터럭과 같다."라고 노래하였는데, 공자가 "이때 터럭이 아무리 가볍지만, 그래도 그 무게를 비교할 데가 있다."라고 하였다. 또 『시경』「대아」〈문왕〉의 "우주 자연은 만물을 낳고 기르면서도 소리도 없고 냄새도 없다!"라는 노랫말을 인용하였는데, "이것이야말로 중용 최고의 경지다!"라고 하였다.

이는 『중용』의 마지막 장이다. 대부분의 글이 그렇듯이, 마지막 장은 결론이다. 결론은 늘 요약과 핵심을 은밀하게 드러낸다. 이전의 내용을 돌이켜 근본을 되씹는다. 가장 중요한 것은 배우는 자세다. 유학의 기초는 늘 자기 수양이다. 때문에 홀로 있을 때 근신해야 한다. 이것은 아무리 강조해도 지나치지 않다. 제1장에서 언급했던 신독(愼獨)이 중용의 알짜 개념이 되는 이유도 여기에 있다.

이 마지막 장은 한마디로 말하면 '겸손'이다. 최고지도자나 지성인들이 자기의 덕망을 떠벌리고 자랑하지 않는 삶의 자세다. 그랬다. "최선을 다하여 공경하는 마음으로 사람을 대하면, 그 마음이 드러나 보이지 않아도 세상은 평화롭게 잘 다스려진다."라고. 그것은 냄새도 소리도 없는 무성무취(無聲無臭)! 가장 자연스러운 가운데 완성된다.

마지막 장은 제1장의 내용이 상당수 반복된다. "물고기가 물속에 잠겨 엎드려 있어도 매우 밝게 드러나 보인다."라는 시는 제1장의 세 번째 구절인 "숨는 것보다 더 잘 드러나 보이는 것은 없고, 작은 일보다 더 크고 환하게 나타나는 것은 없다."를 다시 강조하였다. 이와 더불어 마음에 부끄러움이 없게 하는 일을 심각하게 고려한다. 그것은 자신을 성찰하고 신독을 통해 참된 지성인으로 나아가려는 노력이다.

"그대가 방에 있는 것을 보았는데, 골방에 있어도 부끄럽지 않으리라."라는 시는 제1장의 두 번째 구절인 "일상생활에서 다른 사람에게 보이지 않는 자신의 마음가짐이 흐트러지지 않도록 경계하고 삼가며, 다른 사람에게 들리지 않는 자신의 마음가짐이 흐트러지지 않도록 겁내고 두려워한다."라는 의미를 재차 말한 것이다. 이는 일시적인 행위에 국한되는 것이 아니라 일상에서 항상 그런 마음의 자세를 갖추어야 한다는 의미다.

이제 마지막 장의 마지막 구절을 통해 『중용』의 극치가 어디에 있는지 고려할 필요가 있겠다. 마지막 구절에는 『시경』 「대아」의 〈황의〉, 〈증민〉, 〈문왕〉의 세 시의 구절을 인용한다.

"나는 그대의 착한 마음을 높게 여긴다. 큰소리 내지 않고 낯빛을 꾸미지 않기에 좋다!"

"덕성은 가볍기가 터럭과 같다!"

"우주 자연은 만물을 낳고 기르면서도 소리도 없고 냄새도 없다!"

다시, 공자의 해설을 보자.

"자신을 자랑하며 잘 보이려고 하는 것으로 사람을 교화하거나 감화하는 일은 낮은 단계의 정치 방법이다."

"이때 터럭은 아무리 가볍지만 그래도 무게를 비교할 데가 있다."

"이것이야말로 중용 최고의 경지다!"

이 세 개의 시 구절 가운데 첫 번째 시 구절은 큰소리와 낯빛을 꾸미는 것에 대한 경계다. 큰소리와 낯빛은 성색(聲色)인데, 이는 사람들을 교육하거나 정치의 수단으로 볼 때 법령과 형벌을 이용하는 방법이다. 법령과 형벌은 자연스럽지 못하다. 인위다. 때문에 자연스럽게 사람들을 교화하는 측면에서 보면 근본 방법은 아니다. 외면적이며 말단에 해당한다. 형이상학적 초월의 차원에서 보면 형이하학의 작위적 단계다. 그렇다고 그런 방법을 완전히 배제하거나 부정할 수는 없다. 일상생활에서 자연스러운 합리적 행위를 구가하려는 중용의 차원에서 볼 때, 그것은 만족스럽지 않고 불충분한 요소가 존재한다.

그러기에 공자는 두 번째 시 구절을 인용한다.

"덕성은 가볍기가 터럭과 같다!"

이는 형색의 양태로 존재하는 덕성에 비하면 상당히 가벼워졌다. 하지만 아무리 가볍다고 하더라도 터럭에도 무게가 있다. 형색에 비하면 가볍지만 초월적 무성무취에 비하면 여전히 형이하학적 작위이고 무게가 존재한다. 터럭의 무게만큼 온전한 자연스러움으로 나아가지 못할 중량이 남아 있다.

그래서 공자는 마지막 세 번째 시 구절을 끌어들인다.

"우주 자연은 만물을 낳고 기르면서도 소리도 없고 냄새도 없다!"

이 드러나지 않는 극치가 중용의 자연스러움이다. 아무것도 하지 않아도 저절로 이루어지며 가장 은미하면서 가장 잘 드러난다.

지금까지 중용은 '알맞게 쓰임'으로 자기 존재를 숨겨 왔다. 때로는 서로 응하는 형태로, 때로는 드러나 있으면서 동시에 숨겨져 있는 형식으로 우주 자연의 질서와 인간 사회의 법칙을 받아 안았다. 그 종국은 일상생활의 합리적 운용이다. 모든 사물 사이의 균형과 조화! 그것은 각자의 정체성을 지니면서도 하모니를 이루어 화음을 연출하는 거대한 오케스트라 연주와도 같다. 연주를 통해 그 연주만큼이나 마음 씀씀이를 울려 퍼지게 하는 작업이 다름 아닌 우주의 생명력이고 인간 사회의 활력이다. 가장 자연스러운 삶의 맛이요, 인생의 멋진 에너지다.

중용! 그 무성무취의 삶, 그것은 그저 담백(淡泊)하다. 소리도 냄새도 없이 가장 맛이 없는 곳에서 최고의 맛, 그 향기를 드날린다!

『中庸章句』원문

序

中庸, 何爲而作也. 子思子, 憂道學之失其傳而作也. 蓋自上古聖神繼天立極,
而道統之傳有自來矣. 其見於經, 則允執厥中者, 堯之所以授舜也. 人心惟危,
道心惟微, 惟精惟一, 允執厥中者, 舜之所以授禹也. 堯之一言, 至矣盡矣.
而舜復益之以三言者, 則所以明夫堯之一言, 必如是而後可庶幾也. 蓋嘗論之,
心之虛靈知覺, 一而已矣, 而以爲有人心 道心之異者, 則以其或生於形氣之
私, 或原於性命之正, 而所以爲知覺者不同. 是以或危殆而不安, 或微妙而難
見耳. 然人莫不有是形, 故雖上智不能無人心, 亦莫不有是性, 故雖下愚不能
無道心. 二者雜於方寸之間, 而不知所以治之, 則危者愈危, 微者愈微, 而天
理之公, 卒無以勝夫人欲之私矣. 精則察夫二者之間而不雜也, 一則守其本心
之正而不離也. 從事於斯, 無少閒斷, 必使道心常爲一身之主, 而人心每聽命
焉, 則危者安 微者著, 而動靜云爲, 自無過不及之差矣. 夫堯·舜·禹, 天下
之大聖也. 以天下相傳, 天下之大事也. 以天下之大聖, 行天下之大事, 而其
授受之際, 丁寧告戒不過如此, 則天下之理, 豈有以加於此哉. 自是以來, 聖
聖相承, 若成湯·文·武之爲君, 皐陶·伊·傅·周·召之爲臣, 旣皆以此而接

夫道統之傳, 若吾夫子, 則雖不得其位, 而所以繼往聖, 開來學, 其功反有賢
於堯舜者. 然當是時, 見而知之者, 惟顔氏·曾氏之傳得其宗. 及曾氏之再傳,
而復得夫子之孫子思, 則去聖遠而異端起矣. 子思懼夫愈久而愈失其眞也, 於
是推本堯舜以來相傳之意, 質以平日所聞父師之言, 更互演繹, 作爲此書, 以
詔後之學者. 蓋其憂之也深, 故其言之也切, 其慮之也遠, 故其說之也詳. 其
曰天命率性, 則道心之謂也. 其曰擇善固執, 則精一之謂也. 其曰君子時中,
則執中之謂也. 世之相後, 千有餘年, 而其言之不異, 如合符節. 歷選前聖之
書, 所以提挈綱維, 開示蘊奧, 未有若是之明且盡者也. 自是而又再傳以得孟
氏. 爲能推明是書以承先聖之統. 及其沒而遂失其傳焉, 則吾道之所寄不越乎
言語文字之間, 而異端之說, 日新月盛, 以至於老佛之徒出, 則彌近理而大亂
眞矣. 然而尚幸此書之不泯, 故程夫子兄弟者出, 得有所考, 以續夫千載不傳
之緒, 得有所據, 以斥夫二家似是之非. 蓋子思之功於是爲大, 而微程夫子,
則亦莫能因其語而得其心也. 惜乎其所以爲說者不傳, 而凡石氏之所輯錄, 僅
出於其門人之所記, 是以大義雖明, 而微言未析. 至其門人所自爲說, 則雖頗
詳盡而多所發明, 然倍其師說, 而淫於老佛者, 亦有之矣. 熹自蚤歲, 卽嘗受
讀而竊疑之, 沈潛反復, 蓋亦有年, 一旦恍然似有以得其要領者, 然後乃敢會
衆說而折其衷, 旣爲定著章句一篇, 以俟後之君子. 而一二同志, 復取石氏書,
刪其繁亂, 名以輯略. 且記所嘗論辯取舍之意, 別爲或問, 以附其後. 然後此
書之旨, 支分節解, 脈絡貫通, 詳略相因, 巨細畢擧, 而凡諸說之同異得失,
亦得以曲暢旁通而各極其趣. 雖於道統之傳, 不敢妄議. 然初學之士, 或有取
焉, 則亦庶乎行遠升高之一助云爾. 淳熙己酉春三月戊申新安朱熹序.

1. 天命之謂性, 率性之謂道, 脩道之謂教. 道也者, 不可須臾離也, 可離非道
也. 是故君子戒愼乎其所不睹, 恐懼乎其所不聞. 莫見乎隱, 莫見乎微, 故君
子愼其獨也. 喜怒哀樂之未發謂之中, 發而皆中節謂之和. 中也者, 天下之大
本也. 和也者, 天下之達道也. 致中和, 天地位焉, 萬物育焉.

2. 仲尼曰, 君子中庸, 小人反中庸. 君子之中庸也, 君子而時中. 小人之中庸
也, 小人而無忌憚也.

3. 子曰, 中庸其至矣乎. 民鮮能久矣.

4. 子曰, 道之不行也, 我知之矣. 知者過之, 愚者不及也. 道之不明也, 我知之矣. 賢者過之, 不肖者不及也. 人莫不飲食也, 鮮能知味也.

5. 子曰, 道其不行矣夫.

6. 子曰, 舜其大知也與. 舜好問而好察邇言, 隱惡而揚善, 執其兩端, 用其中於民, 其斯以爲舜乎.

7. 子曰, 人皆曰予知, 驅而納諸罟擭陷阱之中, 而莫之知辟也. 人皆曰予知, 擇乎中庸而不能期月守也.

8. 子曰, 回之爲人也, 擇乎中庸, 得一善, 則拳拳服膺而弗失之矣.

9. 子曰, 天下國家可均也, 爵祿可辭也, 白刃可蹈也, 中庸不可能也.

10. 子路問強. 子曰, 南方之強與. 北方之強與. 抑而強與. 寬柔以敎, 不報無道, 南方之強也, 君子居之. 袵金革, 死而不厭, 北方之強也, 而強者居之. 故君子和而不流, 強哉矯. 中立而不倚, 強哉矯. 國有道, 不變塞焉, 強哉矯! 國無道, 至死不變, 強哉矯.

11. 子曰, 素隱行怪, 後世有述焉, 吾弗爲之矣. 君子遵道而行, 半塗而廢, 吾弗能已矣. 君子依乎中庸, 遯世不見, 知而不悔, 唯聖者能之.

12. 君子之道, 費而隱. 夫婦之愚, 可以與知焉. 及其至也, 雖聖人亦有所不知焉. 夫婦之不肖, 可以能行焉. 及其至也, 雖聖人亦有所不能焉. 天地之大也, 人猶有所憾. 故君子語大, 天下莫能載焉. 語小, 天下莫能破焉. 詩云, 鳶飛戾天, 魚躍于淵. 言其上下察也. 君子之道, 造端乎夫婦, 及其至也, 察

乎天地

13. 子曰, 道不遠人, 人之爲道而遠人, 不可以爲道. 詩云, 伐柯伐柯, 其則不遠. 執柯以伐柯, 睨而視之, 猶以爲遠. 故君子以人治人, 改而止. 忠恕違道不遠, 施諸己而不願, 亦勿施於人. 君子之道四, 丘未能一焉. 所求乎子以事父, 未能也. 所求乎臣以事君, 未能也. 所求乎弟以事兄, 未能也. 所求乎朋友先施之, 未能也. 庸德之行, 庸言之謹, 有所不足, 不敢不勉, 有餘不敢盡. 言顧行, 行顧言, 君子胡不慥慥爾.

14. 君子素其位而行, 不願乎其外. 素富貴行乎富貴, 素貧賤行乎貧賤, 素夷狄行乎夷狄, 素患難行乎患難, 君子無入而不自得焉. 在上位不陵下, 在下位不援上. 正己而不求於人, 則無怨. 上不怨天, 下不尤人. 故君子居易以俟命, 小人行險以徼幸. 子曰, 射有似乎君子, 失諸正鵠, 反求諸其身.

15. 君子之道, 辟如行遠必自邇, 辟如登高必自卑. 詩曰, 妻子好合, 如鼓瑟琴. 兄弟旣翕, 和樂且耽. 宜爾室家, 樂爾妻帑. 子曰, 父母其順矣乎.

16. 子曰, 鬼神之爲德, 其盛矣乎. 視之而弗見, 聽之而弗聞, 體物而不可遺. 使天下之人, 齊明盛服, 以承祭祀. 洋洋乎如在其上, 如在其左右. 詩曰, 神之格思, 不可度思. 矧可射思. 夫微之顯, 誠之不可揜, 如此夫.

17. 子曰, 舜其大孝也與. 德爲聖人, 尊爲天子, 富有四海之內, 宗廟饗之, 子孫保之. 故大德必得其位, 必得其祿, 必得其名, 必得其壽. 故天之生物, 必因其材而篤焉. 故栽者培之, 傾者覆之. 詩曰, 嘉樂君子, 憲憲令德. 宜民宜人, 受祿于天. 保佑命之, 自天申之. 故大德者必受命.

18. 子曰, 無憂者, 其唯文王乎. 以王季爲父, 以武王爲子, 父作之, 子述之. 武王纘大王 ·王季 ·文王之緒, 壹戎衣而有天下, 身不失天下之顯名, 尊爲天子, 富有四海之內. 宗廟饗之, 子孫保之. 武王末受命, 周公成·文武之德, 追

王大王·王季, 上祀先公以天子之禮. 斯禮也, 達乎諸侯·大夫及士·庶人. 父
爲大夫, 子爲士, 葬以大夫, 祭以士. 父爲士, 子爲大夫, 葬以士, 祭以大夫.
期之喪, 達乎大夫. 三年之喪, 達乎天子. 父母之喪, 無貴賤一也.

19. 子曰, 武王 周公, 其達孝矣乎. 夫孝者, 善繼人之志, 善述人之事者也.
春秋脩其祖廟, 陳其宗器, 設其裳衣, 薦其時食. 宗廟之禮, 所以序昭穆也.
序爵, 所以辨貴賤也. 序事, 所以辨賢也. 旅酬下爲上, 所以逮賤也. 燕毛,
所以序齒也. 踐其位, 行其禮, 奏其樂, 敬其所尊, 愛其所親, 事死如事生,
事亡如事存, 孝之至也. 郊社之禮, 所以事上帝也. 宗廟之禮, 所以祀乎其先
也. 明乎郊社之禮, 禘嘗之義, 治國其如示諸掌乎.

20. 哀公問政. 子曰, 文武之政, 布在方策. 其人存則其政舉, 其人亡則其政
息. 人道敏政, 地道敏樹. 夫政也者, 蒲盧也. 故爲政在人, 取人以身, 脩身
以道, 脩道以仁. 仁者, 人也. 親親爲大. 義者, 宜也. 尊賢爲大. 親親之殺,
尊賢之等, 禮所生也. 在下位不獲乎上, 民不可得而治矣. 故君子不可以不脩
身. 思脩身, 不可以不事親. 思事親, 不可以不知人. 思知人, 不可以不知天.
天下之達道五, 所以行之者三, 曰君臣也·父子也·夫婦也·昆弟也·朋友之交也.
五者, 天下之達道也. 知·仁·勇三者, 天下之達德也. 所以行之者一也. 或
生而知之, 或學而知之, 或困而知之, 及其知之, 一也. 或安而行之, 或利而
行之, 或勉強而行之, 及其成功, 一也. 子曰, 好學近乎知, 力行近乎仁, 知
恥近乎勇. 知斯三者, 則知所以脩身. 知所以脩身, 則知所以治人. 知所以治
人, 則知所以治天下國家矣. 凡爲天下國家有九經, 曰, 脩身也, 尊賢也, 親
親也, 敬大臣也, 體羣臣也, 子庶民也, 來百工也, 柔遠人也, 懷諸侯也. 脩
身則道立, 尊賢則不惑, 親親則諸父昆弟不怨, 敬大臣則不眩, 體羣臣則士之
報禮重, 子庶民則百姓勸, 來百工則財用足, 柔遠人則四方歸之, 懷諸侯則天
下畏之. 齊明盛服, 非禮不動, 所以脩身也. 去讒遠色, 賤貨而貴德, 所以勸
賢也. 尊其位, 重其祿, 同其好惡, 所以勸親親也. 官盛任使, 所以勸大臣也.
忠信重祿, 所以勸士也. 時使薄斂, 所以勸百姓也. 日省月試, 既稟稱事, 所
以勸百工也. 送往迎來, 嘉善而矜不能, 所以柔遠人也. 繼絕世, 舉廢國, 治

亂持危, 朝聘以時, 厚往而薄來, 所以懷諸侯也. 凡爲天下國家有九經, 所以
行之者一也. 凡事豫則立, 不豫則廢. 言前定則不跲, 事前定則不困, 行前定
則不疚, 道前定則不窮. 在下位不獲乎上, 民不可得而治矣. 獲乎上有道,
不信乎朋友, 不獲乎上矣. 信乎朋友有道, 不順乎親, 不信乎朋友矣. 順乎親有
道, 反諸身不誠. 不順乎親矣, 誠身有道, 不明乎善, 不誠乎身矣. 誠者, 天
之道也. 誠之者, 人之道也. 誠者不勉而中, 不思而得, 從容中道, 聖人也.
誠之者, 擇善而固執之者也. 博學之, 審問之, 慎思之, 明辨之, 篤行之. 有
弗學, 學之弗能, 弗措也. 有弗問, 問之弗知, 弗措也. 有弗思, 思之弗得, 弗
措也. 有弗辨, 辨之弗明, 弗措也. 有弗行, 行之弗篤, 弗措也. 人一能之, 己
百之, 人十能之, 己千之. 果能此道矣, 雖愚必明, 雖柔必强.

21. 自誠明謂之性, 自明誠謂之教. 誠則明矣, 明則誠矣.

22. 唯天下至誠, 爲能盡其性. 能盡其性, 則能盡人之性. 能盡人之性, 則能
盡物之性. 能盡物之性, 則可以贊天地之化育. 可以贊天地之化育, 則可以與
天地參矣.

23. 其次致曲, 曲能有誠. 誠則形, 形則著, 著則明, 明則動, 動則變, 變則
化. 唯天下至誠爲能化.

24. 至誠之道, 可以前知. 國家將興, 必有禎祥. 國家將亡, 必有妖孼. 見乎
蓍龜, 動乎四體, 禍福將至, 善必先知之, 不善必先知之, 故至誠如神.

25. 誠者自成也, 而道自道也. 誠者物之終始, 不誠無物. 是故君子誠之爲貴.
誠者非自成己而已也, 所以成物也. 成己, 仁也. 成物, 知也. 性之德也, 合
外內之道也. 故時措之宜也.

26. 故至誠無息. 不息則久, 久則徵, 徵則悠遠, 悠遠則博厚, 博厚則高明.
博厚所以載物也, 高明所以覆物也, 悠久所以成物也. 博厚配地, 高明配天,

悠久無疆. 如此者, 不見而章, 不動而變, 無爲而成, 天地之道, 可壹言而盡
也. 其爲物不貳, 則其生物不測. 天地之道博也, 厚也, 高也, 明也, 悠也, 久
也. 今夫天, 斯昭昭之多, 及其無窮也, 日月星辰繫焉, 萬物覆焉. 今夫地,
一撮土之多, 及其廣厚, 載華嶽而不重, 振河海而不洩, 萬物載焉. 今夫山,
一卷石之多, 及其廣大, 草木生之, 禽獸居之, 寶藏興焉. 今夫水, 一勺之多,
及其不測, 黿鼉 蛟龍 魚鼈生焉, 貨財殖焉. 詩云, 惟天之命, 於穆不已. 蓋
曰天之所以爲天也. 於乎不顯. 文王之德之純. 蓋曰文王之所以爲文也, 純亦
不已.

27. 大哉聖人之道, 洋洋乎發育萬物, 峻極于天. 優優大哉, 禮儀三百, 威儀
三千, 待其人而後行, 故曰, 苟不至德, 至道不凝焉. 故君子尊德性而道問學,
致廣大而盡精微, 極高明而道中庸, 溫故而知新, 敦厚以崇禮. 是故居上不驕,
爲下不倍. 國有道, 其言足以興. 國無道, 其默足以容. 詩曰, 旣明且哲, 以
保其身. 其此之謂與.

28. 子曰, 愚而好自用, 賤而好自專, 生乎今之世, 反古之道, 如此者, 烖及
其身者也. 非天子不議禮, 不制度, 不考文. 今天下車同軌, 書同文, 行同倫.
雖有其位, 苟無其德, 不敢作禮樂焉. 雖有其德, 苟無其位, 亦不敢作禮樂焉.
子曰, 吾說夏禮, 杞不足徵也. 吾學殷禮, 有宋存焉. 吾學周禮, 今用之, 吾
從周.

29. 王天下有三重焉, 其寡過矣乎. 上焉者, 雖善無徵, 無徵不信, 不信, 民
弗從. 下焉者, 雖善不尊, 不尊不信, 不信, 民弗從. 故君子之道, 本諸身, 徵
諸庶民, 考諸三王而不繆, 建諸天地而不悖, 質諸鬼神而無疑, 百世以俟聖人
而不惑. 質諸鬼神而無疑, 知天也. 百世以俟聖人而不惑, 知人也. 是故君子
動而世爲天下道, 行而世爲天下法, 言而世爲天下則. 遠之則有望, 近之則不
厭. 詩曰, 在彼無惡, 在此無射, 庶幾夙夜, 以永終譽. 君子未有不如此而蚤
有譽於天下者也.

30. 仲尼祖述堯舜, 憲章文武。 上律天時, 下襲水土. 辟如天地之無不持載,
無不覆幬. 辟如四時之錯行, 如日月之代明. 萬物並育而不相害, 道並行而不
相悖, 小德川流, 大德敦化, 此天地之所以爲大也.

31. 唯天下至聖爲能. 聰明睿知, 足以有臨也. 寬裕溫柔, 足以有容也, 發强
剛毅, 足以有執也. 齊莊中正, 足以有敬也. 文理密察, 足以有別也. 溥博淵
泉, 而時出之. 溥博如天, 淵泉如淵. 見而民莫不敬, 言而民莫不信, 行而民
莫不說. 是以聲名洋溢乎中國, 施及蠻貊, 舟車所至, 人力所通, 天之所覆,
地之所載. 日月所照, 霜露所隊, 凡有血氣者, 莫不尊親, 故曰配天.

32. 唯天下至誠, 爲能經綸天下之大經, 立天下之大本, 知天地之化育. 夫焉
有所倚, 肫肫其仁, 淵淵其淵, 浩浩其天. 苟不固聰明聖知達天德者, 其孰能
知之.

33. 詩曰, 衣錦尙絅, 惡其文之著也. 故君子之道, 闇然而日章. 小人之道,
的然而日亡. 君子之道, 淡而不厭, 簡而文, 溫而理, 知遠之近, 知風之自,
知微之顯, 可與入德矣. 詩云, 潛雖伏矣, 亦孔之昭. 故君子內省不疚, 無惡
於志. 君子所不可及者, 其唯人之所不見乎. 詩云, 相在爾室, 尙不愧于屋漏.
故君子不動而敬, 不言而信. 詩曰, 奏假無言, 時靡有爭. 是故君子不賞而民
勸, 不怒而民威於鈇鉞. 詩曰, 不顯惟德, 百辟其刑之. 是故君子篤恭而天下
平. 詩曰, 予懷明德, 不大聲以色. 子曰, 聲色之於以化民, 末也. 詩曰, 德輶
如毛, 毛猶有倫. 上天之載, 無聲無臭. 至矣.

胡 廣 外(孔子文化大全編輯部). 「中庸章句大全」, 『四書集註大全』. 山東友誼書社, 1989.

十三經注疏整理委員會. 「中庸」, 『禮記正義』(十三經注疏). 北京: 北京大出版社, 2000.

『論語』

『詩經』

『書經』

『禮記』

『中庸或問』

『朱子語類』

『通書』

『國語』

『說文解字』

賈馥茗 等 編著. 『中庸釋詮』. 臺北: 五南圖書出版公司, 1991.

高柏園. 『中庸形上思想』. 臺北: 東大圖書公司, 1991.

金學主. 『詩經』. 서울: 明文堂, 2002.

김미영 역. 『대학·중용』. 서울: 홍익출판사, 2005.

김병호 강의.『亞山의 中庸講義』. 부산: 소강, 1996.

김수길 역.『中庸』. 서울: 대유학당, 2001.

김용옥.『대학·학기 한글역주』. 서울: 통나무, 2009.

김용옥.『檮杌先生中庸講義』. 서울: 통나무. 1995.

김충렬.『중용대학 강의』. 서울: 예문서원, 2007.

大賓浩.「中の思想」.『中國古代思想論』. 東京: 勁草書房, 1977.

來可泓.『大學直解 中庸直解』. 上海: 復旦大學出版社, 1998.

박완식 편저.『중용』. 서울: 여강, 2005.

박종홍.「中庸의 思想」.『大學·中庸』. 서울: 현암사, 1974.

배종호.「仁에 대한 연구」.『연세대 80주년 기념 논문집』. 서울: 연세대학교, 1965.

富山房編輯部.『毛詩·尙書』(漢文大系12), 東京: 富山房, 1985.

成百曉.『大學·中庸集註』. 서울: 傳統文化研究會, 2012.

蕭 兵.『中庸的文化省察』. 武漢: 湖北人民出版社, 1991.

신창호.「『中庸』敎育思想의 現代的 照明」. 고려대 박사논문, 2001.

신창호.「『중용』 수장의 교육학적 해석」. 한국교육철학회.『교육철학』제33집, 2008.

신창호.『유교 四書의 배움론』, 고양: 온고지신, 2011.

楊祖漢.『中庸義理疏解』. 臺北: 鵝湖出版社, 1997.

王孺松.『中庸章句補釋』. 臺北: 國立編譯館, 1990.

유교문화연구소.『대학·중용』. 서울: 성균관대출판부, 2007.

윤천근.『原始儒學의 새로운 解釋』. 청주: 온누리, 1987.

이가원 역.『시경』. 서울: 홍신문화사, 1989.

이기동.『대학·중용강설』. 서울: 성균관대출판부, 2006.

李民樹·張基槿 譯註.『大學·中庸·孝經』. 서울: 平凡社, 1979.

李相玉.『書經』. 서울: 韓國敎育出版公社, 1984.

이상은.「『大學』과『中庸』의 現代的 意義」.『大學·中庸』. 서울: 현암사, 1974.

張基槿.『中庸章句新講』. 서울: 明文堂, 2005.

張其昀(숙명여대 중문연구소 역).『中國思想의 根源』. 서울: 문조사, 1984.

錢 穆.『中國學術思想史論叢』. 臺北: 東大圖書公司, 1980.

全寅初 譯註.『書經』. 서울: 平凡社, 1979.

胡 淼. 『『詩經』的科學解讀』. 上海: 上海人民出版社, 2007.

蕭 兵. 「中庸的文化省察」. 武漢: 湖北人民出版社, 1991.

Legge, L. "The Doctrine of the Mean." The Chinese Classics Ⅰ. Hong Kong: Hong Kong Univ. Press, 1960.

Schwartz, B. I. The World of Thought in Ancient China. Cambridge: Harvard Umiv. Press, 1985.

한글 대학 · 중용

1판 1쇄 찍음 2015년 6월 29일
1판 1쇄 펴냄 2015년 7월 14일

지은이 | 신창호
발행인 | 김세희
편집인 | 강선영
서브편집 | 정지영
펴낸곳 | 판미동

출판등록 | 2009. 10. 8 (제2009-000273호)
주소 | 135-887 서울 강남구 신사동 506 강남출판문화센터 5층
전화 | 영업부 515-2000 편집부 3446-8774 팩시밀리 515-2007
홈페이지 | panmidong.minumsa.com

도서 파본 등의 이유로 반송이 필요할 경우에는 구매처에서 교환하시고
출판사 교환이 필요할 경우에는 아래 주소로 반송 사유를 적어 도서와 함께 보내주세요.
135-887 서울 강남구 신사동 506 강남출판문화센터 6층 민음인 마케팅부